MAGERE BRUG

Die berühmteste Brücke Amsterdams, und auch die schönste, besonders nach Einbruch der Dunkelheit, wenn sie von mehr als 1800 Lämpchen beleuchtet wird. **S. 50**

★★

MUSEUM ONS' LIEVE HEER OP SOLDER

Im Goldenen Zeitalter unter calvinistischen Herrschern war es Katholiken verboten, ihre Gottesdienste öffentlich abzuhalten. Aus dieser Zeit stammt das Grachtenhaus, in dessen Dachboden sich eine Geheimkirche versteckt. **S. 109**

★★

RIJKSMUSEUM

All die Großen des Goldenen Zeitalters, Vorläufer und Nachfolger sind hier versammelt – von Rogier van der Weyden über Jan Brueghel bis zu Jan Vermeer van Delft. Und natürlich ist Rembrandt van Rijn groß vertreten, samt seinen Schülern. Hier stellt sich beim Eintritt nur eine Frage: Was zuerst anschauen? **S. 133**

★★

VAN GOGH MUSEUM

Die weltgrößte Sammlung von Werken Vincent van Goghs, darunter Meisterwerke wie »Die Sonnenblumen«, »Die Kartoffelesser« und »Die Mandelblüten«. **S. 158**

★★

DE WALLEN

Neben Bordellen, Coffeeshops, Restaurants und Bars ist »De Wallen« auch einer der schönsten Stadtteile Amsterdams. Und der älteste. **S. 163**

DAS IST AMSTERDAM

TOUREN

LEGENDE

Baedeker Wissen
● Textspecial, Infografik & 3D

Baedeker-Sterneziele
★★ Top-Sehenswürdigkeiten
★ Herausragende Sehenswürdigkeiten

SEHENSWERTES VON A BIS Z

HINTERGRUND

ERLEBEN & GENIESSEN

PREISKATEGORIEN

Restaurants
Preiskategorien
für ein Hauptgericht

€€€€ über 25 €
€€€ 20 – 25 €
€€ 10 – 20 €
€ bis 10 €

Hotels
Preiskategorien
für ein Doppelzimmer

€€€€ über 200 €
€€€ 160 – 200 €
€€ 120 – 160 €
€ unter 120 €

PRAKTISCHE INFORMATIONEN

ANHANG

AGISCHE MOMENTE

ÜBERRASCHENDES

D

DAS IST …

… *Amsterdam*

Die fünf großen Themen rund
um die Grachtenmetropole.
Lassen Sie sich inspirieren!

VER-RÜCKT NACH TULPEN

Wenn Sie die Wahl hätten, für was würden Sie sich entscheiden – für eine Tulpe oder ein Grachtenhaus? Heute eine absurde Frage, nicht aber zu Beginn des 17. Jahrhunderts. Eine exquisite Tulpenzwiebel überstieg tatsächlich den Wert eines Grachtenhauses. Es war die Zeit der Amsterdamer Tulpenmanie.

»TULPEN aus Amsterdam« so hieß ein Schlager der 1950er-Jahre, und bis heute sind die farbenfrohen Frühlingsblumen aus Amsterdam nicht wegzudenken. Im Frühjahr erblühen Amsterdams Parks und Gärten in allen Tulpen-Farben. Dabei ist die Tulpe keine einheimische Blütenschönheit, sondern stammt aus dem fernen Persien. Carolus Clusius, der Chef-Botaniker der Leidener Universitätsgärten, steckte 1593 die ersten Tulpenzwiebeln in holländische Erde. Als ein Jahr später tatsächlich die erste niederländische Tulpe aufblühte, war die Begeisterung groß.

Eine Stadt im Tulpenrausch

Zwar wurden Tulpen ursprünglich fast ausschließlich zu medizinischen Zwecken importiert, doch erkannte man schnell ihren überaus dekorativen Wert für heimische Gärten und Wohnzimmer. **Die Tulpe wurde zur Modeblume und zum Statussymbol.** Schon bald zahlten die Niederländer beträchtliche Preise für immer ausgefallenere Sorten – die Begeisterung für die dekorativen Blumen stand in voller Blüte und wuchs sich zu einer regelrechten Manie aus. Tulpen wurden zum **Spekulationsobjekt**.

Einen Rekordpreis erzielte die Tulpe Semper Augustus. Dabei war ihre einzigartige Schönheit – die weißen Blütenblätter waren von flammenförmigen roten Streifen durchzogen – die Folge eines Virus. Für eine einzige Tulpenzwiebel dieser Sorte wurden bis zu 13 000 Gulden bezahlt, was dem Preis eines Grachtenhauses entsprach. Das durchschnittliche Jahreseinkommen eines Niederländers betrug damals rund 150 Gulden. Ganz Holland war im Tulpenfieber.

Die Blase platzt

Als Handelsware war die Tulpe jedoch hochspekulativ, denn gehandelt wurden nur die unscheinbaren Zwiebeln. Würden sie tatsächlich im nächsten Frühjahr aufblühen? Und hatte man wirklich die gewünschte edle Sorte erworben oder vielleicht nur eine Allerweltstulpe? Es kam wie es kommen

TULPEN ÜBERALL!

Im April feiert man das Tulpenfestival in Amsterdam und 500 000 Tulpen verschönen an insgesamt 60 Standorten die Stadt. Zu jeder Jahreszeit kommen Frühaufsteher unter den Pflanzenfans bei der Blumenversteigerung Flora Holland (▶S. 46) auf ihre Kosten. Um 7 Uhr sind 20 Millionen Blumen im Angebot. Zu humanen Zeiten kann man das Angebot auf dem schwimmenden Blumenmarkt (▶S. 153) studieren. Oder man nimmt im Frühling den Bus und besucht den Keukenhof, Hollands großes Blumenparadies.

musste: Im Februar 1637 brach der Tulpenmarkt ein. Von heute auf morgen war niemand mehr bereit, astronomische Summen für trockene Blumenzwiebeln zu bezahlen. Die erste Spekulationsblase der Welt platzte, einigen Tulpenhändlern blühte der Bankrott.

Eine Tulpe für den König

Im Tulpengeschäft sind die Holländer noch immer führend. **Mehr als 80 Prozent der weltweiten Tulpenproduktion stammt aus den Niederlanden.** Wichtigstes Abnehmerland ist das Nachbarland Deutschland, das fast die Hälfte der niederländischen Produktion aufkauft. Die Königsfamilie hat – wenig erstaunlich – ihre eigene Tulpenkollektion. Unter den 3500 Tulpen gibt es eine Prinz-Willem-Alexander-Tulpe, eine Prinzessin-Alexia-Tulpe und eine Prinzessin-Beatrix-Tulpe – natürlich alle in Orangerot, der Farbe des Königshauses. **Nur Königin Máxima ging leer aus:** Ihr Vorname ist lateinischen Ursprungs, und lateinische Namen tragen nur wildwachsende Pflanzen.

EIN LEBEN ZWISCHEN POMP UND PFLICHT

Ein Selfie mit König Willem-Alexander und Königin Máxima? Am einfachsten gelingt das vor den wächsernen Pendants bei Madame Tussauds (s. S. 70). Um das königliche Paar live und aus Fleisch und Blut zu erleben, bedarf es dagegen guter Planung. Königliche Luft zumindest kann man bei Palastbesichtigungen schnuppern.

Fototermin: König Willem-Alexander und seine Familie – Königin Maxima und die Prinzessinnen Amalia, Alexia und Ariane.

MEET THE KING!

Eine Gelegenheit, König und Königin hautnah in Amsterdam zu erleben, ergibt sich am 4. Mai: Um 20 Uhr legt das Königspaar im Rahmen des Volkstrauertags einen Kranz für die Kriegsopfer auf dem ▶Dam nieder. Ansonsten kann man sich beim Besuch im ▶Koninklijk Paleis den Royals nah fühlen. Wenn die königliche Familie nicht anwesend ist, ist das Schloss für Besichtigungen geöffnet (Mi.–So. 10–17 Uhr, www.paleisamsterdam.nl)

EIN Palast zum Arbeiten und einer zum Wohnen, ein ganzer Fuhrpark an Kutschen und Autos, ein Ferienhaus in Griechenland, sündhaft teure Designerkleider für die Königin und natürlich ein Heer dienstbarer Geister – das hört sich märchenhaft an. Aber natürlich hat der Glamour des niederländischen Königshauses seinen Preis.

Laut Artikel 40 der niederländischen Verfassung haben König, Königin und Prinzessin Beatrix ein Anrecht auf Zuwendungen aus Steuergeldern. Auf **fast 48 Mio. Euro** jährlich summieren sich die Kosten für Gehalt des Königspaares, Personalkosten, In- und Auslandsreisen, Unterhalt der Paläste, Personenschutz und mehr. Eine stolze Summe, doch umgerechnet auf den einzelnen Holländer hört sich das schon weniger dramatisch an: Ein Betrag von **rund 2,75 Euro pro Untertan** klingt machbar. Außerdem stehen den Kosten wirtschaftliche Vorteile gegenüber. Wenn das Königspaar auf Staatsbesuch ist, ist meist auch eine Handelsdelegation mit von der Partie. Und die macht hinter den Kulissen natürlich Geschäfte zum Vorteil der Niederlande.

Zuallererst ist der König Repräsentant des Staates, aber er hat auch eine politische Funktion. Zusammen mit den Ministern bildet er die niederländische Regierung. Er unterzeichnet Gesetze, vereidigt und entlässt Minister und hält am Prinsjesdag, am dritten Dienstag im September, in Den Haag die Thronrede. Damit er politisch immer auf dem Laufenden bleibt, treffen sich König und Ministerpräsident jede Woche. Das geschieht allerdings nicht in Amsterdam, sondern im Den Haager Königspalast Noordeinde. Schließlich ist Amsterdam zwar die Hauptstadt des Landes, Den Haag aber Sitz der Regierung und der Königlichen Familie.

Ein Traum in Orange

Am 27. April, dem **Geburtstag des Königs,** wird bis tief in die Nacht die Monarchie gefeiert. Häuser, Schaufenster und Autos werden in Orange geschmückt – in der Farbe des Königshauses Oranien-Nassau. Und auch die Niederländer selbst zeigen ordentlich Farbe und tragen orangefarbene Schuhe, Strümpfe, Hüte oder Perücken. Auch wenn es für Außenstehende nach Karneval aussieht: **Die Niederländer bekennen sich mit freudigem Ernst zu Oranje** – zu ihrem Land, ihrem König und ihrer sympathischen Demokratie. Und das Königshaus ist dem Volk lieb und teuer.

Alle in Oranje und mit Krone – selbst Hunde sind am Königstag, dem Anlass angemessen, gekleidet.

A GIRL'S BEST FRIEND

In »Blondinen bevorzugt« besingt Marilyn Monroe die Liebe der Frauen zu Diamanten. In Amsterdam wäre sie in ihrem Element gewesen – hier gibt es nicht nur exklusive Schmuckgeschäfte, die Stadt gehört auch zu den Zentren der Diamantenverarbeitung und des Diamanthandels. Eine echte Glitzermetropole also.

Diamantenschleifer bei Gassan Diamonds am Nieuwmarkt

DES einen Leid, des anderen Freud. Seinen Aufstieg zur Diamantmetropole verdankte Amsterdam dem Niedergang Antwerpens. Als 1585 die katholischen Spanier die reiche flämische Stadt eroberten, vertrieben sie neben den protestantischen auch die jüdischen Bewohner. Viele der vor allem jüdischen Edelsteinschleifer strömten nun in das für seine Religionstoleranz bekannte Amsterdam. Doch erst 1870 mit der Entdeckung großer Diamantenvorkommen in Südamerika und Südafrika wurde das Geschäft mit den Edelsteinen richtig lukrativ.

Ein brillanter Aufstieg

Jetzt konnte Amsterdam prunken: Bis zu 2000 jüdische Handwerker gaben zu jener Zeit den edelsten aller Steine, die man auch **»gefrorene Tränen Gottes«** nennt, den letzten Schliff. Als der englische König Edward VII. 1907 in den Besitz eines über 3000 Karat schweren Diamanten kam, gab es für ihn nur eine Adresse: Amsterdams berühmte Diamantschleifer Abraham und Joseph Asscher. Letzterer hatte sein Können am damals größten Diamanten der Welt, dem »Excelsior«, bereits unter Beweis gestellt. Den königlichen Riesendiamanten zerlegte Asscher in 105 Stücke, davon neun große. Einige davon schmücken die englischen Kronjuwelen.

Ein dunkles Kapitel

Als das NS-Regime 1940 die Niederlande besetzte, streckte Herman Göring seine Hand nach den Diamanten der Asscher-Brüder aus. Edelsteine im Wert von 1,4 Millionen Gulden wechselten den Besitzer. Ein ausgesprochen dunkles Kapitel der Amsterdamer Diamantengeschichte nahm seinen Lauf, als die Nationalsozialisten 2000 jüdische Diamantschleifer in Vernichtungslager deportieren. Nur wenige Diamantkünstler – darunter Abraham Asscher – überlebten. Das Unternehmen Asscher, das seit 1980 den Titelzusatz »Royal« tragen darf, gibt es noch immer – ebenso wie den patentierten Royal-Asscher-Schliff, der dem Amsterdamer Traditionshaus vorbehalten ist. Im Gästebuch des Unternehmens finden sich Namen von mehr als zweihundert Gekrönten und Staatsoberhäuptern, darunter befinden sich die Queen und auch der japanische Kaiser Hirohito.

Rein, reiner, am reinsten

Wie berechnet sich der Wert des begehrten Edelsteins? Entscheidend sind das Gewicht, das in »Karat« angegeben wird, und die Farbe bzw. die Reinheit. Farblose Diamanten gelten als die edelsten und wenn man selbst bei zehnfacher Vergrößerung keine Einschlüsse erkennen kann, spricht man von einem »lupenreinen« Diamanten, der höchsten Qualitätsstufe. Erst der Schliff macht aus dem Edelstein einen edlen Stein: **Facetten brechen das Licht, wodurch ein unvergleichlicher Glanz – das »Feuer« – entsteht.** Durch einen besonders aufwendigen, strahlenförmigen Schliff mit kreisrunder Rundiste, mindestens 32 Facetten plus Tafel im Oberteil und mindestens 24 Facetten im Unterteil – wird aus dem Diamanten ein Brillant.

FUNKELNDE STEINE

Im Reich der funkelnden Steine bekommt man schon vom Zuschauen leuchtende Augen. Bei Gratisführungen (z. B. bei Gassan Diamonds, Nieuwe Uilenburgerstraat 173 – 175, www.gassan.com) – auch in deutscher Sprache – kann man den Diamantenschleifern über die Schulter schauen und erleben, wie aus einem unscheinbaren, matten Rohdiamanten ein funkelnder Edelstein wird. Und natürlich kann man die Hochkaräter – solo oder als Schmuckstück gefasst – auch erwerben.

ROT-LICHT UND BUNTE TRÄUME

Im Viertel De Wallen neben der Oude Kerk laden leichtbekleidete Damen zum Sündigen im Schatten der Kirche ein, und an idyllischen Grachten reihen sich die »Coffeeshops« oder »Smartshops« aneinander. Doch das sündige De Wallen hat zwei Gesichter: Es ist auch ein hübsches Wohnviertel mit kulturellen Juwelen.

ROTLICHT-GEHEIMNISSE

Im Museum Red Light Secrets (Oudezijds Achterburgwal 60, www.redlightsecrets.com) erfahren Interessierte mehr über die Welt der Sexarbeiterinnen und können sich eines ihrer »Arbeitszimmer« ansehen. Außerdem kann man sich selbst einmal ins Schaufenster setzen und die eigene Wirkung austesten. »Don't be shy«, steht auf der Museums-Website ...

IM Herbst 2014 tauchte zwischen »reizvollen« Frauen in Schaufenstern und Striplokalen sowie jointrauchenden Touristen vor den Coffeeshops hoher Besuch auf den »Walletjes« auf: Die damalige Königin Beatrix, die das Museum der Heilsarmee eröffnete. Es war nicht ihr erster Besuch im Amsterdamer Rotlichtviertel. Noch vor ihrer Krönung war die Prinzessin im »sündigen« Viertel inkognito unterwegs. Denn sie wusste: **Nur wer De Wallen kennt, kennt Amsterdam.**

Ein Gewerbe mit Tradition

Rund 600 »Gunstgewerblerinnen« arbeiten in Amsterdam – fast ein Viertel davon nutzt die Möglichkeit der Fensterprostitution. Die **Damen des horizontalen Gewerbe**s stellen sich in ihren Schaufenstern ganz offen zur Schau. Sie arbeiten in Amsterdam legal und organisiert, und ihr Gewerbe hat eine lange Tradition in der Stadt. Schließlich ist Amsterdam Hafenstadt, und schon vor 400 Jahren investierten die Seeleute ihre Heuer gern in Vergnügungen, die sie an Bord lange entbehrt hatten. Wenn es nach dem Wunsch der Stadtväter ginge, würde die Anzahl der Schaufenster weiter schwinden.

Im Rausch der Sinne

Auch die **»Coffeeshops«** von De Wallen erfreuen sich großer Beliebtheit, vor allem bei Touristen. Zwar wird hier auch Kaffee ausgeschenkt, aber die Kunden kommen wegen anderer berauschender Stoffe: Die sanften Drogen Haschisch und Marihuana gehen hier über die Ladentheke.

Nach »Speisekarte« bestellt man die gewünschte Qualität und Menge, kann sich auch gleich einen fertig gedrehten Joint servieren lassen. Zu den bekanntesten Coffeeshops gehört das **Bulldog,** das seit 1975 im Geschäft ist und ein eigenes Hotel betreibt. Inzwischen ist die Zahl der Amsterdamer Coffeeshops auf fast 166 angestiegen. Ein lukratives Geschäft, die niederländischen Coffeeshops sollen rund eine Milliarde Euro Umsatz pro Jahr verzeichnen. Der Staat verdient kräftig mit, da die Coffeeshopbetreiber Steuern bezahlen.

Ganz legal ist das Geschäft mit den sanften Drogen nicht, aber es herrscht eine Politik der Duldung: Der Verkauf und Konsum von bis zu 5 Gramm weicher Drogen wird geduldet, allerdings nicht die Produktion und der Ankauf durch den Coffeeshop. Wie kann man etwas verkaufen, was man vorher nicht eingekauft hat? Dieser Zwiespalt ist immer wieder Anlass für politische Auseinandersetzungen, und viele plädieren dafür, auch den kontrollierten Anbau und den Einkauf »weicher« Drogen zu legalisieren.

So wie es im Coffeeshop kaum Kaffee gibt, gibt es im **Smartshop** keine Smartphones, sondern berauschende Nahrungsergänzungsmittel, zu denen Energizer, Aphrodisiaka und vor allem psychoaktive Pilze zählen.

LINKS: Der Oudezijds Voorburgwal begrenzt den Rotlichtdistrikt, im Hintergrund sieht man die Nicolaaskerk

UNTEN: In Amsterdams erstem Coffeeshop, The Bulldog, verdient der Staat an jedem verkauften Joint mit. Man kann im gleichnamigen Hotel auch die Nacht verbringen.

EIN PARADIES FÜR FRAUEN

»Agneta Deutz zeigt hier ihre Nächstenliebe und ihren Glauben. Den Armen zum Trost, den Reichen als Vorbild. Anno 1695«. Diese Inschrift findet sich über dem Eingang zum Beginenhof, einer Art Wohngemeinschaft für alleinstehende Seniorinnen – gestiftet von der Wohltäterin Agneta Deutz.

Der Beginenhof ist Amsterdams bekanntestes Hofje. Mit seinen Blumenrabatten, Bäumen und einer Kirche erinnert es an einen Dorfanger aus dem Mittelalter.

VIELLEICHT sah so die Idealwelt aus, die sich manche alleinstehende Frau für ihr Alter wünschte: ein eigenes Reich mit Garten als Rückzugsort und gleichzeitig Gemeinschaft mit Frauen in der gleichen Situation. Klein, aber fein waren die Häuser: Im Erdgeschoss gab es ein Wohn-/Esszimmer mit Kochnische von überschaubarer Größe, im Obergeschoss ein handtuchgroßes Bad und ein Schlafzimmer – gerade groß genug für ein Bett. Im Winter ein kuscheliges Zuhause. Im Sommer verbrachte man gern Zeit mit den Nachbarinnen im Freien, um ein »kopje koffie« zu trinken, und genoss das Zusammensein.

Oasen in der Stadt

Hofjes nennt man in den Niederlanden diese besonderen Wohnanlagen, die aus einzelnen Wohnhäusern und Gemeinschaftseinrichtungen bestehen und um einen zentralen, begrünten Hof herum angelegt sind. Oft gehören sie zu den versteckten Juwelen holländischer Städte und sind wahre Oasen der Ruhe. Von außen sind sie meist schwer auszumachen und verbergen sich hinter hohen Mauern und einer bescheidenen Tür. Zahlreiche Klingeln und Briefkästen können jedoch ein Hinweis auf ein Hofje sein.

AUF HOFJE-TOUR

Besonders idyllisch ist das Karthuizerhofje im Stadtteil ▶Jordaan (Karthuizerstraat 21 – 131, geöffnet tgl. 10 – 20 Uhr). Man erkennt es an den weißen, hölzernen Wäschestangen, die vor jedem Fenster hängen. Die Tür zur Anlage steht in der Regel offen, und man kann den grünen Innenhof betreten, in dem sich Katzen sonnen und die Bewohner plaudernd vor ihren Haustüren sitzen. Das bekannteste und größte Hofje Amsterdams ist der ▶ Begijnhof.

Seniorinnen-WGs

Diese besondere Mischung aus Altersheim und sozialem Wohnungsbau stifteten im 17. und 18. Jh. wohlhabende Bürger für alleinstehende ältere Damen, die beispielsweise ihr ganzes Leben als Bedienstete gearbeitet hatten, auf keine unterstützende Familie zurückgreifen konnten und keine Rente erhielten. Sie zahlten nur einen sehr bescheidenen Mietzins.

Männerbesuch unerwünscht

Auf Zucht und Ordnung legte die Leitung, die so genannte binnenmoeder, jedoch Wert: Sie wachte über die Moral im Hofje und entschied, wer einziehen durfte. In der Regel waren es Frauen über 50, die alle derselben Konfession angehörten. So gab es römisch-katholische, protestantische und mennonitische Hofjes-Gemeinschaften. Viele Hofjes hatten ihre eigene Kirche, der regelmäßige gemeinsame Kirchenbesuch war selbstverständlich. Den Hofjes aller Konfessionen war gemeinsam: Männerbesuche waren unerwünscht.
Und wer kümmerte sich um ledige Männer? Sie lebten im Alter oft in einem so genannten **»Oudemannenhuis«**, in dem sie von Frauen umsorgt wurden, die für sie putzten, wuschen und kochten. Selbstständigkeit traute man den Herren der Schöpfung anscheinend nicht zu.

Hofjes heute

Längst vergangene Zeiten? Nicht ganz. Noch immer gibt es in Amsterdam rund 47 Hofjes. In einigen wie im **Holthuysenhofje** (Oosterpark 6) wohnen Studenten, in anderen leben Künstler und in manchen bis heute alleinstehende Damen. Eine Miete zahlen die Bewohner natürlich längst, aber sie hält sich nach wie vor in Grenzen. Spannend für Besucher: das ein oder andere Hofje darf man auch betreten – wenn man die Privatsphäre der Anwohnerinnen respektiert.

LINKS: Durch ein schmales Portal in der Karthuizerstraat gelangt man in das Karthuizerhofje.
UNTEN: Im Zon's Hofje an der Prinsengracht (zwischen Prinsenstraat und Brouwersgracht)

T
TOUREN

Durchdacht, inspirierend, entspannt

Mit unseren Tourenvorschlägen
lernen Sie Amsterdams beste Seiten kennen.

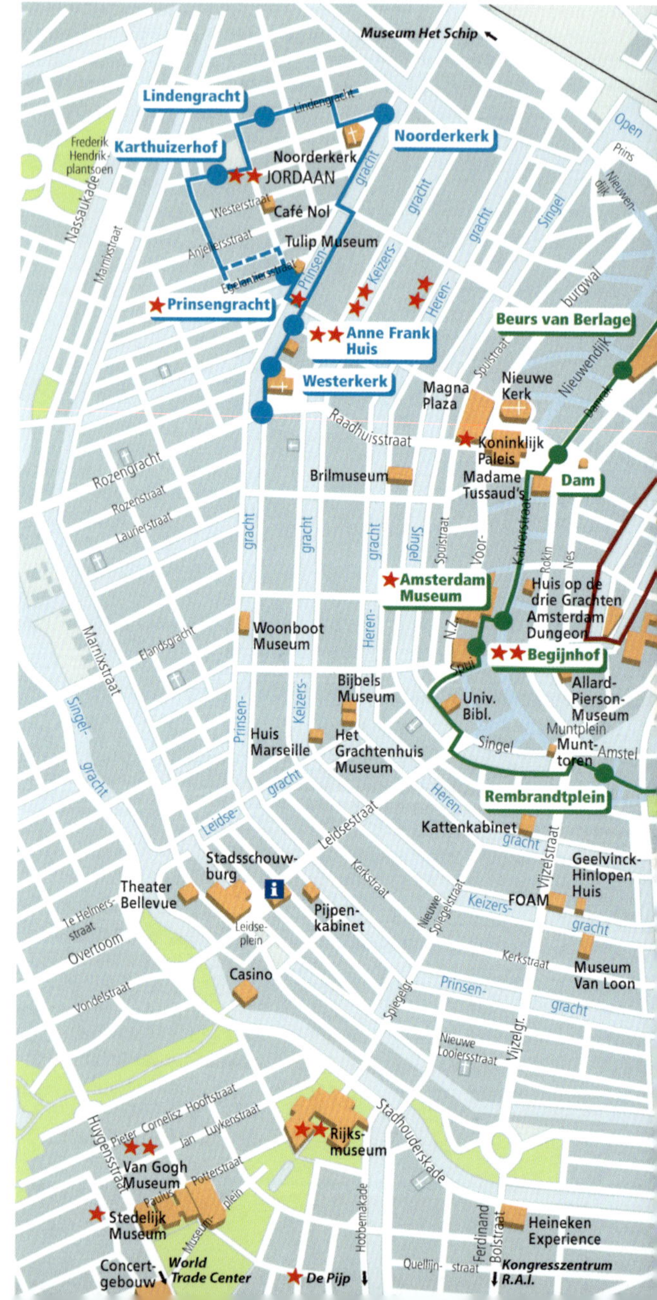
Museum Het Schip
Lindengracht
Karthuizerhof
Noorderkerk
Noorderkerk
JORDAAN
Café Nol
Tulip Museum
Prinsengracht
Anne Frank Huis
Westerkerk
Beurs van Berlage
Magna Plaza
Nieuwe Kerk
Koninklijk Paleis
Brilmuseum
Madame Tussaud's
Dam
Amsterdam Museum
Huis op de drie Grachten
Amsterdam Dungeon
Woonboot Museum
Begijnhof
Bijbels Museum
Univ. Bibl.
Allard-Pierson-Museum
Huis Marseille
Het Grachtenhuis Museum
Muntplein
Munttoren
Rembrandtplein
Kattenkabinet
Stadsschouwburg
Theater Bellevue
Pijpenkabinet
Geelvinck-Hinlopen Huis
FOAM
Casino
Museum Van Loon
Rijksmuseum
Van Gogh Museum
Stedelijk Museum
Heineken Experience
Concertgebouw
World Trade Center
De Pijp
Kongresszentrum R.A.I.
Frederik Hendrik-plantsoen
Nassaukade
Marnixstraat
Westerstraat
Anjeliersstraat
Egelantiersstraat
Lindengracht
Prinsengracht
Keizersgracht
Herengracht
Singel
Open
Prins
Nieuwendijk
burgwal
Spuistraat
Damrak
Raadhuisstraat
Rozengracht
Rozenstraat
Laurierstraat
Elandsgracht
Singelgracht
Voor-
Kalverstraat
Rokin
Nes
N.Z.
Spui
Amstel
Leidsegracht
Leidsestraat
Kerkstraat
Nieuwe Spiegelstraat
Vijzelstraat
Leidseplein
Te Helmersstraat
Overtoom
Vondelstraat
Spiegelgr.
Nieuwe Looiersstraat
Vijzelgr.
Stadhouderskade
Pieter Cornelisz Hooftstraat
Jan Luykenstraat
Huygensstraat
Paulus Potterstraat
Museumplein
Hobbemakade
Ferdinand Bolstraat
Quellijnstraat

EYE Film Institute (Noord)
Afgesloten IJ
IJ-Tunnel
300 m
©BAEDEKER
IJ-Haven
Oostelijke Handelskade
Piet Heinkade
Double Tree Hotel
Schreiers-toren
Oosterdokskade
Stadtbibliothek
Dijksgracht
★★Museum Ons' Lieve Heer op Solder
Kerk
NEMO
Prins Hendrikkade
Oosterdok
Eilandsgr.
De Appel arts centre
Waag
Montel-baanstoren
★Nieuwmarkt
Katenburgerstraat
Oude Schans
Arcam
Scheepvaart-museum
Zuiderkerk
Oosterkerk
★Rembrandthuis
Hoogte
Nieuwe Vaart
Valkenburgerstraat
Rapenburgerstraat
Entrepotdok
Werft 't Kromhout
Kadijk
Mozes- en Aäronkerk
Waterlooplein
Mr. Visser-plein
Portugese Synagoge
Wert-heim-park
Plantage
Planetarium
Entrepotdok
Heren
Hortus Botanicus
★Joods Historisch Museum
Hollandsche Schouwburg
Artis
Doklaan
Amstel
Hermitage
Nationaal Holocaust Namenmonument
Keizersgracht
Plantage Middenlaan
Plantage Muidergracht
Aquarium
Muider gracht
Kerkstraat
Weesperstraat
Prinsengracht
Nieuwe
★★Magere Brug
★Tropen-museum
Theater Carré
gracht
straat
Singel-
Mauritskade
Sarphati-
Oosterpark
Rhijnspoor-plein
Ruyschstraat
Blasiusstraat
Amstel
Oosterparkstraat
Hilversum, Amersfoort
Amsterdam ArenA
Vrolikstraat
Jan Steenstraat

UNTERWEGS IN AMSTERDAM

Stadt mit Wohlfühlfaktor

Natürlich ist auch ein Tagestrip nach Amsterdam denkbar – auf die Schnelle mit dem Billigflieger. Doch ein bisschen mehr Zeit sollte man sich für einen Besuch der Stadt an der Amstel schon nehmen, will man einige Sehenswürdigkeiten besichtigen, das eine oder andere Museum besuchen, zu Fuß den »grachtengordel« (▶Baedeker Wissen S. 186) erkunden oder shoppen gehen. Die niederländische Hauptstadt macht es einem leicht, sich wohlzufühlen. Denn sie ist eine überschaubare, entspannte Metropole, die ihre Besucher freundlich empfängt. In den **Informationsstellen** (▶S. 257) wird man schnell und unkompliziert beraten. Auch Sprachprobleme gibt es kaum, denn die meisten Niederländer können sich auf Englisch, viele auch auf Deutsch verständigen.

Quer durch die Stadt

Besonders angenehm sind die nahezu autofreien Gässchen in der Innenstadt. Mit dem Auto durch das Zentrum zu navigieren, macht wenig Spaß. Parkplätze sind außerdem selten und teuer. Eine Alternative, um von A nach B zu gelangen, sind Straßenbahnen und die Metro. Noch besser ist es, die Stadt ganz in Ruhe **zu Fuß** für sich zu entdecken! Fast alle wesentlichen Punkte sind bequem auf einem Spaziergang zu erreichen. Auf den ersten Blick erscheint die Anlage Amsterdams vielleicht etwas verwirrend, doch schon bald wird man erkennen, dass das System der konzentrischen Grachten und aufeinandertreffenden Straßen gar nicht so kompliziert ist. Immer mehr Touristen erkunden Amsterdam und seine Umgebung auch **mit dem Fahrrad,** denn das Radwegenetz der Stadt ist geradezu ideal. An mehreren Stellen lassen sich Räder mieten, oder man nimmt an einer organisierten Tour teil.

AMSTERDAMER HIGHLIGHTS

Start und Ziel: Hauptbahnhof | **Dauer:** 4–5 Std.

Tour 1

Zu Fuß von einem Highlight zum nächsten führt dieser Stadtrundgang. Will man es nicht nur bei Fotostopps belassen, sollte man mindestens einen halben Tag für den Rundgang einplanen.

Als Ausgangspunkt bietet sich der Hauptbahnhof (**Station Amsterdam Centraal**) an. Von hier geht man in südwestlicher Richtung den belebten Damrak entlang, gleich links befinden sich die Anlegestellen für die Grachtenrundfahrtboote. Dahinter folgt am Damrak das impo-

Höfe und Höfisches

sante Gebäude der ❶ **Beurs van Berlage.** Es folgt »De Bijenkorf«, das älteste Warenhaus der Stadt, und dann ist bereits der zentrale Stadtplatz, der ❷ **Dam,** erreicht. Hier begann die Geschichte der Stadt, und hier treffen sich die Amsterdamer zu wichtigen Ereignissen bis heute. Zwei der bedeutendsten Bauten Amsterdams säumen das »Herz der Stadt«: der ★ **Koninklijk Paleis** und die **Nieuwe Kerk.** Ungehemmten Einkaufsfreuden kann man sich danach in der zur Fußgängerzone erklärten **Kalverstraat** hingeben (noble Boutiquen findet man in dieser Shoppingmeile jedoch nicht). Von der Kalverstraat 92 hat man Zugang zum ❸ ★ **Amsterdam Museum,** in dem die Stadtgeschichte didaktisch hervorragend aufbereitet ist. Selbst wenn ein Museumsbesuch nicht geplant ist, sollte man einen Blick in die ruhigen Innenhöfe des Komplexes werfen (►Abb. S. 51). Abseits des geschäftigen Treibens auf der Kalverstraat kann man hier im Museumsrestaurant gut verweilen (besonders im Sommer zu empfehlen, wenn man draußen sitzen kann). Ein Durchgang verbindet den Innenhof des Amsterdam Museums mit dem ❹ ★★ **Begijnhof,** einem idyllischen Platz im betriebsamen Amsterdam. Manchmal ist der Eingang auf dieser Seite nicht geöffnet, dann versucht man es am besten noch einmal über Spui oder Gedempte Begijnensloot.

Blumenmarkt und Kaffeepause

Mitten im Geschehen steht man dann wieder auf dem **Spui** mit seinen traditionsreichen Cafés und Kneipen. Nach Westen hin begrenzt der ursprünglich als Festungskanal angelegte **Singel** den Spui. Man überquert den Singel am Koningsplein und erreicht den teilweise auf »schwimmenden« Pontons untergebrachten **Bloemenmarkt**. Die Vijzelstraat überquerend (Blick nach links zum **Muntplein** mit dem Münzturm), gelangt man in die Reguliersbreestraat, die zum ❺ **Rembrandtplein** führt. Hotels, zahlreiche Restaurants und Cafés säumen das traditionsreiche Vergnügungsviertel. Völlig unbeeindruckt von allem steht im Zentrum des Platzes inmitten einer Grünanlage das Rembrandtdenkmal. Am besten verlässt man den Rembrandtplein durch eine der schmalen Gassen in nördlicher Richtung. Schon nach wenigen Schritten ist die Amstel erreicht, in die hier mehrere Grachten einmünden. Am schönsten ist der Blick durch den von einer malerischen Brücke überspannten Groenburgwal zur Zuiderkerk.

Ist man langsam müde, so ist das am anderen Amstelufer gelegene Café de Jaren eine gute Adresse für Imbiss oder Kaffeepause. Unermüdliche folgen Sie indes dem Fluss **Amstel** in östlicher Richtung zur Blauwbrug. In südlicher Richtung schaut man von hier zur ★★ **Magere Brug,** der berühmtesten Amsterdamer Brücke (►Abb. S. 2).

Zwischen Gotteshaus und Freudenhaus

Gleich nördlich der Blauen Brücke steht das Doppelgebäude der **Stopera** (in diesem Komplex findet man das empfehlenswerte Grand Café Amstelhoeck). Nur wenige Schritte ist der Waterlooplein entfernt, auf dem der berühmte Amsterdamer Flohmarkt ab-

gehalten wird (▶Jodenbuurt). Nicht mehr religiösen Zwecken dient die **Mozes- en Aäronkerk.** Südlich gegenüber dem Waterlooplein erstreckt sich das ⑥ ★ **Joods Historisch Museum,** und schräg gegenüber sind die **Portugese Synagoge** und nur ein paar Meter weiter das Nationaal Holocaust Namenmonument zu besichtigen. Zurück zum Waterlooplein folgt man der Jodenbreestraat zum recht nahe gelegenen ⑦ ★**Rembrandthuis.** Man überquert den Graben Oude Schans, hat einen schönen Blick zum sich vor stimmungsvoller Kulisse erhebenden **Montelbaanstoren** und gelangt auf kurzem Weg zur ⑧ **Zuiderkerk.** Bereits in Sichtweite liegt der ⑨ ★ **Nieuwmarkt** mit dem Waaggebouw. Nördlich des Platzes gelangt man durch schmale Gassen zur unweit westlich aufragenden ⑩ ★ **Oude Kerk.** Amsterdams älteste Kirche steht inmitten des Amüsierviertels ▶**De Wallen** (▶Das ist Amsterdam S. 22). Von der Oude Kerk am Oudezijds Voorburgwal entlangschlendernd, passiert man das ⑪ ★★ **Museum Ons' Lieve Heer op Solder** und erreicht bald wieder den Hauptbahnhof.
Dieser Stadtrundgang vermittelt einen schönen Eindruck von der Grachtenstadt (▶Baedeker Wissen S. 80, 186). Für den Nachmittag könnte dann die Besichtigung eines der großen Museen auf dem Programm stehen; besonders empfehlenswert sind das ★★ **Rijksmuseum** und das ★★ **Van Gogh Museum.** Glücklicherweise liegen sie in unmittelbarer Nachbarschaft zueinander, sodass man die Besichtigung beider Museen miteinander kombinieren kann.

INS ALTE AMSTERDAM: DE WALLEN

Start: Hauptbahnhof | **Ziel:** Rembrandthuis | **Dauer:** 1–2 Stunden

Tour 2

Ein Spaziergang durchs Rotlichtviertel, das man auch liebevoll Walletjes nennt? Na klar! Es gibt manches zu entdecken: zum Beispiel eine Kirche, die sich zwischen Coffee- und Sexshops im Dachboden eines Grachtenhauses versteckt, und ein ehemaliges Altersheim, in dem heute Bücher verkauft werden. Ein Spaziergang zu leichten Mädchen und Schwerenötern, zu versteckten Perlen und offensichtlichen Lastern.

Schlupfkirche & Speicherhäuser

Der Spaziergang beginnt am Hauptbahnhof und führt in den ältesten Teil Amsterdams. Dorthin gelangt man über den **Zeedijk,** der früher einmal direkt an den Hafen grenzte. Hier steht auch eines der beiden

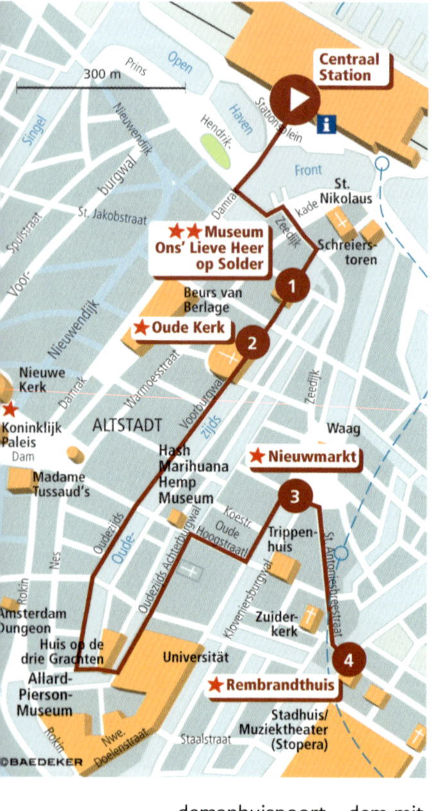

erhaltenen Holzhäuser der Stadt (Nr. 1) aus der Zeit um 1500 – das andere kann im Begijnhof bewundert werden.

Unweit davon entfernt, trifft man am Oudezijds Kolk auf eine der ältesten Schleusen mit ihren hölzernen Gezeitentoren. Auffallend ist, dass hier hauptsächlich Speicherhäuser stehen, während den Oudezijds Voorburgwal Grachtenhäuser aus dem 15.–17. Jh. säumen. An den unterschiedlich schmalen und hohen Gebäuden kann man gut ablesen, dass es damals noch keine strengen Bauvorschriften gab. Wer ein wenig Zeit mitbringt, sollte sich unbedingt das interessante ❶ ★★ **Museum Ons' Lieve Heer op Solder** (Oudezijds Voorburgwal 38-40) mit seiner Schlupfkirche und die um das Jahr 1300 erbaute Hauptkirche Amsterdams, die ❷ ★ **Oude Kerk,** anschauen. Folgt man dem Voorburgwal weiter, entdeckt man an der Ecke zum Lombardsteeg ein schönes Lagerhaus und an der Stelle, wo er mit dem Grimburgwal und dem Oudezijds Achterburgwal zusammentrifft, das »Haus an den drei Grachten« (1407). Hier liegt heute das **Universitätsviertel,** in vielen der alten Gebäude befinden sich Institute. Wegen der Studenten haben sich in der Passage hinter dem Oudemanhuispoort – dem mit einer Brille markierten Tor – Antiquariate und Buchhandlungen angesiedelt.

Weiter geht es entlang des etwas schmaleren Oudezijds Achterburgwals, des zweiten Stadtgrabens. Vorbei am Spinnhaus, einem im Jahr 1595 eingerichteten Arbeitshaus für Diebinnen und leichte Mädchen, gelangt man zur Oude Hoogstraat, einer lebhaften Straße mit vielen Läden und Coffeeshops. Dazwischen steht das **Oostindisch Huis.** In diesem Gebäude, das heute der Universität gehört, residierte einst die Vereinigte Oostindische Compagnie (►Baedeker Wissen S. 180). Seinerzeit wurden in diesem Innenhof die Seeleute für die Ostindienfahrten angeheuert.

Am alten Stadttor

Über den Kloveniersburgwal, den 1425 angelegten dritten Stadtgraben, geht es zum ❸ ★ **Nieuwmarkt** mit der »Waage«, einem ehemaligen Stadttor. Rund um den Platz gibt es einige nette Cafés und

Imbisse. Schließlich führt die Tour noch an die Tore der mittelalterlichen Stadt. Am Sint Antoniesplein findet man an einem kleinen Tor ein Steinrelief mit zwei Figuren, die ehemalige Pforte des Leprahospitals, denn die Aussätzigen wurden nicht in die gut bewachte Stadt gelassen. Von diesem Platz hat man einen schönen Blick auf die Oude Schans und den **Montelbaanstoren**.

Zu Besuch beim großen Meister

Am Platz befindet sich in der Jodenbreestraat das ❹ ★ **Rembrandthuis**, das Rembrandt van Rijn im damaligen Judenviertel kaufte (▶Baedeker Wissen S. 129, 196). In einem neu angebauten Gebäudeteil ist die weltweit größte Sammlung an Radierungen, Kupferstichen und Zeichnungen des Künstlers zu sehen.

EIN DORF IN DER STADT: JORDAAN

Start: Westerkerk | **Ziel:** Westerkerk/ Anne Frank Huis | **Dauer:** 2 Stunden

Tour 3

Nirgendwo zeigt sich Amsterdam so charmant, bodenständig und liebenswert wie in den Gassen und Hinterhöfen des früheren Armeleuteviertels. Wo jahrhundertelang Arbeiter, Handwerker und verarmte Künstler wie Rembrandt wohnten, leben heute junge Familien, Studenten und alteingesessene Jordaan-Fans.

Hinterhofidyllen und Künstlerflair

Um die eigene Atmosphäre des Stadtviertels ★★ **Jordaan** zu erkunden, beginnt man den Spaziergang am besten an der ❶ ★ **Westerkerk**, passiert das ★★**Anne Frank Huis** und überquert bei der Leliegracht die ❷ ★ **Prinsengracht**. Die nächste »Quergracht« ist die Egelantiersgracht mit dem beliebten Café t'Smalle an der Ecke. Typisch für den Jordaan sind die hübschen »hofjes«; und ein besonders schönes Hinterhofidyll mit Delfter Kacheln am Eingang befindet sich gleich in der Nähe, das Sint Andrieshofje an der Egelantiersgracht 107–145. Folgt man der Eerste Egelantiersdwarsstraat, gelangt man rechts (hinter der ersten Straßenkreuzung) durch ein Tor zum Claes Claesz Hofje (oder Anslohofje).
Zurück auf der Egelantiersstraat biegt man an der nächsten Kreuzung auf die 2e Egelantiersdwarsstraat und die 2e Tuindwarsstraat mit ihren Secondhand- und Antiquitätenläden. Hier trifft sie auf die Westerstraat, wo im Gebäude mit der Hausnummer 109 eines der traditionsreichen Lokale des Viertels seinen Sitz hat: Das **Café Nol**

(►S. 206) existiert bereits seit den 1870er-Jahren. Die Inneneinrichtung ist ein buntes Sammelsurium aus Kristalllüstern, Plüsch, Spiegeln und jeder Menge Kitsch. Auf dem ursprünglichen Weg geht es weiter in die Tichelstraat, wo früher Majolika- und Ziegelbrennereien lagen, und in die Karthuizersstraat. Hinter der Backsteinfassade (Nr. 89 bis 121) liegt der 3 **Karthuizerhof**, ein weiteres hübsches »hofje« mit zwei alten Brunnen. Weiter in Richtung Norden gehend, trifft man auf die 4 **Lindengracht**. Auf ihrem breiten Mittelstreifen wird samstags ein Wochenmarkt abgehalten.

Nahe dem östlichen Ende der Lindengracht steht ein Denkmal für den Schriftsteller, Lehrer und Politiker Theo Thijssen, dem auch ein eigenes Museum gewidmet ist. Von hier sind es nur noch wenige Schritte bis zur südlich gelegenen 5 **Noorderkerk** an der Prinsengracht – und allzu weit ist es dann auch nicht mehr bis zum Ausgangspunkt des kurzen Jordaan-Rundgangs, der ★ **Westerkerk**, von deren Spitze man einen wunderbaren Blick auf die grachtendurchzogene Innenstadt genießen kann (►S. 126/127). Nur wenige Meter entfernt steht das 6 ★★ **Anne Frank Huis**, in dem Anne Frank ihr ebenso erschütterndes wie weltberühmtes Tagebuch (►Baedeker Wissen S. 58) schrieb.

GRÜNE OASEN: PLANTAGE UND OOSTERDOK

Start: Waterlooplein | **Ziel:** Hauptbahnhof | **Dauer:** 3 Stunden

Tour 4

In früheren Zeiten war die Plantage eine Grünfläche außerhalb der Stadtmauern, in der sich im 17. Jh. die Städter erholten. Heute sind die Straßen um Hortus Botanicus und Artis beliebte Wohngegenden. Das alte Zollzwischenlager bildet den Übergang zum Oosterdok, einst größter Hafen der Welt.

Der Spaziergang beginnt am Waterlooplein, mitten in der **Jodenbuurt**, dem einstigen jüdischen Viertel, in dem bis zum Zweiten Weltkrieg 100 000 Juden wohnten. Sehr interessant ist das 1 ★ **Joods Historisch Museum**, in dem vier Synagogen aus dem 17. und 18. Jh. zu besichtigen sind sowie weitere Exponate zur Geschichte der Juden in den Niederlanden. Gleich gegenüber steht die 2 **Portugese Synagoge** und nur 250 m weiter das neue, überwältigende Nationaal Holocaust Namenmonument. Nach so viel Kultur vielleicht einmal etwas Natur? Nicht weit entfernt erstreckt sich der sehenswerte 3 **Hortus Botanicus.** Folgt man von hier aus der Plantage Middenlaan, kommt man an der 4 **Hollandsche Schouwburg** vorbei. In dem Theater, das heute eine Gedenkstätte ist,

Kunst & Natur

mussten sich während der Besatzungszeit die Juden vor ihrer Deportation versammeln. Nicht weit entfernt befindet sich der Eingang zum Zoo 5 ★ **Artis** und dahinter eine kleine Fußgängerbrücke, die zum 6 **Entrepotdok** führt.

Lagerhaus-Romantik und Architektur-Highlights

Ebenso wie der Rest des Plantage-Viertels sind die Gebäude dieses Zollzwischenlagers im 19. Jh. entstanden. Inzwischen wurden die ehemaligen Lagerhäuser in großzügige Lofts umgewandelt. Am Entrepotdok entlang geht es weiter zum Oosterdok, das im 19. Jh. den Hafen von Amsterdam bildete. Heute wird das Hafenbecken von moderner Architektur gesäumt. Da wäre zunächst das Architekturzentrum 7 **Arcam.** Geht man um das Hafenbecken herum, gelangt man zum Wissenschaftsmuseum, dem 8 **NEMO,** 1997 erbaut von Renzo Piano. Eine kleine Fußgängerbrücke führt von dort zum Oosterdokseiland mit der sehenswerten neuen 9 **Stadtbibliothek.** Wer einen abschließenden Überblick von oben über die Stadt haben möchte, kann einen Kaffee in der Skylounge des Doubletree Hotels trinken. Dann hat man am 10 **Hauptbahnhof** schon wieder den Endpunkt des herrlichen Spaziergangs erreicht.

AUSFLÜGE

Beliebte Ausflugsziele

Gern besuchte Ziele von Amsterdam aus sind die Blumenauktionen in ▸**Aalsmeer** oder aber der nur wenige Monate im Frühjahr geöffnete ▸★ **Keukenhof**, der in dieser Zeit jedoch mit riesigen Tulpenfeldern zu beeindrucken weiß. Der ★Käsemarkt von ▸**Alkmaar** ist berühmt wie auch ▸**Haarlem** mit ★Grote Kerk und ★Frans Hals Museum.

Tulpen, Fischerdörfer und Käsemarkt

Zudem gibt es in der Umgebung einige hübsche Orte und Museen, die ebenfalls einen Besuch lohnen. Bis 1957 war **Marken** (22 km nordöstlich) etwa ein abgeschiedenes Inselfischerdorf, doch seit dem Bau eines Damms zwischen Dorf und Festland entwickelte es sich dank seiner malerischen, z. T. auf Pfählen errichteten Holzhäuschen zu einem beliebten Touristenziel.

Gerne besucht wird auch **Monnickendam** (13 km nordöstlich) am Ufer der Gouwzee und des IJsselmeers mit seinen gewundenen Gassen und hübschen Häuschen rund um den Hafen.

In den Niederlanden ist das 20 km nordöstlich von Amsterdam gelegene **Volendam** berühmt für seine Trachten, die auch noch von den älteren Bewohnern getragen werden. Typisch sind die Pumphosen der Männer und die Mieder, Schürzen und Flügelhauben der Frauen. Und dann ist da das historische Städtchen **Edam** (20 km nördlich). Am IJsselmeer gelegen, ist es weltbekannt für seine großen, runden Käse. Sehenswert ist der **»kaasmarkt«** im Sommer auf dem Damplein. Ein lohnendes Ausflugsziel ist ebenfalls das 50 km nördlich gelegene **Hoorn**, eine der bedeutendsten Hafenstädte des Goldenen Zeitalters. An den früheren Wohlstand erinnern heute noch die reich verzierten Patrizierhäuser um den Rode Steen, den Hauptplatz.

Alt-Holland

Mehrere Orte in der Umgebung des Flusses Zaan (10–15 km nördlich) wurden zur Gemeinde Zaanstad zusammengefasst. In eine Art »Bilderbuch-Holland« aus der Zeit um 1700 versetzt das **Freilichtmuseum** Zaanse Schans. Der Ort **Zaandam** erinnert an einen Aufenthalt Peter des Großen. Enkhuizen (60 km nordöstlich) war eines der Dörfer, die 1932 an Bedeutung verloren. Denn die Fertigstellung des Abschlussdeichs machte die Nordseebucht Zuiderzee zum IJsselmeer. Das änderte sich erst mit der Eröffnung des **Zuiderzeemuseums**, einem Freilichtmuseum, in dem das harte Leben an der Zuiderzee um 1900 wieder lebendig wird (www.zuiderzeemuseum.nl, tgl. 10–17 Uhr).

Badetag!

In den Sommermonaten zieht es bei schönem Wetter Tausende in den Nordsee-Badeort **Zandvoort** (25 km südwestlich) mit seinem fast 9 km langen Strand.

S

SEHENS-WERTES

Magisch, aufregend, einfach schön

Alle Reiseziele sind alphabetisch geordnet. Sie haben die Freiheit der Reiseplanung.

AALSMEER

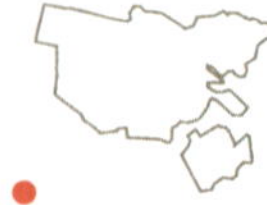

Lage: 12 km südwestlich | **Bus:** Haltestelle gegenüber Centraal Station

Frühaufsteher sind hier klar im Vorteil, denn das große Geschäft mit den Blumen wird in der Royal FloraHolland Aalsmeer in den frühen Morgenstunden gemacht. Am besten steht man schon morgens um 7 Uhr bereit, um die größte Blumenbörse der Welt hautnah zu erleben.

Aalsmeer liegt am Ringkanal des Haarlemmermeerpolders (Provinz Nordholland). Die Gemeinde besteht zu einem Drittel aus Wasser, den sogenannten Westeinderplassen – kein Wunder, dass im Mittelalter die Fischerei eine bedeutende Rolle spielte. Später wurden die Viehzucht, der Torfhandel und seit ca. 1450 auch der Gartenbau immer wichtiger, nicht zuletzt durch die Trockenlegung großer Teile des Gewässers.

Das Geschäft mit den Blumen

Heute werden in der Gegend rund um Aalsmeer hauptsächlich Topfpflanzen und Schnittblumen angebaut. Um die Blütenpracht an den Mann zu bringen, entstand in Aalsmeer eines der größten Handelszentren für Blumen und Pflanzen der Welt, die **Royal FloraHolland Aalsmeer**. Sie wird von heimischen wie auch von Tausenden Zulieferern aus aller Welt mit Pflanzen versorgt, und von Aalsmeer aus nehmen die Pflanzen den weiten, schnellen Weg in die Blumenläden von 140 Ländern. 34,5 Millionen Blumen und Pflanzen pro Tag wechseln den Besitzer – ein Riesengeschäft! Und ein lukratives, das jährlich mehr als 4,5 Milliarden Euro in die Kassen der Genossenschaft spült.
Mo. – Mi., Fr. 7 – 11, Do. 7 – 9 Uhr | Eintritt: 10 €

ALKMAAR

Lage: 37 km nordwestlich | **Bahn:** ab Centraal Station (3 x stündlich) | **www.alkmaar.nl**

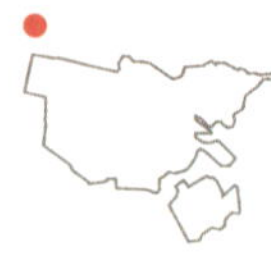

Denkt man an Holland, denkt man an Käse. Wagenradgroße, sonnengelbe Laibe, getragen von Männern mit Holzschuhen und begleitet von Frau Antje mit strohblonden Zöpfen. Alles nur Klischee? Nicht ganz. Auf dem freitäglichen Käsemarkt in Alkmaar gehört diese Szenerie zum Alltag.

Alkmaar besitzt eine attraktive mittelalterliche Altstadt, aber der Käsemarkt, der traditionell freitags in den Sommermonaten vor dem Waaggebäude stattfindet, ist zweifellos der Publikumsmagnet der Stadt.

Käsedribbling vor Publikum

Die Käseträger sind ganz in Weiß gekleidet und tragen Hüte mit den Farben der Gilde, während sie die Käselaibe (oft 80 Edamer gleichzeitig!) auf Tragen transportieren, im Waaghaus wiegen lassen und dann verladen. Man beachte dabei den Laufschritt der Käseträger, die sich im sogenannten »Käseträgerdribbling« fortbewegen. Das verhindert, dass die über 100 Kilo schwere Käsetrage gegen ihre Beine stößt. Das ganze **Käsemarktszenario** zelebriert man heutzutage fürs Publikum, der eigentliche kommerzielle Käsemarkt wird in der Börse abgehalten. Doch die wunderbaren Fotomotive lohnen die Anreise auf jeden Fall.

April – Sept. Fr. 10 – 13 Uhr

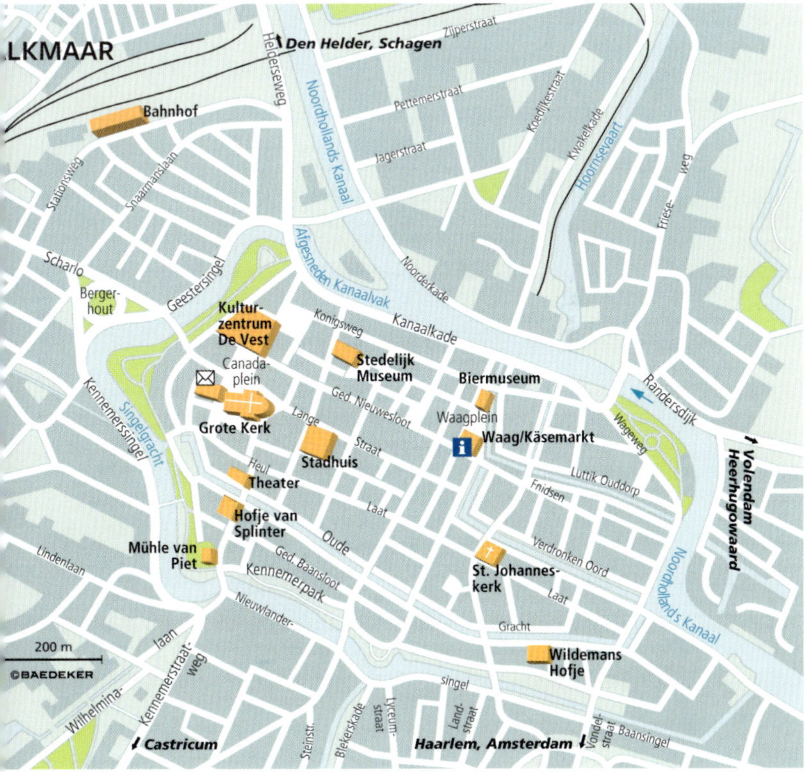

LKMAAR
Den Helder, Schagen
Bahnhof
Kulturzentrum De Vest
Canadaplein
Grote Kerk
Stedelijk Museum
Biermuseum
Waagplein
Waag/Käsemarkt
Stadhuis
Theater
Hofje van Splinter
Mühle van Piet
St. Johanneskerk
Wildemans Hofje
Volendam Heerhugowaard
Castricum
Haarlem, Amsterdam
200 m
©BAEDEKER

Käsetheorie in historischem Ambiente

Waag/ Kaasmuseum

Möchte man mehr über Alkmaar und den Käse erfahren, dann empfiehlt sich ein Besuch des Hollands Kaasmuseums in den oberen Stockwerken der Stadtwaage. Es führt dem Besucher die **Käse- und Butterherstellung** aus vergangenen Jahrhunderten vor Augen. Die Stadtwaage selbst, 1582 durch die Umwandlung der ehemaligen Kirche des Heiliggeisthauses entstanden, hat einen hübschen Turm (1599) mit einem Glockenspiel von 1688.

Waagplein 2 | Mo. – Sa. 10 – 16 Uhr | Eintritt: 6 € | www.kaasmuseum.nl

Die schönsten Plätze der Altstadt

Grote Kerk und Rathaus

Auch der Rest der historischen **Altstadt** ist sehenswert. Viele Zunft- und Bürgerhäuser aus dem 16. – 18. Jh. prägen das mittelalterliche Stadtbild. Heute haben sich in den denkmalgeschützten Häusern gemütliche Cafés und kleine Geschäfte niedergelassen – perfekt zum Einkaufsbummel. Im Westen der Altstadt steht die Grote Kerk, auch St. Laurenskerk (Kerkplein) genannt – eine **spätgotische Kreuzbasilika** mit einer berühmten, von Baumeister Jacob van Campen entworfenen und von Arp Schnitger umgestalteten Orgel. Genau wie das Glockenspiel im Vierungsturm stammt sie aus dem 17. Jahrhundert. Der zweite Hingucker in der Altstadt liegt nur ein paar Schritte entfernt: das Rathaus. Der spätgotische östliche Trakt wurde Anfang des 16. Jh.s errichtet, der Westtrakt entstand 1694. Die Schauseite zieren Allegorien und das Stadtwappen, im Inneren kann man schöne Möbel, Fayencen und Deckengemälde entdecken.

Ein Traum aus Blau und Gold:
Panoramablick über die Amstel mit Blauwbrug und Magerer Brug

Erinnerungen an das Goldene Zeitalter
Das Städtische Museum war bis zu Beginn des 20. Jh.s Stadtwache. Vor allem die **Spielzeugsammlung** und die Ausstellung über das »Goldene Zeitalter von Alkmaar« mit wertvollen Gemälden, Prunksilber und Porzellan aus dem 17. Jh. sind sehenswert.

Stedelijk Museum

Canadaplein 1 | Di. – So. 11 – 17 Uhr | Eintritt: 12 €
https://stedelijkmuseumalkmaar.nl

AMSTEL

Verlauf: Zentrum und südliches Stadtgebiet

Der Fluss Amstel, Namensgeber der Stadt, speist das in alle Richtungen abzweigende Grachtensystem. An seinen Ufern liegen einige der kulturellen Schwergewichte der Stadt: die Hermitage Amsterdam, das Theater Carré und die »Stopera« beispielsweise. Beliebte Fotomotive überspannen die Amstel: die Blauwbrug und die Magere Brug.

Amsterdam entstand an der Mündung der Amstel im IJ, einem früheren Meeresarm. Hier wurde im Jahre 1270 ein »Dam« errichtet, von dem sich der Name Amsterdam ableitet.

Zwei Seelen unter einem Dach

»Stopera«

Ein Eyecatcher der Moderne am Ufer: die »Stopera« (Stadhuis/Opera), für die Rathaus und Oper Namensgeber waren. Tatsächlich beherbergt das 1988 errichtete Doppelgebäude zwei so gegensätzliche Institutionen wie Amsterdams Oper »Het Muziektheater« und das Rathaus. Aber **Verwaltungsbau und Kunsttempel** scheinen sich prächtig zu ergänzen. In dem Opernhaus mit seiner außergewöhnlich breiten Bühne (22 m) und einem entsprechend großen arenaartigen Zuschauerraum sind neben Aufführungen des Niederländischen Nationalballetts und der Nationaloper auch Gastspiele internationaler Ensembles zu sehen. Im Erdgeschoss der Stopera kann man im Café Amstelhoeck den Amstelblick genießen: im Sommer von der Terrasse, im Winter durch die großen Glasfenster.

Messlatte für den Pegelstand

Normaal Amsterdams Peil

In der Passage zwischen Rathaus und Oper ist vor dem Hintergrund eines 25 m langen Querschnitts durch die Niederlande eine Replik des Normaal Amsterdams Peil (NAP) zu besichtigen. Er gibt den **mittleren Wasserstand der Nordsee** an. Die »echte« Messmarke befindet sich unterhalb des Straßenpflasters vor dem Königlichen Palast. Auch in Deutschland dient der Amsterdamer Normalpegel übrigens als Bezugsgröße für alle amtlichen Höhenangaben.

Ein blaues Wunder

Blauwbrug

Vor der Stopera überspannt die Blaue Brücke den kanalisierten Fluss. Ihren Namen verdankt sie der Farbe einer Vorgängerbrücke. Vorbild für die heutige, 1884 errichtete Brückenkonstruktion war eine der Seine-Brücken in Paris. Von der Blauwbrug fällt der Blick hinüber zur Magere Brug (►Abb. S. 48/49).

Eine, die den Bogen raus hat

Magere Brug

Von den **1281 Brücken Amsterdams** ist die Magere Brug die am häufigsten fotografierte. Sogar im James-Bond-Film »Diamantenfieber« diente sie als Kulisse. Vor allem nachts ist sie äußerst fotogen, wenn die Magere Brug von über 1800 kleinen Lampen beleuchtet wird.

Die einfache hölzerne Zugbrücke über die Amstel wurde 1671 als Fußgängerbrücke errichtet. Nach mehreren Umbauten war sie 1929 abgerissen worden und sollte zunächst durch eine moderne, elektrisch betriebene Brücke ersetzt werden. Letztendlich aber entschied man sich zur Rekonstruktion der ursprünglichen Zugbrücke aus Holz. Um den Namen der Brücke ranken sich gleich **zwei Legenden**. Eine besagt, dass ihr »magerer«, sprich schmaler, Bau Namensgeber war. Die zweite erzählt, dass zwei magere Schwestern an jeweils einem Ufer der Amstel wohnten. Da sie wohlhabend waren, ließen sie eine Verbindungsbrücke zwischen ihren Häusern errichten. Für die Durchfahrt von Schiffen lässt sich der Mittelteil der weiß gestrichenen hölzernen

Zugbrücke öffnen. Bis 1994 wurde das Öffnen und Schließen der Zugbrücke noch manuell erledigt: Die Brückenwächter mussten von beiden Ufern aus das Senken der zwei Brückenhälften genau aufeinander abstimmen, indem sie ihr Körpergewicht zum Ausbalancieren nutzten.

Eine Bühne für die Showwelt

Theater Carré

Unweit der Magere Brug steht das Theater Carré am Ostufer der Amstel, eine Bühne für Musical-, Varieté-, Pop- und Showstars. Bei den Kunstschaffenden hat es einen hohen Stellenwert. Wer im Carré auftritt, der hat es geschafft, heißt es. Der Name geht auf Oscar Carré zurück, Leiter des um die Jahrhundertwende ungemein populären **Circus Carré**. Auf der Suche nach einem festen Sitz in Amsterdam fand er einen geeigneten Platz hier an der Amstel.

Nach dem Tod Oscar Carrés 1911 wurden die Räumlichkeiten in ein Theater umgewandelt, das aber lange nicht so erfolgreich war wie der Zirkus, sodass Familie Carré das Haus verkaufen musste. Es kam in verschiedene Hände, bevor es 1927 einer Aktiengesellschaft unter der Leitung von Alex Wunnink übergeben wurde. Ihm gelang es, dem Haus Carré wieder einen wichtigen Platz im Amsterdamer Theaterleben zu verschaffen.

Eine Hotel-Ikone

Amstel Hotel

Etwas weiter südlich (bei der Sarphatistraat) beeindruckt das 1992 nach vollständiger Renovierung wiedereröffnete Amstel Hotel v. a. durch seine Innengestaltung. Der **Neorenaissancebau** entstand 1863 – 1867 in der Tradition französischer Schlossbauten (▶S. 245).

★ AMSTERDAM MUSEUM

Lage: Kalverstraat 92 | Das Museum wird bis voraussichtlich 2025 umgebaut. Teile der Kollektion sind im Amsterdam Museum aan der Amstel zu sehen (▶Hermitage). | **www.amsterdammuseum.nl**

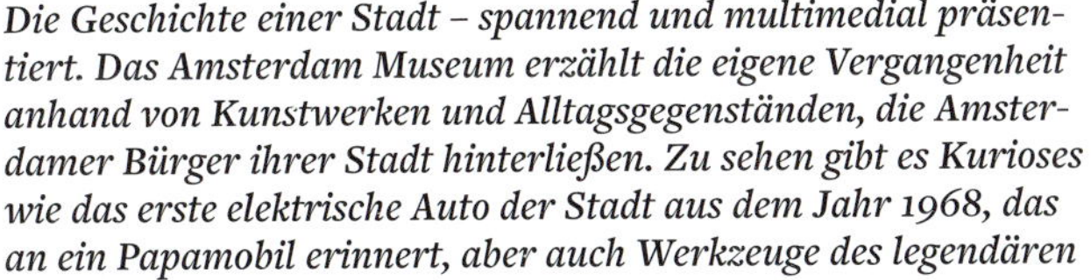

Die Geschichte einer Stadt – spannend und multimedial präsentiert. Das Amsterdam Museum erzählt die eigene Vergangenheit anhand von Kunstwerken und Alltagsgegenständen, die Amsterdamer Bürger ihrer Stadt hinterließen. Zu sehen gibt es Kurioses wie das erste elektrische Auto der Stadt aus dem Jahr 1968, das an ein Papamobil erinnert, aber auch Werkzeuge des legendären Amsterdamer Einbrechers Sjakoo.

Hier taucht man ganz selbstverständlich in die 700-jährige Geschichte Amsterdams ein – und zur Erinnerung an diesen Besuch kann man selbst zu einem Mitglied der Bürgerwache werden und sich mit Rüschenkragen fotografieren lassen.

Stadtgeschichte

Die Dauerausstellung Amsterdam DNA bietet eine faszinierende **Übersicht über die Vergangenheit der Stadt**. Multimedial erleben Besucher die Entwicklung vom kleinen Dorf zur Weltstadt. Sie lernen in einem einstündigen Rundgang die ständig wechselnde Stellung Amsterdams im Land und in der Welt kennen und erfahren mehr über das Wachstum der Stadt und des Hafens sowie das Alltagsleben der Bürger im Laufe der Jahrhunderte. Die Exponate reichen von prähistorischen Funden über die Originalurkunde des Stadtprivilegs bis zu Exponaten der Jetztzeit. Auch einige **kunsthistorische Hochkaräter** finden sich darunter wie Rembrandts »Anatomievorlesung des Dr. Jan Deyman« (1656) oder Gerrit Berckheydes »Der Blumenmarkt« (1673). Sonderausstellungen ergänzen Aspekte der vielseitigen Stadtgeschichte.

Zeitgeschichte in historischem Ambiente

Kloster St. Luciën

Seit 1975, dem Jahr, in dem Amsterdam sein 700-jähriges Bestehen feierte, ist das Museum im Gebäudekomplex des ehemaligen Bürgerwaisenhauses am St. Luciënsteeg untergebracht. Der Name Luciënsteeg geht auf das 1414 gegründete **St. Luciënkloster** zurück, das außer einer Kapelle und einer Bierbrauerei einen Bauernhof besaß (heute Restaurant und Museum). Nach der Auflösung des Klosters befand sich hier von 1578 – 1960 das **Bürgerwaisenhaus**. Daran erinnert ein Spruch von Joost van den Vondel über dem Portal am Eingang von der Kalverstraat: »Ach, geht nicht durch dieses Tor, ohne dass Ihr

uns helft, die Last zu tragen.« Auf dem Relief über dem Spruch ist neben Waisenkindern eine Taube als Symbol des Heiligen Geistes dargestellt. Geschaffen wurde das vom Amsterdamer Wappen bekrönte Portal 1581 von Joost Beeldsnijder.
Die Geschichte des städtischen Waisenhausen wird kindgerecht in der Ausstellung »**Das kleine Waisenhaus«** wieder zum Leben erweckt.

Mauern mit Charakter

Außenfassade

Beachtenswert ist jedoch auch der Eingang vom St. Luciënsteeg. Hier sind 47 Fassadensteine in die Museumsmauer eingelassen. Derartige mit Abbildungen und Sprüchen verzierte Steine sind meist in mittlerer Höhe an den Fassaden der Grachtenhäuser zu sehen. Bis Ende des 18. Jh.s dienten sie nicht nur als Zierelement, sondern zeigten an, wer in dem Haus wohnte und welchem Beruf er nachging. Die **Fassadensteine**, die in das stadtgeschichtliche Museum eingemauert sind, stammen von nicht mehr erhaltenen oder vollkommen restaurierten Gebäuden. Zwischen 1963 und 1975 wurden die sich um geräumige Höfe gruppierenden Gebäude des ehemaligen Waisenhauses vollkommen restauriert. Die **Außenfassaden** behielten weitgehend ihr ursprüngliches Aussehen. Eine Ausnahme bildet die so genannte **Schützengalerie**, eine Art Museumspassage, die für jedermann zugänglich ist. Hier hängen riesige Gruppendarstellungen von Mitgliedern der Schützengilde.

Kaffee und Kuchen im Kuhstall

Museumscafé Mokum

Bei einem Museumsbesuch sollte man sich das Museumscafé Mokum nicht entgehen lassen. Im Innenhof des Museums sitzt man wunderbar zwischen Säulen und unter schattenspendenden Bäumen. Wo früher der Kuhstall des St. Luciënklosters untergebracht war, lässt man sich heute Kaffee und Kuchen schmecken.

 AMSTERDAM-NOORD

Lage: nördlich des Centraal Station | **Fähre:** F3 Buiksloterweg (Filmmuseum Eye, A'dam Toren, De Ceuvel) bzw. F4 (NDSM-Werft)

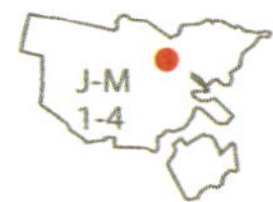

Jenseits von Grachtenhäusern und Rijksmuseum hat Amsterdam noch ein anderes Gesicht: Es ist jung, wild, kreativ, innovativ und frei von jeglichen Konventionen. Und nirgendwo begegnet man ihm so hautnah wie in Amsterdam-Noord. Wo man früher in Werften an mächtigen Schiffskörpern herumgeschraubt hat, wird heute an Kreativprojekten gehämmert, gepinselt, gezimmert – und an der Verbesserung der Welt gearbeitet.

Amsterdam cool

Das alte Arbeiterviertel Amsterdam Noord hat sich neu erfunden und ist heute **Wirkungsstätte von Künstlern, Jungunternehmern, Designern und Handwerkern**. Ob sie sich in einem Container in den IJ-Hallen einer ehemaligen Werft eingenistet haben oder in einem auf Land gelaufenen Hausboot auf dem Ceuvel-Gelände – Nachhaltigkeit und Entwicklergeist werden großgeschrieben.

Neue Heimat für junge Kreative

Ehemalige Werften

Die jungen Kreativen haben den verlassenen Industriegeländen und alten Werften neues Leben eingehaucht. Noch geht es ein bisschen chaotisch und unkonventionell zu, beispielsweise auf dem Gelände der früheren NDSM-Schiffswerft: Das Café Noorderlicht entstand aus einer Aktion der Hausbesetzerszene. Ein ausrangiertes U-Boot diente als **Openair-Galerie**, ein Industriegelände mit Containern wurde zum **Stadtstrand** mit Bar und Festivalgelände (Pllek) umfunktioniert, und ein früheres Fluss-Kreuzfahrtschiff verwandelte sich in ein »Botel«.

Vorboten der Gentrifizierung

Zukunft des Viertels

Doch wie lange bleibt das **Hipsterflair** erhalten? Schließlich liegt Amsterdam-Noord nahe der Innenstadt, wo die Mieten kaum noch bezahlbar sind. Das Zentrum ist nur einen Katzensprung entfernt und mit der Gratis-Fähre in ein paar Minuten erreichbar. Die Versuchung, Komplexe mit Luxus-Appartements für Besserverdiener zu errichten, ist groß und auch bereits umgesetzt. Erste Vorboten der Gentrifizierung sind erkennbar: Das Hilton hat neben den IJ-Hallen einen – wenngleich auch sehr lässigen – Hotelneubau errichtet. In einem ehemaligen Hafenkran werden in luftiger Höhe drei Luxussuiten vermietet, und das **Streetart-Museum** zeigt 150 Kunstwerke in einer ausgedienten Werfthalle (straatmuseum.com).

Nachhaltigkeit wird groß geschrieben

De Ceuvel

In De Ceuvel haben sich Jungunternehmer der Nachhaltigkeit verpflichtet. Auf einem Gelände, das die Stadt Amsterdam für zehn Jahre zur Verfügung stellt, haben sie sich in an Land gezogenen Hausbooten niedergelassen, um sich Themen wie Seetang-Fastfood und Material-Recycling, aber auch Film- und Schreibprojekten zu widmen. Das angegliederte Restaurant aus zusammengenagelten Holzbrettern mit großer Terrasse serviert leckeres Bio-Essen. Unweit davon liegt nahe dem Fähranleger Buiksloterweg der Tolhuistuin, ein **Kulturzentrum** mit diversen Konzertsälen, Bühnen, Büroräumen und dem Restaurant THT. Im frei zugänglichen Park kann man auf der **Open-Air-Bühne** (http://tolhuistuin.nl/agenda) manchmal unvermutet eine Performance junger Künstler erleben.

Korte Papaverweg 2 – 6 | Di. – So. 11 – 24, Sa./So. 11 – 2 Uhr | http://deceuvel.nl

Als wäre ein Raumschiff mitten in Amsterdam gelandet ...
das »Eye«: Museum, Kino und Café mit toller Aussicht

Kino in futuristischem Ambiente

EYE Film Institute

Ein architektonisches Highlight steht am Ufer des IJ: Das EYE Film Institute, errichtet vom Architekten Delugan Meissl (2012). Im Inneren laden **vier Kinosäle** und ein **Ausstellungsbereich** dazu ein, in die Welt des Kinos abzutauchen. Gezeigt werden künstlerische Filme und Klassiker. Der Museumsbereich präsentiert Perlen aus der filmhistorischen Sammlung wie eine Windmaschine oder eine Stummfilm-Orgel. Wechselnde Ausstellungen widmen sich der **Filmkunst im weitesten Sinne**, z. B. einem bestimmten Regisseur. Auch wenn man selbst kein Cineast ist: Das Café-Restaurant mit seinem stufenförmigen, an einen Kinosaal erinnernden Aufbau eignet sich bestens für eine genussvolle Pause – im Sommer auch mit Sonnenplatz auf der Terrasse am Wasser.

UIjpromenade 1 | Gebäude: tgl. ab 9.30 Uhr |Ausstellungen: tgl. 9.30 – 19 Uhr | Eintritt: 11 € | http://eyefilm.nl

Ein Turm mit Ausblick

A'dam Tower

Faszinierender Anziehungspunkt am IJ, neben dem Eye, ist der A'dam Toren mit seiner **Aussichtsplattform**. Der 100 m hohe Turm hieß früher »Shell-Turm«, denn bis 2009 gehörte er der Ölgesellschaft. Inzwischen gibt es dort kleinere Unternehmen, Cafés, Restaurants und ein Hotel. Ganz oben liegt die Aussichtsplattform Lookout.

Overhoeksplein 5 | Lookout: tgl. 10 – 22 Uhr | Eintritt: 14,50 € (online 12,50 €), Schaukel: 5 € | www.adamlookout.com

DIE AMSTERDAMER HIMMELSSCHAUKEL

Zugegeben, eine Portion Mut gehört dazu. Doch dafür kann man später noch den Enkelkindern erzählen, dass man in 100 m Höhe über den Amsterdamer Dächern geschaukelt ist. Europas höchste Schaukel gehört zum A'dam Lookout auf dem A'DAM Tower, und man schwingt »over the edge«, also über den Rand des Hochhauses hinaus. Nervenkitzel pur!

AMSTERDAMSE BOS

Lage: Haupteingang Amstelveenseweg / Van Nijenrodeweg | **Bostheater:** Eingang Duizendmeterweg 7 | Mai – September | **www.bostheater.nl**

Wohin zieht es die Amsterdamer, wenn sie ins Grüne wollen? Genau, in den Stadtwald. Die kreativen Holländer haben nicht nur viele Sportangebote im Freizeitgelände integriert, auch Theateraufführungen und Kunstwerke lassen sich bewundern. Und nebenbei kann man im Amsterdamse Bos auch heiraten.

Grünes Paradies

Reiten, Spazierengehen, Fahrradfahren, Joggen, Angeln, Schwimmen, Rudern und Segeln – im Stadtwald kann man sich nach Lust und Laune austoben. Wer Theater liebt, dem werden die klassischen Aufführungen im **Bostheater** im südlichen Teil des Parks gefallen.

Freizeit im Grünen

Stadtwald

Der Amsterdamer Stadtwald ging während der Weltwirtschaftskrise (1934) aus einem Arbeitsbeschaffungsprojekt hervor, das fünf Jahre lang 1000 Männern Arbeit garantieren sollte. Das 900 ha umfassende Gebiet am Südwestrand der Stadt ist 20-mal so groß wie der ▶Vondelpark im Stadtzentrum und größer als der Bois du Boulogne in Paris. Hier wachsen neben einheimischen Sträuchern und Bäumen rund 150 Baumarten aus Nordamerika, Japan, China und dem Himalaya. Die Fauna steht der Flora in Vielfalt keineswegs nach: Rund 200 Vogelarten und 700 verschiedene Käfer kann man hier (wenn man Glück und außergewöhnliche Geduld hat!) beobachten. Es gibt Restaurants und Cafés. Wer länger bleiben will, kann sein Zelt auf einem Campingplatz (▶Übernachten) aufschlagen.

Alles für einen gelungenen Besuch

Infozentrum

Der Boswinkel ist ein Informationszentrum für die Besucher des Amsterdamse Bos. Hier erhält man Auskunft über diverse **Freizeitveranstaltungen**, man kann Exkursionen buchen, Souvenirs und Spielsachen für den Parkbesuch kaufen und erfährt zugleich einiges über die Entstehungsgeschichte des Waldes. Zudem werden regelmäßig Kunstaustellungen gezeigt.

Bosbaanweg 5 | Mi. – So. 10 – 17 Uhr

★★ ANNE FRANK HUIS

Lage: Prinsengracht 267 | **Straßenbahn/Tram:** 13, 17 | **Mo. – Do.** 9 – 17, **Fr. – So.** bis 19 Uhr (Öffnungszeiten wechseln, bitte Zeiten auf Homepage beachten) | **Eintritt:** 14 € | **www.annefrank.org**

Zwei Jahre eingesperrt in einem Hinterhaus – eine lange Zeit für ein lebensfrohes und unternehmungslustiges junges Mädchen. Die beklemmende Situation im Versteck der jüdischen Familie Frank während des Zweiten Weltkriegs lässt sich bei einem Besuch im Anne-Frank-Haus nachempfinden.

Auch das Haus an der Prinsengracht 265 neben dem ehemaligen Büro von Otto Frank, Annes Vater, gehört mittlerweile zum Museum. Hier ist u. a. das Original-Tagebuch von Anne Frank ausgestellt. Darin erzählt die 14-jährige Anne vom Leben im Hinterhaus, das zwischen 1942 und 1944 zur engen Lebenswelt der Familien wurde, von ihrer Einsamkeit und Angst (▶S. 58f.). Der letzte Eintrag Annes stammt vom 1. August 1944.

SCHREIBEN IM VERSTECK

Worin liegt das Geheimnis für den Welterfolg der Tagebuchaufzeichnungen, die das Gefühlsleben eines heranwachsenden Mädchens und das Miteinander einer kleinen Gruppe von Juden beschreiben, die sich in einem Amsterdamer Hinterhaus zwei Jahre lang vor den Nazi-Schergen versteckt halten mussten?

Anne Frank führte **vom 12. Juni 1942 bis zum 1. August 1944** Tagebuch. Erst verfasste sie ihre Aufzeichnungen nur für sich selbst, doch am 28. März 1944 hörte sie im englischen Radio den im Londoner Exil lebenden niederländischen Minister Bolkestein darüber sprechen, dass nach Kriegsende Tagebücher und Briefe publiziert werden sollten, um die Leiden des niederländischen Volkes während der deutschen Besatzungszeit zu dokumentieren. Daraufhin schrieb sie ein für die Öffentlichkeit bestimmtes Tagebuch ab, strich uninteressante Passagen und fügte andere hinzu. Beide Aufzeichnungen führte sie fortan weiter. »Ich weiß, dass ich schreiben kann«, konstatierte sie voller Selbstbewusstsein, doch zuweilen befiel sie auch eine starke Unsicherheit: »... ich bezweifle manchmal ernsthaft, ob sich später mal jemand für mein Geschwätz interessieren wird.«

Bestseller

Hier irrte sie, die ganze Welt interessierte sich für ihr Schicksal. Wie es ihr Wunsch war, wurde Anne Frank eine berühmte Schriftstellerin – aber erst nach ihrem Tod. Posthum ist sie sogar eine der berühmtesten und erfolgreichsten Autorinnen aller Zeiten geworden. Von ihrem ursprünglich in niederländischer Sprache verfassten Tagebuch sind über 25 Mio. Exemplare in rund **60 Sprachen** verkauft worden. Kein anderes Buch zum Nationalsozialismus ist bisher so erfolgreich gewesen.

Briefe an Kitty

In ihrem Tagebuch beschreibt Anne Frank den **Alltag im Hinterhaus der Amsterdamer Prinsengracht 263**, in dem sie, ihre Eltern, ihre Schwester und vier weitere jüdische Schicksalsgenossen mit holländischer Hilfe 25 Monate lang Zuflucht vor den Nazis fanden. Das »ungewöhnlich begabte und

empfindsame Kind« (Verlagstext) erzählt in Briefen an eine imaginäre Freundin namens Kitty von ihrem Seelenleben, von der Zuneigung zu ihrem Vater, von der Abneigung gegen ihre Mutter, von der in ihr herauf keimenden Sexualität. Sie berichtet über das Zusammenleben der Familie auf engstem Raum, über freudige Ereignisse, aber auch über Streitereien, und sie schildert das Vorrücken der alliierten Streitkräfte. Dies ließ die Eingeschlossenen hoffen, nun endlich bald das **Versteck** verlassen zu können.
Doch von den acht Leidensgenossen im Hinterhaus sollten sieben nie mehr in Freiheit gelangen. Nachdem sie **aufgespürt** worden waren, wurden alle acht Untergetauchten am 4. August 1944 von einem SS-Mann und mindestens drei holländischen Helfern der Grünen Polizei verhaftet und mit dem letzten »Judentransport« nach Auschwitz deportiert. Anne und ihre Schwester kamen im Oktober ins KZ Bergen-Belsen, wo beide Opfer einer im Lager grassierenden Typhusepidemie wurden. Anne, deren genauer Todestag nicht bekannt ist, starb wahrscheinlich zwischen Ende Februar und Anfang März 1945.

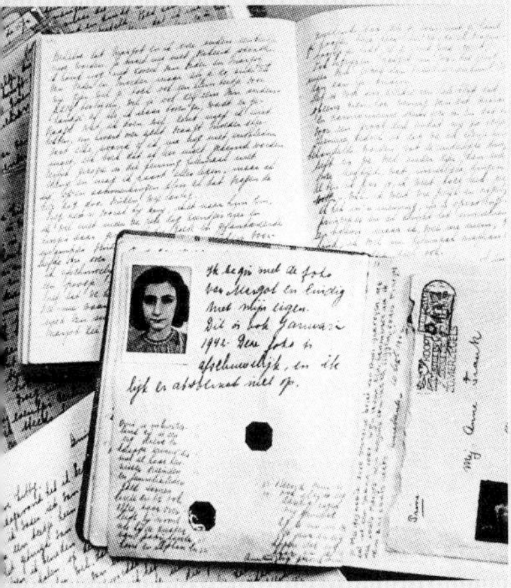

Annes Vater **Otto Frank** überlebte als Einziger der Familie das Lager. Nach Kriegsende übergaben ihm die einstigen Helfer Miep Gies und Bep Voskuijl Annes Tagebuch, das sie noch am Tag der Verhaftung sichergestellt hatten. Nach reiflicher Überlegung entschloss sich Otto Frank dazu, die Aufzeichnungen seiner Tochter doch zu publizieren.

Historisch unbedeutend

Woher rührt der weltweite Erfolg von Anne Franks Tagebuch? Für die historische Forschung haben die Aufzeichnungen als Quelle nie eine Rolle gespielt. Das Grauen des Holocaust, die unmenschlichen Deportationen, das Leben in den Konzentrationslagern, die grausamen Ermordungen – all das bleibt dem Leser erspart. Aber eben weil wir uns Anne Frank durch die Schilderung ihres Alltags, ihrer Gefühlswelt und auch ihrer Angst vor den Verfolgern so nahe fühlen, **ergreift uns das Wissen um ihren späteren Tod** stärker noch als andere persönliche Zeugnisse, die den Horror des Völkermords bis ins letzte Detail reflektieren.

Verrat

Viel ist darüber gerätselt worden, wer die Familie Frank und die vier Mitbewohner schließlich an die Nazis verraten hat. Lange richtete sich der Verdacht v.a. gegen eine niederländische Putzfrau. Nach neueren Forschungen könnte die Entdeckung des Verstecks aber auch Zufall gewesen sein. Womöglich suchten die Ermittler lediglich nach illegalen Mitarbeitern und Fälschern von Lebensmittelmarken.

LEBEN IM HINTERHAUS

Im Jahr 1957 wurde das Haus von seiner Eigentümerin der Anne-Frank-Stiftung geschenkt, die es 1960 der Öffentlichkeit zugänglich machte. Da das Museum dem Ansturm von knapp 600 000 Besuchern jährlich kaum mehr gewachsen war, wurde es komplett renoviert. Inzwischen kommen 1,3 Mio. Besucher pro Jahr.

1 Vorderhaus
Das Gebäude an der Prinsengracht 263 bestand – wie viele Amsterdamer Grachtenhäuser – aus einem Vorder- und einem Hinterhaus. Im Vorderhaus hatte Otto Frank, der Vater, seit 1940 sein Geschäft mit Büro- und Lagerräumen. Der Geschäftsbetrieb ging während des Zweiten Weltkriegs weiter. Anhand historischer Fotos wurden die Räume rekonstruiert. Sie sind aber nicht mehr möbliert. Zitate aus dem Tagebuch der Anne Frank geben einen Eindruck davon, wie es ehemals hier aussah, welche Atmosphäre hier herrschte.

2 Hinterhaus
Als die ersten Juden sich 1942 in Arbeitslagern melden mussten, stattete Otto Frank im Hinterhaus vier Räume so aus, dass er hier mit seiner Familie und Freunden untertauchen konnte. Die ehemalige Sekretärin von Otto Frank, Miep Gies, und weitere Helfer versorgten die Leute im Versteck mit Lebensmitteln.

3 Geheimtür
Durch eine als Bücherregal getarnte Geheimtür gelangte man in das Hinterhaus und die kleine Wohnung, in der die Familie hausen musste. Diese Räume sind nicht mehr eingerichtet.

4 Annes Zimmer

5 Zimmer der Eltern

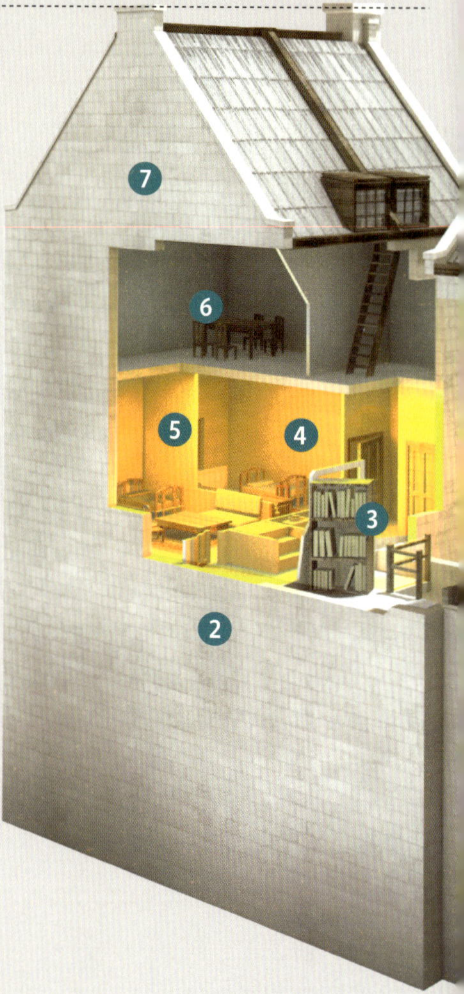

6 Zimmer der Familie Van Daam
Das Mobiliar war von den Nationalsozialisten beschlagnahmt worden, und 1962 stellte sich die Frage nach einer Rekonstruktion. Otto Frank war dagegen, lediglich einige persönliche Gegenstände und Briefe der acht Untergetauchten sind ausgestellt.

7 Dachboden
Auf dem Dachboden des Hauses zeigen Fotos und andere Dokumente den Leidensweg der im Hinterhaus versteckten Juden durch die verschiedenen Konzentrationslager. Videofilme stellen die Einzelschicksale in den historischen Zusammenhang.

Kleines Haus, großer Andrang

Museumsbesuch

Jedes Jahr kommen rund 1,3 Millionen Besucher aus aller Welt, um sich das Anne Frank Huis anzusehen. Nachdem es in der Vergangenheit zunehmend lange Warteschlangen gegeben hat, ist ein Besuch inzwischen nur noch mit Online-Ticket in einem bestimmten Zeitfenster möglich. Ticket und Termin bucht man am besten mindestens zwei Monate im Voraus. Die Website führt in deutscher Sprache durch den Ticketverkauf. Für Besuche mit Kindern empfiehlt das Museum ein Mindestalter von zehn Jahren.

Lage: Plantage Kerklaan 38 – 40 | **Tram:** 14 | März – Okt. 9 – 18, im Winterhalbjahr bis 17 Uhr | **Eintritt:** Erw. 25 €, Kinder (3 – 9 Jahre) 20 € | **www.artis.nl**

Der königliche Zoo Amsterdam, Europas ältester Tierpark, lockt nicht nur mit einer afrikanischen Savanne mitten in der Stadt, sondern auch mit historischem Ambiente. Wo sonst auf der Welt kann man in einem Stadtpalast aus dem Jahr 1882 Piranhas beim Schwimmen zusehen? Und weil der Tierpark auf dem Gelände eines ehemaligen Parks entstand, blühen im Frühjahr außerdem 130 000 Blumen.

Familienattraktion

Der Amsterdamer Zoo geht auf eine Privatinitiative zurück. Der Verein »Natura Artis Magistra« hatte sich zum Ziel gesetzt, Stadtmenschen die Natur anhand von Schaustücken und lebendigen Objekten näherzubringen. 1838 erwarb man an der Plantage Middenlaan ein Gelände. Der anfangs spärliche Tierbestand wuchs rasch, z. B. durch Ankäufe von durchreisenden Menagerien. Im ersten Jahrhundert seines Bestehens stand der Zoo ausschließlich Mitgliedern des Vereins offen, die sonntags hier spazieren gingen und den in den Sommermonaten veranstalteten Konzerten lauschten.

Fisch und nachtaktive Tiere

Attraktionen des Parks

Die meisten der 580 verschiedenen Tierarten leben in **Freigehegen,** die ihren natürlichen Lebensräumen so weit wie möglich nachempfunden sind. Das **Aquarium**, das mit rund 2000 Fischen über die zweitgrößte Kollektion der Welt (nach Berlin) verfügt, sowie das Haus der Nachttiere sind besondere Schwerpunkte des Zoos. Das Interesse der Kinder gilt speziell dem Streichelzoo, während Erwachsene sicherlich auch an den **Gewächshäusern** Gefallen finden.

Einheimische wie auch Touristen kommen gern in den Tierpark, um sich eine Auszeit vom Trubel der Stadt zu gönnen.

Naturkunde für Entdecker

Zoologisches Museum

In dem im Bau des Aquariums untergebrachten Zoologischen Museum werden S**ammlungen von Insekten, Vögeln, Amphibien und Reptilien** gezeigt. Ein Diorama liefert ein dreidimensionales Bild einer Dünenlandschaft mit ihrer reichen Pflanzen- und Tierwelt. **Wechselausstellungen** beschäftigen sich vielfach mit Vergleichen zwischen tierischem und menschlichem Verhalten.

Die spannende Welt der Mikroben

Museum Micropia

Ein Neuzuwachs im Zoo ist das Museum Micropia, in dem sich alles um **Kleinstlebewesen** dreht. Ausgezeichnet als eines der innovativsten Museen Europas und weltweit das einzige Museum über Mikroben. Micropia beeindruckt mit **interaktiver Technik** und zahlreichen Aha-Erlebnissen: Wer weiß schon, dass bei einem 10-sekündigen Kuss 80 Millionen Mikroorganismen ausgetauscht werden, oder dass das Bakterium Deinococcus radiodurans sogar an den Wänden eines Kernreaktors überleben kann. Mit Mikroskopen nimmt man nicht nur Bakterien und Kleinstlebewesen unter die Lupe, sondern einen ganzen Ameisenstaat. Micropia ist mit einer Kombikarte oder separat zu besuchen

Eingang: Plantage Kerklaan 38 – 40 | tgl. 10 – 17 Uhr | Eintritt: 16 €

Mit der Maus zu den Löwen

Besuch planen

Wie so oft, kann man auch bei Artis sparen, wenn man sich vorab ein Ticket auf der Website besorgt. Damit kann man außerdem die Warteschlange am Schalter umgehen und das Ticket an jedem beliebigen Tag nutzen. Auf dem Zoogelände gibt es eine ganze Reihe von Restaurants, Cafés und Kiosken; doch auch massenhaft Tische, Stühle und Wiesen laden zum **Picknick** mit tierischen Ausblicken ein. Auf Kinder warten gleich mehrere **Spielplätze**. Am Zoo-Eingang liegen kostenlose Info-Blätter (auch auf Englisch) aus, die über das **Tagesprogramm** (z. B. Fütterungen) sowie Neuigkeiten aus der Tierwelt (wie Geburt eines Elefantenbabys) Auskunft geben. Sehr schön ist auch das benachbarte Café Plantage in einem Wintergarten aus dem 19. Jh., das man auch ohne Artis-Eintrittskarte besuchen kann.

★★ BEGIJNHOF

Lage: Gedempte Begijnensloot (Eingang gegenüber Spui) | **Tram:** 2, 12 | tgl. 11 – 16 Uhr

Kleine, historische Giebelhäuser mit großen Fenstern reihen sich rund um eine Rasenfläche. Die Bewohnerinnen sitzen mit einer Tasse Kaffee auf der Treppe vor ihren Häusern und genießen die Sonne. Herrlich ruhig und idyllisch ist es hier mitten in der Stadt. Am liebsten würde man gleich einziehen. Aber warum sind nur Frauen zu sehen?

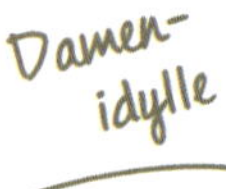

Des Rätsels Lösung: Wie in vielen anderen »Hofjes« (►Das ist Amsterdam S. 26) in den Niederlanden, in denen nur alleinstehende und verwitwete Frauen in Gemeinschaft lebten, war auch der Beginenhof ein **Wohnort nur für Frauen.** Und die wohl schönste dieser einzigartigen Damensiedlungen.

Refugium der Single-Frauen

Die Beginen

Die Beginen waren unverheiratete Damen, die wie in einer Klostergemeinde – allerdings ohne Gelübde – zusammenlebten. Man unterstützte sich gegenseitig, genoss den **Schutz der Gemeinschaft**, ging in die Kirche und kümmerte sich um kranke und alte Menschen. Die ersten Beginen gesellten sich 1346 zueinander; damals lebten sie noch außerhalb der Stadtgrenze. Ende des 15. Jh.s zogen sie in die Stadt, und um ca. 1475 entstand das Haus Nr. 34, das vermutlich älteste Holzhaus Amsterdams. Die meisten der schönen Häuser des Beginenhofes stammen aus dem 17. und 18. Jahrhundert.

Zuflucht für Katholikinnen

Kirche

Interessant ist auch die Kirche des Hofjes. Die Beginen waren katholisch, und als Amsterdam zum Protestantismus übertrat, mussten die Beginen ihre Kirche der englischen Presbytergemeinde abtreten. Doch auf ihren Gottesdienst wollten sie nicht verzichten. Und so entstand auch im Beginenhof eine **»Schlupfkirche«,** eine in einem der Wohnhäuser versteckte (zweistöckige!) Kapelle, die von außen nicht sichtbar war und dennoch mit aller Pracht ausgestattet wurde. Als 1971 Schwester Antonia – die letzte Begine – starb, durften auch andere Frauen in den Beginenhof ziehen, allerdings sollten sie katholisch, alleinstehend und mindestens 30 Jahre alt sein. Heute leben hier auch Studentinnen zu einem günstigen Mietzins.

BEURS VAN BERLAGE

Lage: Beursplein 1 | **Tram:** 4, 14, 24 | tgl. 9 – 17 Uhr | **Eintritt:** ist abhängig vom jeweiligen Event | **https://beursvanberlage.com/visit/**

Eine Sternstunde erlebte der Stadtpalast als König Willem-Alexander und Königin Máxima hier am 2.2.2002 standesamtlich heirateten. Ansonsten werden die edlen Hallen der ehemaligen Börse – ein hervorragendes Beispiel für die frühe Architektur der Moderne – für Kongresse, Ausstellungen und Konferenzen genutzt.

Bis 1608 trafen sich in Amsterdam die Kaufleute unter freiem Himmel in der Nähe des Hafens. Dann war es höchste Zeit, ein erstes Börsengebäude zu errichten. 1835 zog man in einen neuen klassizistischen Bau um, der 1903 durch die Berlage-Börse ersetzt wurde.

Ein revolutionäres Bauwerk

Architektur

Architekt Hendrik Petrus Berlage erhielt den Auftrag für den **repräsentativen Neubau**. Er machte sich 1897 ans Werk und konstruierte – als Reaktion auf den vorherrschenden Historismus – einen für die damalige Zeit revolutionären und umstrittenen Bau mit klaren Linien und strengen Proportionen. Als wichtigste Baumaterialien wählte er **Backstein, Eisen und Glas.** Den zentralen Saal im Innern überwölbt eine Eisen-Glas-Konstruktion.
In den 1970er-Jahren zeigten sich Probleme mit dem Fundament. Eine grundlegende Restaurierung rettete glücklicherweise die Architekturikone. Börsengeschäfte werden heute in der benachbarten Effektenbörse abgewickelt (Beursplein 5), die Joseph Cuypers 1913 entwarf.

WENN DIE SONNE IN DEN GRACHTEN VERSINKT …

Wenn die Sonne als glühender Feuerball hinter der Nicolaaskerk untergeht, erstrahlt Amsterdam in rotgoldenem Licht. Von der Dachterrasse der Skylounge des DoubleTree Hilton (► S. 206) am Bahnhof hat man einen großartigen Blick auf Amsterdam. Die Cocktails sind kein Schnäppchen, aber der unbezahlbare Blick ist inklusive.

CENTRAAL STATION

Lage: Stationsplein | **Tram:** 2, 4, 12, 13, 14, 17, 24, 26, **Metro:** 51, 53, 54

Die Centraal Station wirkt eher wie ein Palast als wie ein Bahnhof. Und doch fahren hier mehr als 1000 Züge täglich ein und aus. Abenteuerlich ist die Konstruktion: Halle und Schienen ruhen auf drei künstlichen Inseln und 8687 Pfählen.

Stilvoll ankommen

Es gibt in der Stadt mehrere Bahnhöfe (Zuid, Sloterdijk), doch wer mit dem Zug nach Amsterdam fährt und die Innenstadt als Ziel hat, steigt am Hauptbahnhof, Amsterdam Centraal (►Abb. S. 222) aus. Vom Bahnhofsvorplatz aus nimmt man Straßenbahn, Bus oder Metro oder eines der Rundfahrtboote für eine Grachtenfahrt. An seiner dem Hafen zugekehrten Nordseite (de Ruijterkade) liegen Anlegestellen (Steiger) für die kleinen Gratis-Fähren. Zum Zentrum, Rotlichtviertel und Jordaan sind es nur wenige Gehminuten.

Ein Palast der Mobilität

Architektur

1889 fand die Eröffnung unter lebhafter Anteilnahme der Bevölkerung statt: Sämtliche 14 000 Bahnsteigkarten wurden verkauft. Das Bahnhofsgebäude im **Stil des Historismus** zeigt deutliche Anklänge an die klassizistische Schlossarchitektur. Manche Dekorform verweist auf die Renaissance. Sein Architekt schuf ebenfalls das ►Rijksmuseum. Auch international fand das Bahnhofsgebäude Beachtung: Als die Japaner um 1900 ein Vorbild für ihren Bahnhof in Tokio suchten, fiel ihre Wahl auf Amsterdam. Sehenswert ist der einstige **Jugendstil-Wartesaal** (heute Café/Restaurant; Zugang über Gleis 2).

Ein Turm mit Geschichte

Schreierstoren

An der Kreuzung von Prins Henrikkade und Geldersekade, gegenüber dem Hauptbahnhof, steht das **Überbleibsel der mittelalterlichen Stadtmauer**, die 1480 errichtet worden war: der Schreierstoren. Bis 1960 diente der Turm als Sitz des Hafenmeisters, der dann ins Hafengebäude umzog. Heute beherbergt er ein Café mit Terrasse am Wasser. Die Bedeutung des Namens ist nicht eindeutig: Ein Giebelstein mit der Jahresangabe 1569 zeigt eine weinende Frau. Daraus schloss man, dass hier die Frauen der Seeleute den Abschied ihrer ausfahrenden Männer beklagten.
Am Turm wurde 1927 eine bronzene **Gedenktafel** zur Erinnerung an Henry Hudson angebracht, der von hier aus am 4. April 1609 mit seinem Schiff »De halve Maan« (Halbmond) zu einer Reise aufbrach, die mit der Gründung Neu Amsterdams (New York) endete.

CONCERTGEBOUW

Lage: Concertgebouwplein 10 |Tram: 2, 3, 5, 12 | **Lunchkonzerte:** einmal in der Woche (außer Juli u. Aug.) Mi. 12.30 Uhr | **www.concertgebouw.nl**

Es ist der Klang, der Klang, der Klang! Er machte das Concertgebouw weltberühmt. Obwohl bereits 1888 eröffnet, gehört er nach wie vor zu den besten Konzertsälen der Welt.

Yehudi Menuhin, Cecilia Bartoli, Sting, Janine Jansen und John Eliot Gardiner traten hier auf – um nur einige Namen zu nennen. Der Dirigent des Boston Philharmonic Orchestra, Benjamin Zander, bezeich-

6X EINFACH UNBEZAHLBAR

Erlebnisse, die für Geld nicht zu bekommen sind

1. ANS ANDERE UFER

Hinter dem Bahnhof, am Ufer des IJ, kann man mit der Gratis-Fähre nach **Amsterdam-Noord** übersetzen: Hier liegen kreative Hotspots, Stadtstrände und flippige Restaurants – Amsterdam von einer ganz anderen Seite.

▶ S.53

2. HOF DER FRAUEN

Zwischen quirligen Einkaufsstraßen liegt eine ruhige, frei zugängliche Oase: der **Begijnhof** mit seinen Häusern aus dem 17. und 18. Jh., in denen nur Frauen wohnen (dürfen).

▶ S.26, 64

3. KLANGWUNDER

Teuer und dennoch meist ausgebucht ist das weltberühmte **Concertgebouw**. Aber einmal in der Woche gibt es Gratismusik: beim Lunch-Konzert mittwochs um 12.30 Uhr.

▶ S.67

4. TRAUMBLICKE

Von der Terrasse im 7. Stock der **Zentralbibliothek** (Centrale OBA/ Oosterdokskade 143) in Bahnhofsnähe liegt einem die Altstadt zu Füßen. Den Kaffee zum Traumblick gibt es (gegen Bezahlung) nebenan im Café.

5. GRÜNE PAUSE

Schach zwischen Tulpenbeeten spielen, einen Kaffee in der Sonne trinken und Kunst im Grünen genießen – der **Garten des Rijksmuseums** ist während der Öffnungszeiten des Museums gratis zugänglich.

▶ S.133

6. KULTUR IM PARK

Zwischen Mai und September gibt es auf der **Open-Air-Bühne im Vondelpark** am Wochenende. Konzerte und Tanzdarbietungen gratis. (openluchttheater. nl).

▶ S.161

nete das Concertgebouw sogar als die Konzerthalle mit der besten Akustik weltweit.

Durch Komponistenschelte zum Klangwunder

Konzerthalle

Ein Blick in die Geschichte des Concertgebouws verrät mehr über das Verhältnis der Amsterdamer zu ihrem Musiktempel: Als 1879 Johannes Brahms eingeladen wurde, seine Dritte Sinfonie zu dirigieren, sagte er nach dem Konzert: »Ihr seid liebe Menschen, aber schlechte Musikanten!« Diese herbe Kritik nahmen sich die Amsterdamer zu Herzen. Man rief einen Verein ins Leben mit dem Ziel, einen Konzertsaal für rund 2000 Personen zu errichten und ein Orchester zusammenzustellen. 1888 wurde das von A. van Gendt geplante Konzerthaus eröffnet. Zu Beginn der 1980er-Jahre fürchtete man jedoch um das Fortbestehen des Hauses: Das ungefähr 10 000 t schwere und auf 2000 Pfosten gelagerte Gebäude drohte im schlammigen Untergrund zu versinken. Eine neue Fundamentierung rettete das Konzerthaus.

Musik für alle

Gratis-konzerte

Skeptiker sollten sich mit eigenen Ohren im übrigens auch optisch sehr ansprechenden Gebäude vom **Klangwunder** überzeugen. Während der Lunch-Konzerte am Mittwoch ist der Eintritt sogar gratis. Ein Geschenk der Concertgebouw-Stiftung an die Stadt. Denn: Die Amsterdamer lieben ihre Konzerthalle.

DAM

Lage: Zentrum | **Tram:** 2, 4, 12, 13, 14, 17

H 6

Am Dam-Platz schlägt das Herz der Stadt. Straßenkünstler zeigen akrobatische Stunts, das Luxus-Kaufhaus Bijenkorf lädt zum Shoppen ein, die Wachsfiguren von Madame Tussauds entführen in die Welt der Schönen und Reichen, und der Königliche Palast versprüht royales Flair.

Am Dam begann die Geschichte Amsterdams mit der **Gründung der ersten Niederlassung**, in der man Fisch- und Viehhandel betrieb. Der mittelalterliche Platz trennte die Amstel vom IJ, einem Arm der Zuiderzee. Auf dem Dam traf sich immer schon die Bevölkerung zum Einkaufen, Feiern, Protestieren und Repräsentieren. Und auch heute strömen hier die Amsterdamer zu **Stadtereignisse**n zusammen – bei Demonstrationen genauso wie zu Festivals wie dem Tulpentag.

Zum Gedenken der Toten

Nationaal Monument

Nach dem Zweiten Weltkrieg wurde auf dem Dam das Nationaldenkmal errichtet, ein 22 m hoher, heller Obelisk als Mahnmal für die Opfer und als **Monument der Befreiung** und des Friedens. Eingemauert in den Obelisken sind elf Urnen mit Erde aus den elf Provinzen. Eine zwölfte Urne enthält Erde von Ehrenfriedhöfen in Indonesien. Am 4. Mai 1956, dem nationalen Trauertag, wurde das Denkmal durch die damalige Königin Juliana eingeweiht, und seitdem legt hier der König alljährlich unter großer Anteilnahme der Bevölkerung Kränze nieder. Im ganzen Land wird abends um 20 Uhr zwei Minuten lang der Gefallenen des Zweiten Weltkriegs gedacht.

Selfies mit Promis und Zeitreisen in die Vergangenheit

Madame Tussaud's

Am Dam liegen auch der ►Koninklijk Paleis, die ►Nieuwe Kerk sowie das weit verbreitete Wachsfigurenkabinett Madame Tussaud's. Für ein recht stattliches Eintrittsgeld begegnet man hier **Persönlichkeiten der Vergangenheit und Promis der Jetztzeit** von Willem van Oranje, Peter d. Großen, Napoleon, Rembrandt und Vermeer bis zu Marilyn Monroe, dem Königspaar, Barack Obama und Madonna. Doch damit nicht genug – mit Spezialeffekten werden Besucher zu Zeitreisen eingeladen – ins Goldene Zeitalter der Niederlande beispielsweise.

tgl. 10 – 21.30 Uhr | Eintritt: 24 € (online günstiger) | www.madame-tussauds.com

ENTREPOTDOK

Lage: östlich des Stadtzentrums | **Tram:** 7

Die historischen Speicherhäuser aus Backstein am Entrepotdok tragen nicht nur wohlklingende Namen wie »december« oder »augustus« – die einstigen Zwischenlager für zollpflichtige Waren gehören längst zu den begehrtesten Wohnadressen der Stadt.

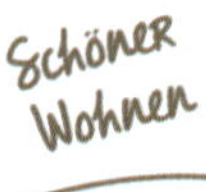

Entrepotdok, das man beispielsweise über eine Zugbrücke nahe dem Eingang zum Artis erreicht, ist ein **Viertel zum Wohlfühlen**. In einigen Häusern haben Künstler ihre Ateliers eingerichtet, Kneipen und Cafés gibt es natürlich auch reichlich. Perfekt für einen Stadtspaziergang.

Moderne Architektur trifft auf historisches Ambiente

Stadtviertel mit Flair

Es leben die Kontraste! Zwischen den **alten Speicherhäusern** ragen auch **Beispiele futuristischer Architektur** in den Himmel – zum Beispiel ein langgestrecktes Gebäude namens Aquartis. Die Stützmauer eines früheren Kohlelagers integrierte man in ein spektakulä-

OBEN: Zwei Löwenfiguren, Symbole für die Niederlande, wachen vor dem Nationaldenkmal am Dam. Bei gutem Wetter trifft man sich hier, kann den Straßenmusikern zuhören und Jongleure und Tänzer beobachten.

UNTEN: Ein gelungenes Beispiel für die Stadterneuerung: Nahezu hundert Lagerhäuser aus der Zeit von 1708 bis 1829 wurden in den 1980er-Jahren in Büros, Cafés und Wohnungen verwandelt.

res, fast nur aus Fensterfronten bestehendes Wohnhaus. Von den Appartements genießen die Bewohner einen außergewöhnlichen Blick – nämlich auf die afrikanische Savanne des benachbarten Zoos ►Artis.

★ HAARLEM

Lage: 18 km westlich | **Bahn:** ab Centraal Station | **www.haarlem.nl**

Holland wie aus dem Bilderbuch: Eine weiße Zugbrücke überspannt das Flüsschen Spaarne, zu Füßen der Windmühle Adriaan schaukeln die Segelboote, und über der ganzen Szenerie, die an ein Stillleben alter Meister erinnert, thront der Turm der Grote Kerk. Neben reichlich Holland-Idylle findet man in Haarlem aber auch ausgefallene kleine Läden fürs ultimative Shopping-Vergnügen sowie zahlreiche gute Restaurants.

Im 17. Jh. tummelten sich in der heute rund 162 500 Einwohner zählenden Stadt jede Menge Künstler wie Frans Hals, Jacob van Ruisdael, Philips Wouverman und Adriaen van Ostade. Und der Stadtbaumeister Lieven de Key begründete eine Bauschule, von deren Leistung noch heute die öffentlichen Gebäude und zahlreichen Giebelhäuser der Altstadt zeugen.

Historische Kulisse fürs Shoppingvergnügen

Grote Markt

Die **historische Altstadt** mit ihren Geschäftsstraßen hat ein Herz für Fußgänger, und die autofreien Straßen laden zum **Einkaufsbummel** ein. Auf dem Grote Markt erhebt sich das Standbild von L. J. Coster, einem Zeitgenossen von Johannes Gutenberg. In den Niederlanden galt er lange als der eigentliche Erfinder der Buchdruckerkunst.

Meisterwerk mittelalterlicher Kirchenbaukunst

Grote Kerk

Auffallendstes Gebäude am Grote Markt ist die Grote Kerk bzw. St. Bavokerk, eine **spätgotische Kreuzbasilika** mit einem hohen, schlanken Vierungsturm. Ihre lange Baugeschichte beginnt mit der Errichtung des Chores im 14. Jahrhundert. Um 1520 wurde der Turm mit dem schönen, allabendlich um 21 Uhr erklingenden **Hemony-**

Auch abseits der Sehenswürdigkeiten findet man in Haarlem immer wieder hübsche Gassen – und das Meer liegt praktisch um die Ecke: Mit dem Fahrrad sind die Strände von Bloemendaal und der Küstenort Zandvoort leicht zu erreichen.

Glockenspiel fertiggestellt. Es kündigte früher das Schließen der Stadttore an. Der größte Teil des Innenraums entstand vor der Reformation, so der Chor mit Chorpult, das schön **geschnitzte Chorgestühl** und das kupferne Chorgitter. Sehr sehenswert ist die von Christian Müller im 18. Jh. erbaute **Orgel**, auf der schon Händel und Mozart, aber auch Albert Schweitzer spielten.

Weltliche Bauschätze

Stadhuis und Hoofdwacht

An der anderen Seite des Marktes steht das Haarlemer **Rathaus**. Die ältesten Bauteile gehen auf ein Jagdschloss des Grafen Wilhelm II. (1250) zurück. Ende des 13. Jh.s bauten Dominikaner hinter dem Schloss ein Kloster, das während des Unabhängigkeitskampfes und der Glaubenskriege schwer beschädigt wurde. Ein Teil des Klosters wurde 1590 zum Prinzenhof hergerichtet und diente den Statthaltern und anderen Gästen als standesgemäße Unterkunft. Gegen 1630 erneuerte man die Fassade im klassizistischen Stil und setzte 1860 ein weiteres Stockwerk auf die Kreuzgänge.

Die **Hauptwache** an der Nordseite des Marktes ist eines der ältesten Gebäude der Stadt. Der Vordergiebel stammt aus dem Jahre 1650. Hier befand sich der Hauptsitz der städtischen Polizei und wahrscheinlich das erste Rathaus von Haarlem. Die Südseite des Marktes begrenzt die 1602/1603 von Lieven de Key gebaute Fleischhalle. Sie gilt als das **hervorragendste Werk der gesamten nordischen Renaissance** und war ehemals Schlachthof und Zunfthaus der Metzger in einem.

Das älteste Museum des Landes

Teylers Museum

In der Nähe der Grote Kerk liegt Teylers Museum, bereits 1778 eröffnet und damit das älteste Museum der Niederlande. Pieter Teyler van der Hulst (1702 – 1778), ein reicher Tuch- und Seidenhändler, interessierte sich für Kunst und Wissenschaft. Er stiftete sein Vermögen für den Bau des Museums, zu dessen Besitz neben vielen **Handzeichnungen und Gemälden älterer holländischer Meister** sowie von Michelangelo und Raffael eine naturkundliche Abteilung gehört.

Spaarne 16 | Di. – Fr. 10 – 17, Sa., So. 11 – 17 Uhr | Eintritt: 15 € | www.teylersmuseum.eu

Ein Höhepunkt niederländischer Malerei

Frans Hals Museum

Weiter östlich, jenseits der Binnen Spaarne, erhebt sich das mittelalterliche **Amsterdamse Poor**t, das einzige erhaltene Stadttor Haarlems, um 1400 gebaut.

Das ehemalige **Altmännerhaus** im Süden der Altstadt (Groot Heiligland 62) beherbergt heute das Frans-Hals-Museum, das eine führende Position unter den Gemäldegalerien des Landes einnimmt. Die Schützen- und Regentenstücke von **Frans Hals** (1581/1585 bis 1666), dem lebendigsten und ausdrucksstärksten holländischen Maler, zählen zu den Höhepunkten und sind Teil der weltweit größ-

ten Frans-Hals-Sammlung mit rund 800 Werken. Darüber hinaus findet man zahlreiche Porträts aus dem 16. und 17. Jh., Stillleben, Genrebilder und Landschaften von anderen namhaften niederländischen Künstlern. Das Frans Hals Museum hat zwei Niederlassungen: Im »Hof« (Groot Heiligland 62) hängen die alten Meister, in der »Hal« (Grote Markt 16) moderne und zeitgenössische Werke.
Di. – Sa. 11 – 17, So. 12 – 17 Uhr | Eintritt: jeweils 16 € | www.franshalsmuseum.nl

Shoppen mit Stil

»Winkels«

Nach soviel Kunst locken die nostalgischen kleine Läden der Stadt, die »winkels«, zum Durchstöbern. In Haarlem – so behaupten viele Niederländer – gibt es die schönsten. Rund um den Marktplatz in der Gedempte Oude Gracht oder der Kruisstraat reihen sie sich Giebel an Giebel.

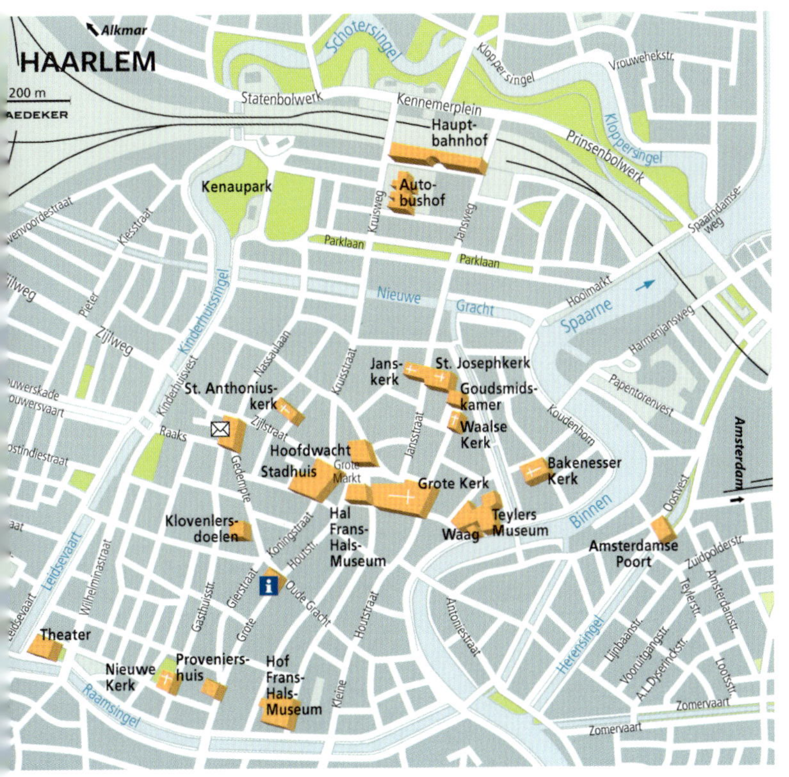

6x UNTERSCHÄTZT

Genau hinsehen, nicht daran vorbeigehen, einfach probieren!

1. SCHWARZE SÜNDEN

Schwarz, salzig, süß oder scharf – die Niederländer lieben **»drop« (Lakritz)**. Verkauft wird es in den meisten Amsterdamer Drogerien und Apotheken. Mutige holen sich die doppelt gesalzene Variante (»dubbelzoute drop«).

2. MEISTERLICH

Das Van-Gogh-Museum hat sich nicht alle Werke des großen Meisters unter den Nagel gerissen. Fans finden auch im benachbarten Stedelijk Museum Gemälde wie **»Vase mit Nelken«**, für die man meist nicht Schlange stehen muss. ►S. 155

3. BIERREICH

Amsterdam zapft nicht nur Heineken! Fast 50 **kleine Brauereien** wie ´t IJ, De Prael und Troost produzieren köstliche Craft-Biere – IPA, Weizen oder Blond. Probieren kann man sie u. a. in der Westergasfabriek (Pazzanistraat 33).

4. PICASSO IM PARK

Was für ein Geschenk! Picasso überließ der Stadt Amsterdam seine Skulptur **»Figure découpée l'Oiseau«** unter der Bedingung, dass sie jedermann zugänglich wäre. Sie steht im Vondelpark (Nähe Van Eeghenstraat). ► S.161

5. KINDERTRÄUME

Puppenhäuser sind nur etwas für kleine Mädchen? Mitnichten! Petronella Oortman (1656 bis 1716) widmete ihr halbes Leben der Einrichtung eines **Puppenhauses**, deren neun Zimmer sie mit kostbaren Miniaturen ausstatte – zu bewundern in Saal 2.20 im Rijksmuseum.

► S. 147

6. MEHR ALS KÄSE!

Die Niederländer können kochen, und in Amsterdam glitzern **fast 20 Michelin-Sterne** am kulinarischen Himmel – beispielsweise im Yamazato im Okura Hotel (Ferdinand Bolstraat 333) oder im Rijks im Rijksmuseum.

HEINEKEN EXPERIENCE

Lage: Stadhouderskade 78 | **Tram:** 1, 7, 19, 24, **Metro:** 52, **Boot:** Anleger Heineken Experience | **Mo. - Do. 10.30 - 19.30, Fr. - So. 10 - 21 Uhr** | **Eintritt:** 21 € | **www.heinekenexperience.com**

Noch im letzten Winkel der Erde kann man eine der grünen Dosen der größten niederländischen Brauerei erstehen: Heineken. Grund genug, sich die Erlebnisbrauerei der Kultmarke etwas genauer anzusehen. Besucher können einen Blick in die historische Brauerei werfen, den Brauprozess und die Heineken-Geschichte verfolgen und sich natürlich auch ein eiskaltes Heineken schmecken lassen.

Die Heineken-Brauerei erhielt in der Mitte des 20. Jahrhunderts ihre **Konzession zum Bierbrauen,** damals erwarb sie auch die alteingesessene Brauerei »Hooiberg«, die schon seit dem Mittelalter existierte, als der Gerstensaft noch das Volksgetränk schlechthin war. Der Rivale »Amstel« wurde dann nur wenige Jahre später (1968) aufgekauft.

Bierbrauen mit Tradition und Welterfolg

Brauerei-geschichte

Heute ist Heineken-Brauerei die **zweitgrößte Exportbrauerei der Welt** mit verschiedenen Tochterunternehmen und rund 73 000 Beschäftigten. Die größte Produktionsstätte befindet sich inzwischen in Zoeterwoude bei Leiden. Am einstigen Hauptsitz der Brauerei in der Stadhouderskade können sich Liebhaber des schaumigen Getränks heute auf unterhaltsame Art und Weise über Braugeschichte und mehr informieren.

Haupterzeugnis ist das nach Pilsener Art hergestellte »**Heineken Lager**« mit einer verhaltenen Fruchtigkeit und einem leichten Hopfencharakter. Für den heimischen Markt braut Heineken eine ganze Palette von Bierspezialitäten, zu denen auch eine alkoholfreie Variante gehört, sowie die Biermarke »Amstel«. International zählen Biere wie Desperados, Sol, Affligem und Tiger zum Heineken-Portfolio.

Probieren geht über Studieren

Erlebnistour

Wer eine »**Heineken Experience Tour**« mitmachen möchte, kann die Karten direkt vor Ort erwerben oder sich online für einen bestimmten Zeitraum anmelden. Die Tour dauert 1,5 Stunden, und nach Abschluss bekommt man zwei »biertjes« oder alternativ Softdrinks.

Lage: westl. u. südl. des Stadtzentrums | Tram: 13, 17

Wer Rang und Namen hatte, wohnte im Goldenen Zeitalter an der Herengracht. Heute sind die feinen Adressen noch weniger als damals bezahlbar. In die einstigen Wohnungen zogen Banken und Anwaltskanzleien ein, aber auch bezaubernde Museen, die zum Schauen und Staunen einladen. Oder einfach zur Kaffeestunde im Grachtenhausambiente der Museumscafés.

Vornehme Adresse

Die Herengracht liegt von den drei Hauptgrachten dem Stadtzentrum mit dem Rathaus, der Börse und dem Marktgeschehen am nächsten und war immer die vornehmste. Die **eleganten Häuser** demonstrierten, dass in Amsterdam nicht der Adel das Sagen hatte, sondern die reichen, selbstbewussten Kaufleute, die »Heren«.
Für Privatleute sind die **Mietpreise** in der vornehmen Herengracht nahezu unerschwinglich, so wurden viele Patrizierhäuser in **repräsentative Büros** umgewandelt. Aber auch Museen zogen ein, die allein der **prachtvollen Grachtenarchitektur** wegen einen Besuch lohnen.

Luxusambiente für die feine Gesellschaft

Der Grachtengürtel

Die Entstehung der Herengracht geht zurück auf das Jahr 1612, als ein **Plan für einen Grachtengürtel** (►Baedeker Wissen S. 184 und 80) entworfen wurde (Heren-, ►Keizers- und ►Prinsengracht) – ein Projekt, das 1658 seinen Abschluss fand. An der Herengracht zu wohnen, war schließlich so beliebt, dass der Magistrat die Breite der Patrizierhäuser auf 8 m beschränken musste. Hinter den Häusern (nicht weniger als 400 von ihnen gehören zum Kern des UNESCO-Weltkulturerbe-Bereichs!) verstecken sich prächtige **Gärten**, von denen jeder exakt 51,50 m lang ist. Ihre Anlage bedeutete für eine Stadt, die auf Pfählen ruht, einen unvorstellbaren Luxus. Ein Gesetz deklarierte die Unbebaubarkeit der Gärten, ausgenommen waren davon allerdings Garten- und Kutschhäuser. Ein Bummel entlang der Gracht könnte nahe der Raadhuisstraat beginnen.

Grachtenspaziergang

Bartolottihaus, Nr. 170/172 und Nr. 284

Schicke Fassaden

Das Bartolottihaus (Nr. 170/172) wurde 1622 von Hendrik de Keyser für den Brauereibesitzer Willem van den Heuwel errichtet, der als

Eine Fassade voller Pilaster, Bänder, Masken, Vasen und Balustraden: repräsentatives Kaufmannshaus für einen der reichsten Männer seiner Zeit.

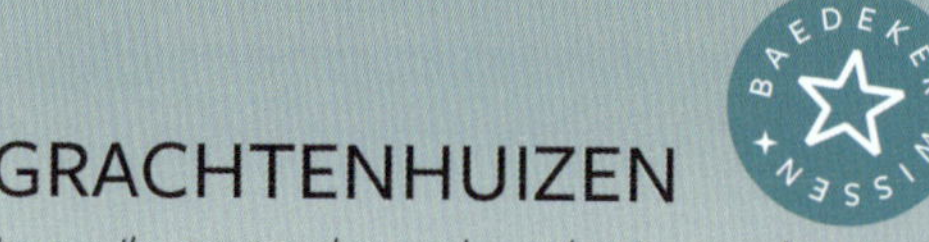

GRACHTENHUIZEN

Im 17. Jh. entstanden entlang der Amsterdamer Grachten prachtvolle Bürgerhäuser, meist aus rot-braunem Backstein, mit weißen Fensterrahmen und charakteristischen Giebeln. Für die Fundamente trieb man auf den anfangs oft nur acht Meter breiten Grundstücken Eichenstämme mehrere Meter tief in den schlammigen Untergrund. Etwa 7000 Wohn- und Speicherhäuser an den Grachten stehen heute unter Denkmalschutz.

▶ **Kunstvolle Giebel**

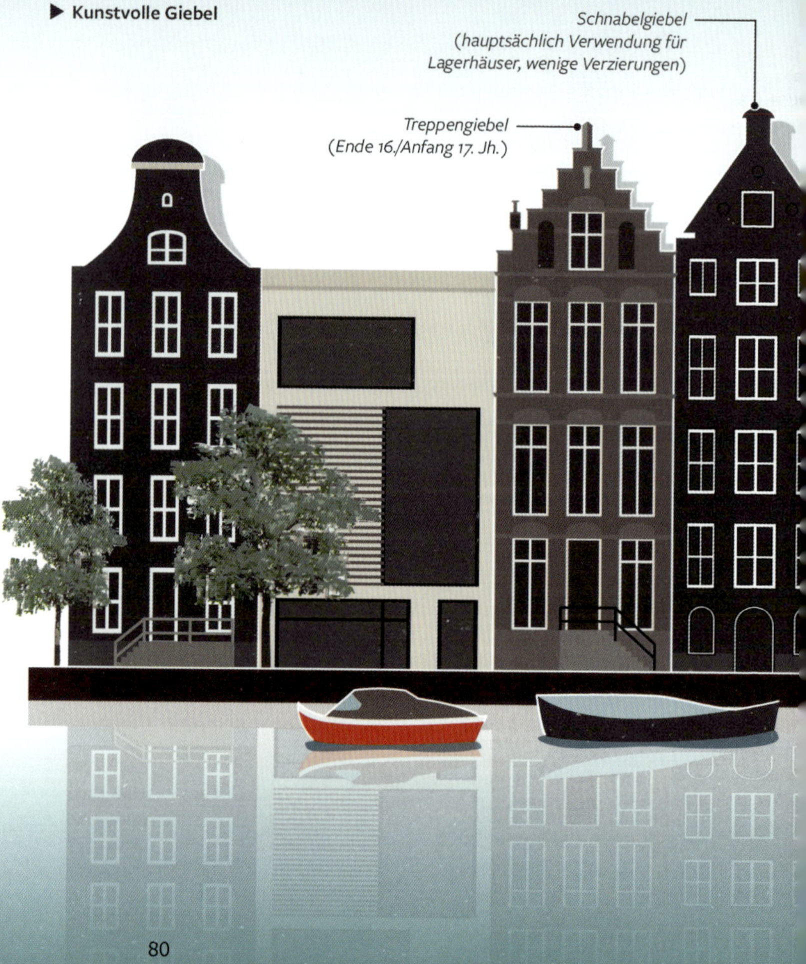

Schnabelgiebel (hauptsächlich Verwendung für Lagerhäuser, wenige Verzierungen)

Treppengiebel (Ende 16./Anfang 17. Jh.)

er Flaschenaufzug

ber einen am Takelbalken befestigten Flaschenzug urden lange Zeit Waren und andere Gegenstände ım Speicherfenster hinaufgezogen, um sie unter em Giebel zu lagern. Zum einen wurde durch den eigungswinkel von bis zu 5° verhindert, dass der aschenzug die Hauswand beschädigte, zum nderen bot er einen Wetterschutz für die unteren tagen. Auch heute findet der Aufzugsbalken eispielsweise bei Umzügen Verwendung.

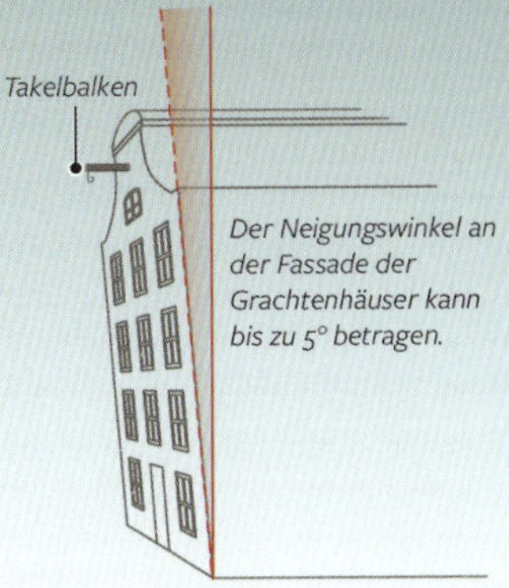

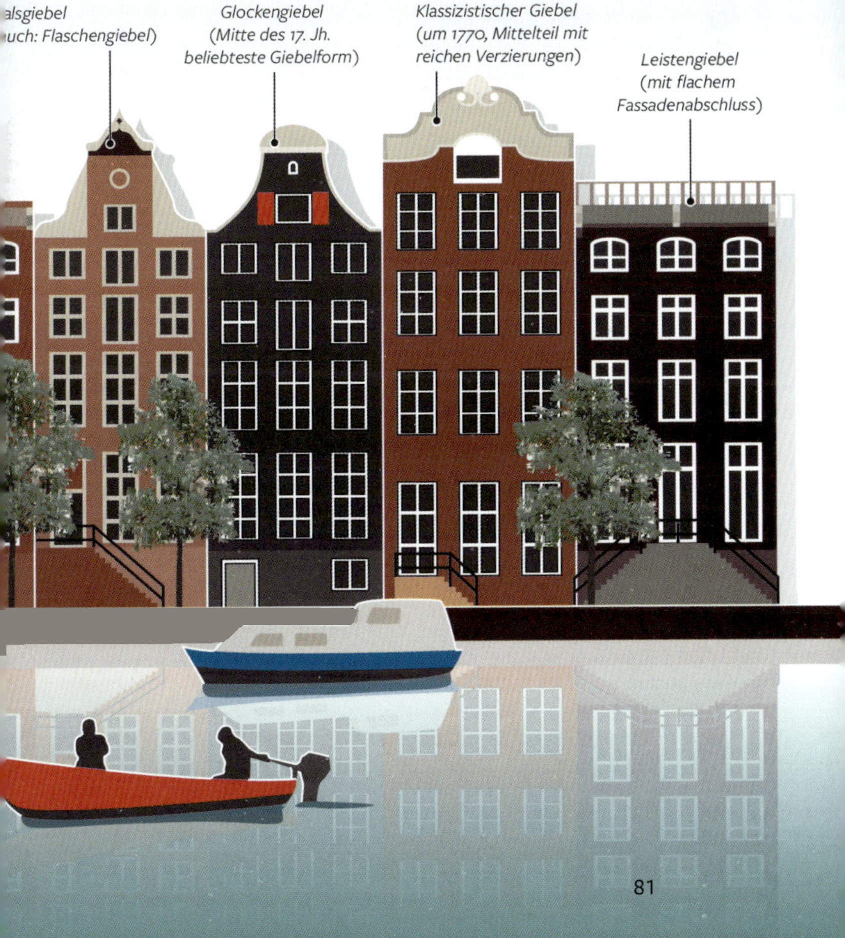

alsgiebel (uch: Flaschengiebel)

Glockengiebel (Mitte des 17. Jh. beliebteste Giebelform)

Klassizistischer Giebel (um 1770, Mittelteil mit reichen Verzierungen)

Leistengiebel (mit flachem Fassadenabschluss)

SCHMACHTEN IN DEN GRACHTEN

Es gehört etwas Glück dazu, Henk Smit mit seinem nussschalengroßen Boot in den Grachten zu entdecken. Man hört seine Drehorgel und Trompete, noch bevor man ihn sieht. Während er Klassik und Jazz zum Besten gibt, dreht sich sein Boot, und die Brücken füllen sich mit begeisterten Zuhörern.

Eigentümer der Bartolotti-Bank deren klangvollen Namen übernahm. Die rote Backsteinfassade im Stil der **holländischen Renaissancearchitektur** zeigt deutliche italienische Einflüsse.
Auftraggeber für das 1720 errichtete Gebäude Nr. 284 war der Hugenotte Frederic Blancard, 1781 ging es in den Besitz der Familie van Brienen über. Diese überließ es 1932 der Hendrik-de-Keyser-Stiftung, die es sich zum Ziel gesetzt hat, historische Bauten zu erhalten.

Glanz und Gloria einer Epoche

»gouden bocht« Nr. 436 – 464

Der sehenswerteste Abschnitt der Herengracht ist Der **Goldene Bogen** mit den Hausnummern 436 – 464 (zwischen Leidsestraat und Vijzelstraat). Neben anderen wohlhabenden Amsterdamer Herren, die der Gracht ihren Namen gegeben haben, residierte hier der damals reichste Bürger der Stadt, der Bankier Jan Balde. Sein Nachbar war ein Sklavenhändler, wovon zwei Menschenköpfe am Portal zeugen.

Kunst mit Katze

Kattenkabinet, Nr. 497

Der Name spricht für sich: Im **Katzenkabinett** (Nr. 497) steht die Katze im Mittelpunkt einer Kunstkollektion. Gemälde, Zeichnungen und Fotografien von Katzen verteilen sich im großzügigen Grachtenhaus mit historischer Einrichtung aus dem 17. Jahrhundert.
Di. – So. 12 – 17 Uhr | Eintritt: 10 € | www.kattenkabinet.nl

Geschichten der Geschichte

Deutzhuis und Nr. 527

Das Deutzhuis (Nr. 502), ein aus dem 17. Jh. stammendes Patrizierhaus mit zwei dorischen Säulen am Eingang, ist seit 1927 die offizielle **Residenz des Bürgermeisters von Amsterdam.**
Eine besondere Geschichte hat das Haus Nr. 527 (schräg gegenüber vom Deutzhuis). Von dem ursprünglich 1667 errichteten Bau ist nur das hohe Dach erhalten. Die Fassade erhielt ihr heutiges Aussehen 1770, die Fenster wurden um 1800 verändert. Zu den berühmten Be-

wohnern des Hauses gehörte **Peter der Große** von Russland, der hier während seines Holland-Aufenthalts logierte. Nach seiner Abreise befand sich das Haus in einem so fürchterlichen Zustand, dass der Besitzer es verkaufte. 1808 lebte hier König Louis Napoleon eine Zeit lang. Heute ist es Sitz eines Online-Brokers.

Grachtenhaus mit Innenleben

Die Lebenswelt der Amsterdamer Kaufleute von innen

Ein Museumsbesuch ist ein stimmungsvoller Abschluss des Grachtenbummels – kann man hier doch in die Wohnwelten eines Patrizierhauses eintauchen. Zahlreiche Amsterdamer Familien bewohnten das Haus im Laufe der Jahrhunderte. Zuletzt im 19 Jh. der Kaufmann Holthuysen, der das Haus seiner Tochter Sandrina Louisa vererbte. Sandrina lebte hier mit ihrem Mann Abraham Willet bis zu dessen Tod 1888. Anschließend vermachte sie das Haus einschließlich der Familienkunstsammlung der Stadt Amsterdam.

Museum Willet-Holthuysen

Prächtige Möbel aus vergangenen Zeiten: 1895 übernahm die Stadt Amsterdam die Grachtenvilla der Familie Willet-Holthuysen unter der Bedingung, dass das Haus erhalten und als Museum eingerichtet werden sollte.

Familienleben im Goldenen Zeitalter

Rundgang

Der Rundgang durch das **herrschaftliche Doppelhaus** beginnt im Untergeschoss, in dem ehemals Waren gelagert wurden und wo sich das Kontor und vermutlich ein Bedienstetenzimmer sowie die **Küche** (die heutige Ausstattung stammt überwiegend aus dem 18. Jh.) befanden. Über den Treppenaufgang gelangt man in die **Beletage** mit verschiedenen Salons und dem Esszimmer (Einrichtung aus dem 18. und 19. Jh.). Besonders beachtenswert ist das sogenannte **Blaue Zimmer** (»Zijkamer«) im Stil des 18. Jahrhunderts. Die Deckenmalerei und das Kaminbild stammen von dem Amsterdamer Maler Jacob de Wit (1695 – 1754).

Im Obergeschoss befanden sich die **Privaträume des Ehepaars Willet-Holthuysen**, die heute teilweise als Ausstellungsräume (u. a. eine Glassammlung des 16. – 18. Jh.s) genutzt werden. Im dritten Obergeschoss (nicht zugänglich) waren Kammern für die Dienstboten. Hinter der Rückfront des Grachtenhauses erstreckt sich ein hübscher, im französischen Stil des 18. Jh.s angelegter **Garten**.

Herengracht 605 | Tram: 4, 9, 14, 16 | tgl. 10 – 17 Uhr | Eintritt: 12,50 € | www.willetholthuysen.nl

★ HERMITAGE

Lage: Amstel 51 | **Metro:** 51, 53, 54 (Waterlooplein), **Tram:** 14 (Mr. Visserplein) | tgl. 10 – 17 Uhr | **Eintritt:** 27,50 € (alle Ausstellungen), Amsterdam Museum aan de Amstel 18 € | **www.hermitage.nl**

Männer mit weißen Kragen und stattlichen Bärten – Repräsentanten der Upperclass des Amsterdamer Goldenen Zeitalters – schauen lebensgroß auf den Betrachter herab. So lebensnah, dass man glauben könnte, sie könnten jederzeit aus ihren Bilderrahmen steigen. Hier wird ein Zeitalter lebendig.

Kunst-dependance

Dreißig monumentale Gruppenportraits von Gilde-Mitgliedern des 17. und 18. Jh. bilden die Dauerausstellung der Heremitage, die durch Wechselausstellungen mit Werken aus dem Mutterhaus in St. Petersburg ergänzt wird.

Das Goldene Zeitalter lebensnah

Permanente Ausstellung

Ein Kran musste vorfahren, um die **Monumentalbilder** durchs Dach in den Museumssaal zu hieven. Das Ergebnis beeindruckt: Erstmals sind **Meisterwerke aus Rijksmuseum, Amsterdam Museum** und **Eremitage** vereint in einer Ausstellung zu sehen, und die Porträts der stolzen Kaufleute vermitteln (auch dank der hervorragenden Audio-Führung) einen lebendigen Eindruck vom Leben ihrer Gesellschaftsschicht im 17. Jahrhundert.

Leihgaben aus St. Petersburg

Wechselausstellungen

Weiterhin zeigt die Hermitage Wechselausstellungen mit **Leihgaben des Muttermuseums**, der Eremitage in St. Petersburg. Nach London und Las Vegas ist Amsterdam die dritte Filiale des Hauses.

Ein prächtiger Rahmen für die Kunst

Gebäude

Im Amstelhof, einem **ehemaligen Altenpflegeheim** aus dem 17. Jh., findet die Kunst einen stilvollen Rahmen. Auch das mächtige Gebäude selbst mit dem alten Kirchensaal, den Regenten-Kammern, historischen Räumen wie einer Küche aus dem 17. Jh. und Innenhof beeindruckt. Für einen genussvollen Ausklang des Besuchs sorgen das Café-Restaurant Neva und drei Museumsshops. Ein Tipp für Familien ist die **Hermitage für Kinder.**

Amsterdam Museum aan de Amstel

In einem Seitenflügel der Hermitage wird ein Teil der Kollektion des Amsterdam Museums ausgestellt. **Panorama Amsterdam** zeigt Exponate zur Geschichte der Stadt – darunter Topstücke der stadteigenen Sammlung wie »Gezicht op Amsterdam in vogelvlucht« von Cornelis Anthonisz (ca. 1505–1553) – und widmet sich Wissenschaft, Handel, Frauenemanzipation, dem Zweiten Weltkrieg, Ajax, Migration und sexueller Freiheit. Im »Laboratorium« stellen Artists-in-Residence ihre Sicht der Stadt vor. Zudem gibt es Wechselausstellungen.

Die Heremitage präsentiert große Kunst im Wechsel

HORTUS BOTANICUS

Lage: Plantage Middenlaan 2 | **Tram:** 14 | tgl. 10 – 7 Uhr | **Eintritt:** 11,50 € | **http://dehortus.nl**

Hinter dem 300 Jahre alten Eingangstor scheint die Stadt den Atem anzuhalten. Der Botanische Garten mit seinen über 6000 exotischen Bäumen und Blüten – darunter Stars der Pflanzenwelt wie Amazonas-Riesenseerosen – ist eine Oase der Ruhe. Auch die historischen Gewächshäuser locken Botanikfans, und im Café in der Orangerie kann man genussvoll entspannen.

Zu den besonderen Schätzen des Hortus Botanicus gehören eine Cycaspalme, eine nahezu ausgestorbene Palmenart, und eine fast 200 Jahre alte Agave, eine der ältesten Topfpflanzen der Welt. Dafür pilgern Pflanzenliebhaber aus aller Welt in den Amsterdamer Garten.

Viktoria blüht!

Viktoria amazonica

Doch der Liebling der Besucher heißt Viktoria. Die **Amazonas-Seerose** (Viktoria amazonica), benannt nach Queen Viktoria, ist nicht weniger als 160 Jahre alt und immer noch voller Anziehungskraft. Manchmal lockt sie ihre Bewunderer sogar nachts aus dem Bett. Mehrere Blüten entwickelt sie pro Jahr, die auf gigantischen Blättern

Voller Anziehungskraft: Seit 1959 hat die Riesenseerose, Victoria amazonica, einen Ehrenplatz im Hortus Botanicus.

ruhen, doch sie blühen jeweils nur zwei Nächte lang – die erste Nacht weiß, die zweite Nacht rosarot. In der dritten Nacht verschwindet die Blüte wieder im Wasser.

Kräuter mit Heilkraft

Klostergarten

Ein weiteres Juwel ist der im Stil des 17. Jh.s angelegte Kräutergarten, der auf den Ursprung des Gartens als »**Hortus medicus**« verweist. Dort konnten sich Ärzte und Apotheker mit Heilpflanzen versorgen. Von den ursprünglich 796 verschiedenen Kräutern von Frauenmantel und Blut-Johanniskraut sind viele auch heute wieder zu sehen.

Kunst und Kuchen

Orangerie

Botanisch Interessierte kommen im Hortus Botanicus ebenso auf ihre Kosten wie diejenigen, die nach dem Stadtbummel einfach ins Grün eintauchen möchten. Im **Palmen-Café** in der Orangerie schmeckt der Couscous-Salat genauso gut wie die Süßspeisen. Ein Hingucker ist der Wandbehang der Künstlerin Claudy Jongstra aus der Wolle ihrer eigenen Schafe. Für Inspiration sorgte die Pflanzenwelt.

JODENBUURT

Lage: um den Waterlooplein | **Tram:** 14 (Waterlooplein), **Metro:** 51, 53, 54 (Waterloopleìn)

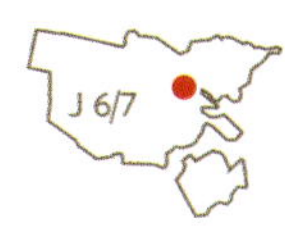

Amsterdam war immer eine tolerante Stadt – anderen Religionen gegenüber zeigte man sich aufgeschlossen. Und so war die Portugiesische Synagoge Amsterdams im 17. Jh. das größte jüdische Gotteshaus der Welt. Um sie herum siedelte sich die jüdische Gemeinschaft an, die rund zehn Prozent der Amsterdamer Bevölkerung ausmachte.

Zwischen Houtkopersburgwal (Norden) und Binnen-Amstel (Süden) erstreckt sich das ehemalige Judenviertel. Seine Bewohner kamen vor allem aus Portugal, aber auch aus Deutschland und Polen. Das ärmliche Viertel besaß einen besonderen Charme, der sich u. a. in zahlreichen Gebrauchtwaren- und Tuchgeschäften sowie unzähligen Obst- und Gemüselädchen zeigte.

Jodenbuurt im Wandel der Zeiten

Nach dem Zweiten Weltkrieg

Von dem ehemals so reizvollen Judenviertel blieb nach dem Zweiten Weltkrieg kaum etwas übrig. Mit der **Deportation der Juden** wurde das Viertel seiner Bewohner beraubt, nur 5000 Amsterda-

mer Juden überlebten den Holocaust. In den 1960er-Jahren veränderten Baumaßnahmen das Quartier einschneidend. Doch neues Leben entstand: Heute befindet sich am Waterlooplein Amsterdams **Oper** »Het Muziektheater«, die zusammen mit dem Rathaus ein Doppelgebäude (Stopera, ▶Amstel) bildet. An die einstige jüdische Präsenz erinnert das **Joods Cultureel Kwartier** mit einem Museum zur Geschichte des Judentums in Amsterdam, das einen Überblick vor dem Stadtteilrundgang gibt.

Joods Cultureel Kwartier

Erinnerungen an die jüdische Vergangenheit der Stadt

Joods Historisch Museum

Das **Museum zur Geschichte des Judentums** bezog 1987 seine Räumlichkeiten in **vier Synagogen**, die in unmittelbarer Nachbarschaft des Waterlooplein liegen. Die erste Synagoge wurde 1670 errichtet. Schon bald erwies sie sich als zu klein. So baute man dahinter im Laufe der Jahrzehnte weitere Synagogen. Die Jüdische Gemeinde verkaufte den Synagogenkomplex 1955 an die Stadt Amsterdam, die sich Mitte der 1970er-Jahre zu einer neuen Nutzung entschloss: Mit einem stattlichen Etat wurden die Bauten restauriert und durch eine Glas-Stahl-Konstruktion miteinander verbunden.

Es entstand ein sehr ansprechender, transparent wirkender Museumsbau, der die Besucher in die **»Aspekte jüdischer Identität«** einführt. Als fünf bestimmende Elemente werden Religion, Zionismus, Verfolgung und Überleben in der Zeit des Nationalsozialismus, die Kultur und der Einfluss der niederländischen Umgebung präsentiert.

Aspekte des Judentums

Rundgang

In der Großen Synagoge bewahrt man Ritualgegenstände auf: Neben silbernen Thorazeigern, Thoramänteln, verzierten Thorakronen, Vorhängen und Baldachinen steht an der Ostseite der Synagoge der gen Jerusalem gerichtete »Heilige Schrein« aus weißem Marmor. Die ständigen Exponate werden durch Wechselausstellungen ergänzt. Weitere Objekte der Sammlung kann man sich auf der Website ansehen.

Multimedial und geschmackvoll

Mediathek und Kindermuseum

Ferner gehört zu dem Museum eine Mediathek mit vielen Büchern und zahlreichen Bild- und Tondokumenten, die zu einer Vertiefung des Themas einladen. Im Museum ist ein **koscheres Café-Restaurant** eingerichtet. Ein Teilbereich des Jüdisch-Historischen Museums ist das **JHM Kindermuseum**, in dem Kinder mehr über jüdische Tra-

Schon seit dem 16. Jh., als zahlreiche Juden vor der Inquisition aus Spanien und Portugal flohen, lebten in Amsterdam viele Menschen jüdischen Glaubens. Das Joods Historisch Museum erzählt von ihrer Religion, Kultur und Geschichte.

ditionen erfahren. Mitmachen gehört dazu: So können Kinder in der koscheren Küche Brötchen backen oder im Musikzimmer musizieren.
Jonas Daniël Meijerplein 2 – 4 | Tram: 14 (Waterlooplein), Metro: 51, 53, 54 (Waterlooplein) | tgl. 10 – 17 Uhr | Eintritt: 17 € (gültig für alle Museen im Joods Cultureel Kwartier) | http://jck.nl

Rundgang durchs historische Viertel

Arbeiter gegen die Judendeportation

Dock-Arbeiter-Denkmal

Auf dem Platz zwischen dem Jüdisch-Historischen Museum und der Portugiesischen Synagoge steht das Denkmal »Der Dock-Arbeiter« von Mari Andriessen. Es soll an einen Streik der Hafenarbeiter am 25. Februar 1941 erinnern. Sie weigerten sich damals, an der Deportation jüdischer Bürger mitzuwirken. Bis heute versammeln sich alljährlich am Abend des 25. Februar zahlreiche Menschen vor dem »Dock-Arbeiter«.

Das letzte jüdische Gotteshaus der Stadt

Portugese Synagoge

Daneben befindet sich die **Portugiesische Synagoge**, das einzige jüdische Gotteshaus der Stadt, in dem noch Gottesdienste abgehalten werden. Für den 1675 vollendeten dunkelroten Backsteinbau, der nach Südosten in Richtung Jerusalem weist, diente der Tempel Salomos als Vorlage. Der rechteckige Saal der Synagoge wird durch vier ionische Säulen in drei Schiffe geteilt. Jedes der drei Schiffe überdeckt ein hölzernes Tonnengewölbe. Das **schönste jüdische Heiligtum in den Niederlanden** beherbergt eine Bundeslade aus brasilianischem Edelholz und prächtige Leuchter.
Bei **Gottesdiensten** könnten 1200 Männer und – getrennt von ihnen auf den Galerien platziert – 440 Frauen Platz finden. Als das Gotteshaus 1675 geweiht wurde, lebten 2500 sephardische Juden aus Spanien und Portugal in Amsterdam. 1941 waren es 3800, von ihnen überlebten nur 500 die Verfolgungen durch die Nationalsozialisten.

Kostbares jüdisches Schrifttum

Bibliothek Ets Haim

Zum Gebäudekomplex der Portugiesischen Synagoge gehört auch die 1616 gegründete Bibliothek Ets Haim. Sie beherbergt 560 Handschriften – die älteste davon stammt aus dem Jahr 1282 – sowie 30 000 Druckwerke aus vier Jahrhunderten. Aufgrund ihrer einzigartigen und wertvollen Schriftstücke zählt die Bibliothek zum **Weltdokumentenerbe der UNESCO**.

Das Zeitalter der Schlupfkirchen

Mozes en Ääronkerk

Direkt am Waterlooplein steht die Moses-und-Aaron-Kirche aus dem 19. Jahrhundert. Die Geschichte dieser Kirche begann in der Zeit der »Alteration«. Als die Katholiken ihre Gottesdienste nicht mehr in der Öffentlichkeit abhalten durften, entstanden überall sogenannte Schlupfkirchen. 1641 kaufte Pater Boelenzs das Moses-und-Aaron-Haus in der Jodenbreestraat von einem reichen Juden und baute es zur **katholischen Kirche** um. Im Laufe der Zeit wurde sie immer wieder erweitert, bis sie 1841 nach dem Umbau durch einen belgischen Architekten in ihrer neoklassizistischen Form eingeweiht wurde. Schon lange finden hier keine Gottesdienste mehr statt. Die Kirche fungiert heute nur noch als **Begegnungs- und Veranstaltungsstätte**.

Das jüdische Viertel heute

Trödelvergnügen auf dem Waterlooplein

Flohmarkt

Seit 1886 wird auf dem Waterlooplein vor der Mozes en Ääronkerk täglich außer Sonntag der Vlooienmarkt, der berühmte Amsterdamer Flohmarkt, abgehalten. »Ob es auf dem Amsterdamer Flohmarkt Flöhe gibt, lässt sich schwer sagen; alles andere jedenfalls gibt es. Der verschlissene Trödel vergangener Moden und die überschüs-

Alte Schallplatten, Fotos, Vintage-Kleider, Second-Hand-Sonnenbrillen und viele lustige Kuriositäten – auf dem Waterlooplein vor der Mozes en Ääronkerk breitet sich seit jeher ein Flohmarkt aus.

sigen Restposten eingestellter Industrieproduktionen warten einträchtig nebeneinander auf Käufer, bestaunt, belächelt, bespöttelt: ungekauft.« So beschrieb Schriftsteller Günter Kunert das Treiben auf dem Waterlooplein, wo kleine und große Händler ihre Waren an Ständen oder einfach auf dem Boden feilbieten. Ein buntes Durcheinander von Brauchbarem und Ramsch, ein Sammelsurium von tausenderlei Dingen breitet sich hier aus.

Ein Platz der Erinnerungen

Hollandsche Schouwburg

Die Hollandsche Schouwburg nahe dem Eingang zum Zoo ▶Artis war zwischen 1892 und 1941 **eines der bedeutendsten Theater der Stadt**. Die deutschen Besatzer machten es als Joodsche Schouwburg zu einer rein jüdischen Kunststätte. Im Juli 1942 beschlagnahmten die Nationalsozialisten den Bau und erklärten ihn zum **Sammelplatz für alle zur Deportation vorgesehenen Juden**. Von hier aus traten 60 000 bis 80 000 Juden ihren schrecklichen Weg in das Durchgangslager Westerbork an. Nach dem Zweiten Weltkrieg fungierte das Holländische Schauspielhaus nochmals für kurze Zeit als Theater, dann entschied man jedoch, dass der Platz, von dem aus Zehntausende in den Tod geschickt worden waren, keine geeignete Vergnügungsstätte sei. Dort, wo sich einst die Bühne befand, erinnert heute ein Denkmal an die aus Amsterdam deportierten Juden, die Ausstellung befindet sich im ersten Stock des Gebäudes.

Denkmal der zerbrochenen Hoffnungen

Auschwitz-Monument

Einige Hundert Meter weiter westlich steht in dem nach dem jüdischen Bankier und Mäzen A. C. Wertheim (1832 – 1897) benannten Park (gegenüber vom Hortus Botanicus) ein Auschwitz-Monument. Das **Denkmal** schuf Jan Wolkers 1993, mit den zersplitterten Glasstücken wollte er die **zerbrochenen Hoffnungen** und Wünsche der jüdischen Bevölkerung symbolisieren.

Namen, die uns mahnen

Nationaal Holocaust Namenmonument

Das Nationale Holocaust Namenmonument, ein Werk des amerikanischen Architekten Daniel Libeskind, ist ein beeindruckendes Mahnmal. Es besteht aus 102 000 Backsteinen, in die Name, Todestag und Alter von **niederländischen Juden, Sinti und Roma** eingraviert sind, die in Vernichtungslagern umgekommen sind. Aus der Luft betrachtet ergeben die Steinmauern den hebräischen Lezecher (»im Gedenken an«). Unter den Namen steht auch der von Annelies (Anne) Frank, die am 12.6.1929 im Konzentrationslager Bergen-Belsen mit fünfzehn Jahren gestorben ist.

Weesperstraat zwischen Nieuwe Keizers- und Nieuwe Herengracht | Tram: 14, Metro: Waterlooplein | tgl. 8 – 20 Uhr | Eintritt: frei | www.holocaustnamenmonument.nl

★★ JORDAAN

Lage: zwischen Prinsengracht und Lijnbaansgracht | **Tram:** 5, 13, 17, 19

Windschiefe, blumengeschmückte Giebelhäuser säumen die schmalen Gassen – durch den Jordan weht der Zauber des alten Amsterdam. Heute ist das einstige Arme-Leute-Viertel beliebte Wohnadresse junger Familien – und Scharen von Müttern holpern mit Lastenfahrrädern voller Kinder übers Kopfsteinpflaster.

Straßenamen wie Rozengracht und Bloemgracht lassen nicht vermuten, dass der Jordaan früher einmal ein Viertel der weniger Betuchten war. Als man im 17. Jh. wdie herrschaftlichen Grachten wie Heren-, Kaizer- und Prinsengracht anlegte, fanden **Handwerker und Arbeiter** im Jordaan eine Bleibe.

Vom Viertel der Handwerker und Arbeiter ...

Geschichte und ...

Familien wohnten hier auf engstem Raum, und die Grachten dienten u. a. zur Müllentsorgung. Als **Rembrandt** 1655 seinen finanziellen

Für viele ist der »gezellige« Noordermarkt, der samstags (9 – 16 Uhr) und montags (9 – 13 Uhr) an der Noorderkerk aufgebaut wird, der schönste Markt in Amsterdam.

Bankrott akzeptieren musste, zog er schweren Herzens in den Jordaan. Im Laufe der Jahrhunderte verfiel das Viertel immer mehr, und nach dem Zweiten Weltkrieg erwog man sogar den Abbruch der kleinen, windschiefen Häuser.

... zum Künstler- und Szeneviertel

... Gegenwart

Dazu kam es zum Glück nie. Künstler entdeckten das Viertel für sich, und heute steht der Jordaan in der Hitliste der beliebtesten Wohngegenden Amsterdams ganz weit oben. Seine ganz besondere, **eigenwillige Atmosphäre** hat es bewahren können. Werte wie Zusammenhalt und gegenseitige Unterstützung zählen noch heute. Wer an einem Samstagmorgen den Noordermarkt besucht, wo Händler ihre Bioprodukte verkaufen, fühlt sich wie in einem Dorf. Junge Familien sitzen im Café Winkel 43 bei Kaffee mit Apfelkuchen in der Sonne, Kinder fahren mit ihrem Roller über die Pflastersteine, beim Bummel über den Markt füllt man die Einkaufskörbe mit Köstlichkeiten aus der Region und tauscht die Neuigkeiten aus dem Viertel aus. Jeder scheint hier jeden zu kennen.

Das Leben im Jordaan spielt sich nach wie vor zum großen Teil auf der Straße ab. Früher aus praktischen Gründen, weil große Familien in zu kleinen Wohnungen lebten – heute lebt man die Geselligkeit. Eckkneipen, Tante-Emma-Läden mit Bonbongläsern und winzige Boutiquen machen das Stadtteilleben lebenswert (▶Tour 3, Kap. Touren).

Die Musik eines Viertels

Lebenslieder

Eine echte Jordaan-Tradition ist das »Levenslied«, eine Art **sehnsüchtig-schmalziger Schlager,** der die Schattenseiten des Lebens beleuchtet: Trennung, Schmerz, Tod. Viele Lebenslied-Sänger kamen aus dem Jordaan wie Johnny Jordaan, Tante Leen und Willy Alberti. Auf dem Johnny Jordaanplein, wo die Elandsgracht und die Prinsengracht zusammentreffen, wurde ihnen ein Denkmal gesetzt. In den »**braunen Kneipen**« des Viertels werden zu fortgeschrittener Stunde ihre Lebenslieder geschmettert (z. B. im Cafe Nol in der Westerstraat), und im Herbst findet das Jordaan-Festival statt, bei dem das ganze Viertel mitzusingen scheint.

Wohngemeinschaften für Single-Frauen

Hofjes

Typisch für den Jordaan sind auch die sogenannten Hofjes (▶ Das ist Amsterdam S. 26). Errichtet wurden sie ursprünglich von wohlhabenden Amsterdamer Bürgern für ältere alleinstehende Frauen ohne Besitz. Heute leben in den Hofjes in der Regel keine Bedürftigen mehr. Viele Studierende haben sich hier einquartiert, und die **lauschigen Innenhöfe** sind auch für besser situierte Amsterdamer eine beliebte Wohnadresse. Verständlicherweise sehen sie es nicht gern, wenn Touristen in Scharen in ihren Privatbereich vordringen. Viele

Hofjes sind daher für die Öffentlichkeit nicht zugänglich. An Werktagen bietet sich jedoch tagsüber die Möglichkeit, einen Blick in den einen oder anderen Innenhof zu werfen, zum Beispiel im **Sint Andrieshofje** (Egelantiersgracht 107 – 145), im **Karthuizerhofje** (Karthuizerstraat) oder im **Claes Claesz Hofje** (Egelantiersstraat/Tuindwarsstraat).

Blumenviertel?

Namensforschung

Was die Entstehung des Namens betrifft, so gibt es unterschiedliche Deutungen. Eine Ableitung vom französischen **»jardin«** ist am wahrscheinlichsten. Ob aber die vielen Vorgärtchen, die Innenhöfe oder die Blumennamen der Straßen tatsächlich die Entstehung des Namens beeinflussten, bleibt ungeklärt. Sicher ist allein, dass viele Wallonen und Franzosen hier wohnten, als der Name Jordaan aufkam.

KALVERSTRAAT

Lage: zwischen Dam und Muntplein | **Tram:** 2, 4, 12, 13, 14, 17 (Dam)

Wenn eine Straße mit dem Slogan »Shop. Never stop« wirbt, kann man sich sich vorstellen, was einen erwartet. Und man wird nicht enttäuscht: Internationale Modeketten und niederländische Marken, Bigplayer und kleine Fachgeschäfte reihen sich in der Fußgängerzone Kalverstraat aneinander. Ungetrübtes Shoppingvergnügen ist garantiert.

Mit ihren Filialen günstiger internationaler und niederländischer Modeketten zieht die Kalverstraat vor allem ein **junges Publikum** an. Bis zu 100 000 Kauflustige drängen sich an einem Samstag durch das Einkaufsparadies. Für den Fußweg vom Muntplein zum Dam, den man normalerweise in zehn Minuten zurücklegen kann, braucht man dann mindestens eine halbe Stunde. Wenn man nicht sowieso vom Fußgängerstrom in eine vollkommen andere Richtung abgetrieben wird.

Trendmarken für ein junges Publikum

Kaufrausch

Bleibt man zielstrebig, so kann man die Filialen von Zara, Douglas, Mango, Topshop, Urban Outfitters, Bershka, H&M und Desigual anvisieren. Dazwischen finden sich auch kleine Shops wie der Kiehl's Flagship Store, Taft Shoes oder Alysa mit recht ausgefallenen Schuhen. Überhaupt gehören **Schuhgeschäfte** zu den Hauptanziehungspunkten der Kalverstraat. Und wenn »korting« im Schaufenster steht, kann man sich freuen. Dann gibt es Rabatt.

Ein mittelalterliches Marktvergnügen

Kalverstraat im Mittelalter

Wo sich heute die Fashionistas tummeln, wurde früher Vieh gehandelt. Besser gesagt: Das Vieh wurde durch die Kalverstraat (Kälberstraße) zum Kälbermarkt getrieben, der im 16. Jh. auf dem ▶Dam stattfand. Die ersten Geschäftsleute, die sich an der Kalverstraat niederließen, waren naturgemäß Metzger. Später folgten Handwerker, u. a. Schuster und Korbflechter. Mitte des 18. Jh.s gab es hier bereits mehr als 200 Geschäfte aller Art sowie Kaffeehäuser und Pensionen.

Die Reste der alten Stadtmauer

Muntplein und Munttoren

Die Kalverstraat mündet in den Muntplein (Münzplatz), den die meisten Amsterdamer einfach »de Munt« nennen. Seinen Namen erhielt er 1672, als im Münzgebäude, dem früheren Wachlokal neben dem Münzturm, Geld geprägt wurde. Obwohl er im 19. Jh. in Sophiaplatz umbenannt wurde, ließ sich der Name »Muntplein« nicht ausrotten.

Der Name Munttoren (Münzturm) datiert aus dem Jahre 1672, als Amsterdam für zwei Jahre das **Münzrecht** bekam (damals hielten die Franzosen Utrecht besetzt, wo sonst das Geld geprägt wurde). Der Munttoren ist Teil der mittelalterlichen Stadtmauer, die bei dem großen Brand 1818 nahezu vollständig zerstört wurde. Der untere Teil des Turmes blieb erhalten. Stadtbaumeister Henrik de Key-

Zwischen Singel und Amstel am Muntplein erhebt sich seit 500 Jahren der Münzturm, ein schöner Anblick und natürlich auch ein beliebtes Fotomotiv.

ser setzte auf den steinernen Rumpf einen hölzernen Aufbau – mit Glockenspiel von Hemony – und eine vergoldete Windfahne in Form eines Ochsen, ein Hinweis auf den Kälbermarkt. Als die Windfahne bei einem Sturm 1640 vom Turm fiel, brachte man den üblichen Wetterhahn an. Heute kann man im Munttoren Delfter Blau erwerben.

Oase der Ruhe

Fluchtweg

Genug vom Shoppingtrubel? Wer der Hektik kurz entfliehen möchte, biegt auf halber Höhe der Kalverstraat in den Begijnensteeg ab, der direkt zum ► Begijnhof führt. Dort trifft man auf eine andere Welt: Im größten Hofje Amsterdams dominieren Ruhe und Beschaulichkeit.

KEIZERSGRACHT

Lage: westlich der Centraal Station bis südlich des Rembrandtplein | **Tram:** 4 (Keizersgracht)

In Amsterdam hatte nicht der Adel, sondern das Bürgertum das Sagen. Somit kann die Keizersgracht, die mittlere der drei großen Grachten, sich an Glanz nicht mit der ►Herengracht messen. Dennoch kann man entlang des Kaisergrabens manch architektonische und museale Perle entdecken, die voller Legenden und Geschichten steckt.

Ihren Namen erhielt sie zu Ehren **Kaiser Maximilians I.** (1459 bis 1519), ab 1508 Kaiser des Heiligen Römischen Reiches. Die allerschönsten Grachtenhäuser (►Baedeker Wissen S. 80) findet man unter den ungeraden Hausnummern **zwischen Westermarkt und Vijzelstraat**. Das ist der Teil, der im 20. Jh. u. a. wegen der »Pantoffelparade« bekannt war, die sonntags nach dem Kirchgang abgehalten wurde. Zwischen 14 und 16 Uhr flanierte hier ganz Amsterdam im Sonntagsstaat, um zu sehen und gesehen zu werden.

Mit Schlittschuhen auf der Keizersgracht

Winterfreuden

Wer heute an der Keizersgracht wohnt, darf sich in kalten Wintern glücklich schätzen, denn sobald es friert, werden die Schleusen geschlossen, sodass das Wasser nicht mehr zirkulieren und sich Eis bilden kann. Ist es erst einmal dick genug, lässt es sich kaum ein Amsterdamer nehmen, in den Grachten zu »schaatsen« (Schlittschuh zu laufen).

Grachtenspaziergang

Lagerhäuser der Walfang-Companie

Nr. 40 – 44 Einen Grachtenspaziergang beginnt man wohl am besten bei der **Brouwersgracht**. Hier stehen die Groenlandse Pakhuizen (Hausnummer 40 – 44), die die Grönländische Walfang-Compagnie als Lagerhäuser nutzte. Die drei Häuser mit den roten Fensterläden und den in Amsterdam seltenen Treppengiebeln hatten große Tanks im Keller, in denen fettiger (und mit der Zeit auch stinkender) **Wal-Tran** lagerte, der im 17. und 18. Jh. als Lampenöl diente.

Zwischen Barock ...

Huis met de Hoofden (Nr. 123) Das Haus mit den Köpfen (Nr. 123) stammt aus dem Jahr 1622 und ist **eines der schönsten Patrizierhäuser der Stadt**. Die Türzone schmücken sechs behelmte Köpfe. Der Volksmund aber weiß noch von einem siebten, weiblichen Kopf. Man erzählt sich, dass in dem Haus ein reicher Kaufmann gewohnt habe, der eine taube Dienstmagd beschäftigte. Eines Tages, als sie allein im Hause war, seien Einbrecher eingedrungen, die jedoch alle von der wehrhaften Dienstmagd enthauptet wurden. Heute beherbergt das Haus die Embassy of the Free Mind, ein Museum und eine Bibliothek des freien Denkens.

... und Jugendstil

Nr. 174 – 176 Ein schönes Beispiel für einen **Jugendstilbau** ist das Haus Nr. 174 bis 176 (1905 errichtet). Über lange Jahre war es Hauptsitz der Umweltschutzorganisation Greenpeace, die ihr Domizil mittlerweile im Norden der Stadt hat. An einen früheren Eigentümer – eine Lebensversicherungsgesellschaft – erinnert ein Keramikbild hoch oben an der Fassade mit einem **Schutzengel**.

Kettenlegenden

Nr. 268 Um die Bedeutung der Kette an dem alten Patrizierhaus (Nr. 268) ranken sich **viele Legenden.** Eine Erzählung berichtet, dass hier ein Dienstmädchen seiner Herrin eine goldene Kette gestohlen haben soll. Die Kette wurde jedoch in einem Krähennest wiedergefunden, und das Dienstmädchen war damit rehabilitiert. Eine andere Geschichte berichtet von einem Kapitän, der das Haus bewohnte und der Seefahrt überdrüssig war. Als er aus finanziellen Gründen doch wieder zur See fahren musste, schwor er, eine goldene Kette mitzubringen, falls ihm das Glück hold wäre – im anderen Fall sollte es eine eiserne Kette sein. Und das Glück meinte es offensichtlich gut mit ihm. Die Überlieferung kennt noch mehr Legenden, die Wahrheit aber scheint zu sein, dass hier ein Goldschmied wohnte, der die goldene Kette, die schon seit 1643 das Haus schmückt, als Firmenzeichen aushängte.

BAEDEKER ÜBERRASCHENDES

6X DURCHATMEN

Entspannen, wohlfühlen, runterkommen

1. INSEL DES FRIEDENS

Ein Mann auf einem Kutter, die Pfeife im Mund. »Ist es nicht schön hier?«, ruft er. Ja, traumhaft ist es auf der autofreien **Prinzeninsel** mit weißen Zugbrücken, bunten Booten und reichlich Amsterdam-Feeling.

2. TEE IM KUTSCHHAUS

Im Kutschhaus des **Museums van Loon** (Keizersgracht 672) werden Tee und Amsterdams berühmter Apfelkuchen zwischen Buchsbäumen und historischen Kutschen serviert. ► **S. 101**

3. UNTER BÜCHERN

Jeden Tag schieben sich rund 10 000 Besucher durch das Rijksmuseum, aber der Tempel der Malerei birgt auch eine Oase der Stille: die **Cuypersbibliothek** mit mehreren Stockwerken voller Bücher – vom Fußboden bis an die Decke. Psst!

► **S. 133**

4. GRÜNES PARADIES

Eine Katze räkelt sich in der Sonne und eine ältere Dame nippt unter Bäumen am Kaffee – im **Karthuizerhofje** (Karthuizersstraat 89-171) kann man mitten im quirligen Jordaan eine grüne Idylle genießen. ► **S. 26, 94**

5. BESUCH BEI BUDDHA

Beim Spaziergang vom Nieuwmarkt zum Bahnhof stößt man inmitten der Touristenströme plötzlich auf einen chinesischen Tempel. Im **Fo-Guang-Shan-Heiligtum** (Zeedijk 106 – 118) herrschen Ruhe, Räucherstäbchendüfte und das Lächeln Buddhas.

► **S. 116**

6. GARTENGLÜCK

Am dritten Wochenende im Juni öffnen Privatleute anlässlich der **»Open Tuinen Dagen«** (Info: www.opentuinendagen.nl) die Türen zu ihren verborgenen Grachtengärten.

► **S. 223**

Häuser für Musik und Literatur

Nr. 324 und 333

Äußerst repräsentativ zeigt sich das Gebäude Nr. 324. Errichtet wurde der **klassizistische Bau,** dessen Fassade vier korinthische Säulen zieren, 1788 von Jacob Otten Husly für die Vereinigung »Felix Meritis«, die es sich zum Ziel gesetzt hatte, Wissenschaft und Kunst zu fördern und einem breiteren Personenkreis zugänglich zu machen. Schönster Raum des Hauses ist der **Ovale Saal**, der im 19. Jh. einer der wichtigsten Konzerträume der Stadt war, in dem Camille Saint-Saëns sowie Clara und Robert Schumann auftraten. Selbst Napoleon weilte hier 1808 als Zuhörer.

Im Haus mit der Nr. 333 war der Querido-Verlag ansässig, ein deutschsprachiger **Exilverlag**, der 1933 – 1935 auch Klaus Manns Monatsschrift »Die Sammlung« veröffentlichte.

Moderne Fotografie in historischem Ambiente

Foam, Nr. 609

Das Foam (Fotografiemuseum Amsterdam) fand im Haus Nr. 609 seinen Platz. An das historische Gebäude an der Gracht schließt sich dahinter ein Neubau an, in dem Fotografie-Wechselausstellungen gezeigt werden – von historischen Werken bis zu zeitgenössischer Fotokunst. Arbeiten von Ai Weiwei und William Eggleston waren hier schon zu sehen.

Besonders stimmungsvoll ist Amsterdams Grachtengürtel bei abendlicher Beleuchtung – hier an der Keizers- und Brouwersgracht.

Eine feine Adresse

So lebte die vornehme Gesellschaft

Museum van Loon, Nr. 672

Besonders beachtenswert ist das Haus Nr. 672, es beherbergt heute das Museum Van Loon. Das Haus wurde 1672 erbaut, der erste Bewohner war ein Rembrandt-Schüler. Seit 1884 wird das Haus teilweise von der **Familie van Loon** bewohnt. Der Rest des Hauses wurde einer Stiftung übergeben und ist dadurch der Öffentlichkeit zugänglich.
Schon das **Treppenhaus** mit Stuckdecke, Messingbalustrade und Kronleuchter verdeutlicht die Pracht, die für die Amsterdamer Grachtenhäuser Mitte des 18. Jh.s charakterisierend war. Weiter geht es in den **Blauen Salon** in der Beletage, der als Empfangsraum diente. Die frühere Hausherrin Thora von Loon, die als Dame du Paleis Königin Wilhelmina diente, empfing hier ihre Besucher und wählte dabei aus, wer der Königin vorgestellt wurde. Das **Esszimmer** im Stil des 18. Jh.s wird noch immer bei besonderen Anlässen von der Familie van Loon genutzt. Der **Rote Salon** war früher das Raucherzimmer, das Portraits der Familienmitglieder zieren. Das **Gartenzimmer** bietet einen fantastischen Blick in den stilvoll angelegten **Grachtengarten mit Kutschhaus**. Im oberen Stockwerk befinden sich die Schlafzimmer und im Untergeschoss die große **Küche**. Von hier aus gelangt man in den **Garten**, der nach historischem Vorbild mit Buchsbaumhecken und einer roten Buche bepflanzt wurde. Das Kutschhaus lädt zu Tee und Kuchen neben Kutsche und Sattelsammlung ein. Ein Tipp: der Apfelkuchen!

Keizersgracht 672 | tgl. 10 – 17 Uhr | Eintritt: 12,50 € | www.museumvanloon.nl

★ KEUKENHOF

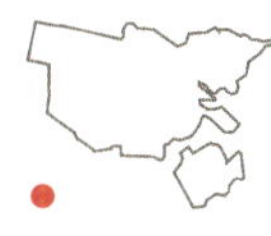

Lage: Lisse, 36 km südwestlich | Ende März – Mitte Mai tgl. 8 – 19.30 Uhr
Eintritt: 18,50 € | **www.keukenhof.nl**

Aus China, Japan und Amerika reisen die Menschen an, um sich zwischen 7 Millionen Blumen zu tummeln: 800 verschiedene Hyazinthen-, Narzissen- und natürlich Tulpensorten. Eine Windmühle, eine weiße Zugbrücke aus Holz und überdimensionale Holzschuhe machen den Hollandzauber komplett.

Der Keukenhof im **Kerngebiet der holländischen Blumenzucht** zwischen Haarlem und Leiden liegt 35 km südwestlich von Amsterdam und ist seit 1949 ein Ziel besonderer Art: Hintergrund für die bunte Blumenschau bilden jahrhundertealte Bäume und blühende Sträucher.

Sicherlich das farbenfroheste Ausflugsziel: Keukenhof bietet überraschende Inspirationsgärten, ausgefallene Blumen und großartige Veranstaltungen.

Vom Küchenhof zum Blumenparadies

Rundgang

Auf dem insgesamt 15 km langen Wegenetz kann man den Park erkunden und sich dabei an den riesigen **Tulpenfeldern**, an den sieben **Themengärten**, die Anregungen für den eigenen Garten liefern, und am Natur- und Wintergarten erfreuen. Der beste Blick über das Gelände bietet sich von einer **Windmühle** aus dem Jahr 1892. In mehreren Pavillons werden wechselnde Blumenausstellungen gezeigt. Lohnend ist zudem ein Besuch im **Orchideenhaus**. Der Name Keukenhof (Küchenhof) geht auf das 15. Jh. zurück. Von 1401 – 1436 gehörte das Gelände zum Landgut der Gräfin van Holland, Jacoba van Beieren, die die Anlage eines Küchengartens veranlasst hatte.

Rosen und mehr

Sommer im Keukenhof

Auf einem kleineren Teil des Keukenhof-Geländes namens Kasteel Keukenhof findet auch im Sommer (Juni bis Mitte September) eine Blumenausstellung statt. Hier können sich die Besucher an prächtigen Rosen, vor allem aber an Sommerzwiebelgewächsen und Stauden wie Dahlien, Lilien und Begonien erfreuen, die dann ihre üppige Farbenpracht zur Schau stellen.

★ KONINKLIJK PALEIS

Lage: Dam | **Tram:** 2, 4, 12, 13, 14, 17 (Dam) | tgl. 10 – 17 Uhr (bei Staatsempfängen etc. geschlossen) | **Eintritt:** 12,50 € | **www.paleisamsterdam.nl/en/visit/**

Zeitgenossen sprachen vom »Wunder der Welt«. Riesengroß und vornehm war das Bauwerk am Dam, das 1648 als Rathaus errichtet und später zum Königsschloss umfunktioniert wurde. Heute ist das Königliche Schloss zwar nicht Wohnsitz der Königsfamilie, aber wenn König und Königin bei besonderen Ereignissen vom Balkon winken, ist die Begeisterung der Untertanen groß.

Lange bevor der Prunkpalast zu königlichen Ehren kam, war er für viele Jahrzehnte das größte öffentliche Gebäude Europas. Am 20. Januar 1648 rammte man den ersten von 13 659 Pfählen für das neue Rathaus in den Boden. Die Ratsherren konnten 1655 das Gebäude beziehen, vollständig fertiggestellt war es zehn Jahre später. Rund zwei Jahrhunderte lang war der imposante Bau, Hauptwerk des niederländischen Barock, das **politische Zentrum der Stadt und der Republik**.

Vom Rathaus zum Königspalast

Geschichte

1808 wünschte sich Louis Bonaparte, Napoleons Bruder und der neue König des Landes, das **Rathaus als Residenz**. Die Empiremöbel, die er anschaffen ließ, bilden heute **eine der schönsten Empire-Sammlungen der Welt**. Nach der napoleonischen Herrschaft fiel das Rathaus wieder an die Stadt, die es sich jedoch finanziell nicht leisten konnte, den Palast seiner ursprünglichen Funktion zurückzuführen. Sie überließ ihn König Wilhelm I. als vorläufige Residenz. 1935 kaufte der Staat den Palast für 10 Mio. Gulden und ließ ihn restaurieren. Seit 1968 werden die Räumlichkeiten für Repräsentationszwecke und zur Unterbringung bei Staatsbesuchen genutzt.

Figuren, Kuppeln und Kaiserkronen

Architektur

Der **klassizistische Palast** erhebt sich über einem rechteckigen Grundriss. Die dem Dam zugewandte Fassade krönt ein Giebelrelief, das die allegorische Figur »Amsterdam« zeigt, der zwei Meeresgötter huldigen. Die Bronzefiguren auf dem Giebel stehen für »Gerechtigkeit«, »Umsicht« und »Frieden«. Im Zentrum des Baus erhebt sich der 51 m hohe Turm (Glockenspiel), dessen Kuppel von einer Wetterfahne in Form eines Schiffes überragt wird. Zum Schmuck des Daches gehören ferner **vier Kaiserkronen**, die jeweils an den Ecken angebracht sind. Ein Verweis darauf, dass Amsterdam 1489 von Kaiser Maximilian I. das Recht erhalten hatte, die Kaiserkrone im Stadtwappen zu führen.

BAEDEKER ÜBERRASCHENDES

6X GUTE LAUNE

Das hebt die Stimmung

1. WASSERRADELN

Im Niederländischen heißen sie **»waterfietsen«**, Wasser-Fahrräder (Info: www.stromma.nl/de/amsterdam), aber eigentlich sind es die guten alten Tretboote aus der Kinderzeit. Die Devise heißt: Fürs Picknick an Bord einkaufen und dann ordentlich in die Pedale treten.

2. KÜSSFEST

Warum heiraten? Es reicht, den Partner auf der **Magere Brug** zu küssen und die Liebe hält ein Leben lang – das behaupten zumindest die Amsterdamer.Einfach ausprobieren! Am besten abends, wenn 1200 Lämpchen die Brücke romantisch beleuchten. ► **S. 50**

3. SONNE TANKEN

Die Sonne scheint? Dann schnell etwas zum Essen und Getränke besorgen und ab in den **Vondelpark**, der ganz zentral nahe dem Museumplein liegt. Hier lässt es sich zwischen Studenten, Familien mit Kindern und Alt-Hippies wunderbar chillen.
►**S. 161**

4. PLATSCHNASS

Es bleibt nicht viel Zeit, um in den (trockenen) **Rijksmuseums-Brunnen** zu springen, bevor Sekunden später die Fontänen schon wieder in die Höhe schießen. Eine Mutprobe und ein Heidenspaß – nicht nur für Kinder!
►**S. 133**

5. BLÜTENMEER

Menschen aus aller Welt reisen in die Weltmetropole der Tulpen, um sich im **Keukenhof** ins Tulpenmeer zu stürzen. Bunte Blumenteppiche in allen Farben fürs Auge. Und wenn später im Jahr die Hyazinthen blühen, kommen auch die Nasen auf ihre Kosten. ► **S. 101**

6. AUFRECHT

Es muss nicht immer eine klassische Grachtenrundfahrt sein. Sportlicher erkundet man die Kanäle der Stadt mit dem **SUP-Board** (Stand Up Paddling, Info: www.mm-sup.com).

Rundgang durch den Palast

Der Platz des Richters

Gerichtssaal

Der Rundgang durch den Koninklijk Paleis beginnt gleich im Erdgeschoss mit der Besichtigung des sogenannten Gerichtssaales. Er diente nur einem Zweck: Dieser Raum wurde ausschließlich zur **Verkündung von Todesurteilen** genutzt. Dabei nahmen die Richter und die Schöffen auf der Marmorbank an der Westseite Platz, der Sekretär, der das Urteil schriftlich festhielt, saß auf einem Sessel an der Nordseite gegenüber dem Eingang. Eine Tafel über dem Sessel erinnert an die Grundsteinlegung des Palastes im Jahre 1648. Die Dekoration des Saales wurde 1650 – 1652 von Quellinus d. Ä. ausgeführt.

Einer der schönsten Festsäle Europas

Bürgersaal

Der größte und sicherlich auch der bedeutendste Saal ist der sogenannte Bürgersaal, ein **prunkvoller Festsaal**. Er misst stolze 34 m in der Länge und 17 m in der Breite und ist 28 m hoch. Über dem Eingang an der Damseite thront die Schutzpatronin von Amsterdam zwischen den allegorischen Figuren der »Kraft« und der »Weisheit«. Die Oliven- und Palmzweige, die die Schutzpatronin in ihren Händen trägt, symbolisieren den Frieden. Auf der gegenüberliegenden Saalseite besiegt die »Gerechtigkeit« die »Habsucht« (König Midas mit Eselsohren) und den »Neid« (eine Frau mit Schlangen im Haar). Begleitet wird die »Gerechtigkeit« vom »Tod«, dargestellt mit einer Sanduhr, und der »Strafe«, die Folterwerkzeuge trägt.

Die **Kupfereinlegearbeiten** im Marmorfußboden zeigen die beiden Erdhälften und den nördlichen Sternenhimmel und weisen damit direkt auf **Amsterdams führende Position im Welthandel** des 17. Jh.s hin. Die Kristalllüster im Raum stammen aus der napoleonischen Zeit, ursprünglich hingen von jedem Kronleuchter Öllampen herab.

Die Parade der Götter

Schöffensaal und Südgalerie

Der Richter und die neun Schöffen der Stadt saßen im Schöffensaal und sprachen dort Recht. Das Kamingemälde schuf Ferdinand Bol, es zeigt Moses, wie er mit den Gesetzestafeln vom Berg Sinai herab steigt.

Das Zimmer der Kommissare war ein weiterer Gerichtssaal. Allerdings wurde hier über kleine Delikte beraten, sie waren also für die Fälle in der Rechtsprechung zuständig, bei denen es um Geldbußen bis zu 600 Gulden ging. Von dort aus betritt man die **Südgalerie** mit reichem Skulpturenschmuck. Die Figuren in den Ecken der Galerie stellen antike Götter dar: Apollo, Jupiter, Merkur und Diana. Kein Geringerer als Rembrandt malte für diesen Teil des Palastes 1661 das Gemälde »Die nächtliche Verschwörung von Claudius Civilis«, das aber rasch wieder entfernt wurde. Bis heute zieren »Der auf den Schild erhobene Brinio« von Jan Lievens und »Die Verschwörung der Bataver« von Jurgen Ovens die Südgalerie.

Plädoyer für die Gerechtigkeit

Bürgermeistersaal und Justizzimmer

Das Gemälde über dem Kamin im Bürgermeistersaal stammt von Govert Flinck. Es zeigt einen römischen Konsul, der es ablehnt, kostbare Bestechungsgeschenke anzunehmen. Er nimmt stattdessen eine einfache Mahlzeit zu sich. Neben dem Saal befindet sich ein kleines Zimmer, von dem aus die vier Bürgermeister durch ein Fenster hinab in den Gerichtssaal blicken konnten. Das **Kaminbild** wurde von Jan Lievens geschaffen. Dargestellt ist eine Begegnung von Quintus Fabius Maximus mit seinem Vater. Dieser ehrt seinen Sohn, den Konsul, dadurch, dass er vom Pferd steigt, bevor er mit ihm spricht. Die Botschaft an die Bürgermeister: Blutsverwandtschaft ist weniger bedeutend als Stellung und Rang. Zum Tode Verurteilte wurden nach der Verkündung des Urteils in das kleine **Justizzimmer** gebracht, in dem ein Geistlicher ein letztes Mal für sie betete. Die Vollstreckung des Urteils fand dann auf einem hölzernen Schafott auf dem Dam statt.

Nicht nur vor dem Königlichen Palast dreht sich während des Tulpenfestivals im Frühjahr alles um diese besonderen Liliengewächse. Sogar ein spezieller Guide mit Tulpengarten-Touren ist dann erhältlich.

Altes Testament trifft auf römischen Götterhimmel

Magistratszimmer und Nordgalerie

Der aus 36 Mitgliedern bestehende Magistrat der Stadt trat in diesem Saal zusammen. Das Gemälde »Moses erwählt die 70 Ältesten« (1736 – 1738) gegenüber der Fensterfront stammt von Jacob de Wit. Er schuf auch die Gemälde über den Türen mit **Szenen aus dem Alten Testament**. Wie in der Südgalerie werden die Ecken der Nordgalerie von Skulpturen antiker Göttern geziert: Diesmal sind es Saturn oder Kronos; Kybele als Göttin der Erde; die Liebesgöttin Venus, die in ihrer Hand den Apfel hält, den Paris ihr schenkte, und der Kriegsgott Mars.

Die Unwägbarkeiten des Lebens

Assekuranz- und Konkurskammer

In der »Versicherungskammer« konnten sich die Amsterdamer Bürger gegen verschiedene Unwägbarkeiten absichern. Beachtenswert sind die Empiremöbel in diesem Raum, sie stammen aus den Privatgemächern von Louis Bonaparte. Auch in diesem Saal entspricht die künstlerische Ausgestaltung der Nutzung: Ein Relief zeigt den Sturz des maßlosen Ikarus. Zudem erkennt man Ratten, die an unbezahlten Rechnungen nagen.

LEIDSEPLEIN

Lage: am südwestl. Rand des Zentrums | **Tram:** 1, 2, 5, 7, 12, 19 (Leidseplein)

Wo früher die Postkutschen nach Leiden abfuhren, geht heute noch immer die Post ab. Der Platz gehört zu den Vergnügungszentren Amsterdams, und bis tief in die Nacht pulsiert das Leben. Jeder findet Unterhaltung nach seinem Geschmack – von Live-Musik im Veranstaltungszentrum Melkweg bis zu Schauspielkunst in einem der drei Theater.

Kinos, Hotels und Restaurants in allen Preisklassen, Nachtlokale, Bars, Kabaretts, Kneipen und ein Spielcasino, das an der Stelle des ehemaligen Stadtgefängnisses De Balie entstand. Von Shakespeare über Comedy bis Striptease – am Leidseplein wird alles geboten.

Ein kosmopolitischer Platz

Gestern und heute

Das geschäftige Treiben auf dem Leidseplein ist nicht erst eine Erscheinung unserer Zeit. Früher befand sich hier einer der alten »Wagenplätze«, ein Verkehrszentrum, wo die Bauern ihre Wagen abstellen und ihre Pferde versorgen lassen konnten, wenn sie zum Markt in die Stadt kamen. 1955 wurde am Platz eine Diskothek eröffnet, die als Treffpunkt für Homosexuelle galt – in Europa damals einzigartig. Heute geben dem Platz das Stadttheater (Stadsschouwburg), das Hotel American und Straßencafés wie das Café Reynders, Treffpunkt von Künstlern und Journalisten, sowie die zahlreichen einheimischen und auswärtigen Besucher sein **kosmopolitisches Gepräge**.

Theater, Theater!

Stadsschouwburg

An der Stelle der Stadsschouwburg hatte Ende des 18. Jh.s zunächst ein hölzerner Theaterbau gestanden, der 1876 durch einen steinernen ersetzt worden war. Dieser brannte 1890 ab. Architekt der 1894 errichteten Stadsschouwburg (Leidseplein 26) war J. L. Springer. Er schuf einen Bau im Stil der **Neorenaissance**. Im heutigen Bau kommt vor allem Sprechtheater auf die Bühne, aber auch Ballett und Oper.

Jugendstil auf amerikanisch

American Hotel

Zweiter dominierender Bau am Leidseplein ist das American Hotel (►S. 247). Es entstand in der Zeit um die Wende zum 20. Jh. nach Plänen von Willem Kromhout und gilt mit seinen Jugendstilelementen, den zahlreichen dekorativen Details und dem als Baumaterial verwendeten Backstein als **Vorläufer der Amsterdamer Schule**. Die Bar und das Restaurant mit Jugendstilinterieur sind beliebte Treffpunkte.

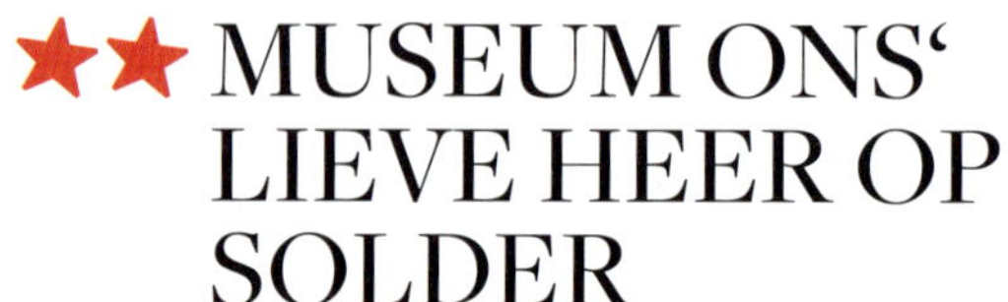

★★ MUSEUM ONS' LIEVE HEER OP SOLDER

Lage: Oudezijds Voorburgwal 38 (Nähe Hauptbahnhof) | **Tram:** 4, 14, 24 (Haltestelle Dam) | Mo.–Sa. 10–17, So. 13–17 Uhr
Eintritt: 14 € | **www.opsolder.nl**

Ein Herrenhaus im Rotlichtviertel wie unzählige andere. Doch hinter seinen Mauern verbirgt sich ein Geheimnis: eine versteckte Kirche – einzigartiges Zeugnis einer Epoche der Intoleranz. »Unser lieber Herrgott auf dem Dachboden« heißt die katholische »Schlupfkirche«, die sich über drei Etagen erstreckt, im Volksmund.

Ob im Rotlichtviertel oder anderswo: Man erwartet in einem nur wenige Meter breiten Grachtenhaus auf dem Dachboden sicherlich keine komplett ausgebaute Kirche für 200 Personen.

IHS

Kirche im Versteck

Nachdem sich Amsterdam zum Calvinismus bekannt hatte, war es Lutheranern und Katholiken verboten, Gottesdienste abzuhalten. Dennoch wurde die Ausübung anderer Glaubensrichtungen weitgehend toleriert. Vielerorts in der Stadt gab es »versteckte Kirchen«, in denen Gläubige zusammenkamen. Auftraggeber für **Ons' Lieve Heer op Solder** war der Unternehmer Jan Hartmann, der das Haus zwischen 1661 und 1663 schon mit der Absicht errichten ließ, im oberen Bereich eine versteckte Kirche einzurichten. Erst die Besetzung der Niederlande durch französische Truppen 1795 brachte der Stadt die **Religionsfreiheit** wieder, die Versteck- oder Schlupfkirchen verschwanden.

Zufluchtsstätte für Lutheraner und Katholiken

Kirchenräume

Ihr heutiges Aussehen erhielt die Kirche 1735. Aus dieser Zeit stammt der Altar mit seinen drei auswechselbaren Bildern (Jacob de Wit »Taufe Christi«, 1736). Die Kanzel kann in den Altar hinein- und aus ihm herausgedreht werden. In dem Grachtenhaus am Oudezijds Voorburgwal fanden bis 1888 Gottesdienste statt. Obgleich rund **200 Gläubige** in der Schlupfkirche Platz fanden – bei drohender Gefahr bot sich ihnen über die Dachluke ein Fluchtweg –, wird die Kirche unter katholischen Versammlungsorten als »klein« bezeichnet. Im späten 19. Jh. machte die Stiftung Amstelkring Haus und Kirche zum Museum. Bei besonderen Anlässen erfüllt die Kirche nach wie vor die Funktion eines Gotteshauses, mitunter wird sie für Konzerte genutzt.

Prunkvolle Profanräume

Privaträume

Neben dem ursprünglichen Betraum sind auch Privaträume aus dem 17. und 18. Jh. zu besichtigen, die eine Sammlung kirchlicher Altertümer beherbergen. Prachtvollster Wohnraum ist **De Sael**, eingerichtet im klassischen holländischen Stil des 17. Jahrhunderts. Typisch sind das symmetrische Muster des Fußbodens, der Decke und der Wände. Der aus Nussbaum gefertigte Schrank gegenüber dem Kamin diente als Bett.

NEMO

Lage: Oosterdok 2 | 15 Gehminuten vom Hauptbahnhof oder Bus 22 (Kadijksplein) | **Di. – So. 10 – 17 Uhr** | **Eintritt:** 17,50 € | **www.nemosciencemuseum.nl**

»Erweitere deine Welt mit NEMO« – so wirbt das Zentrum für Wissenschaft und Technik. Und vor allem für Familien mit Kindern lohnt der Besuch. Weniger Wissenschaftsinteressierte lockt der Blick im Panorama-Café auf dem Dach des schiffähnlichen Gebäudes am Ufer des IJ.

Im »New Metropolis« können Familien durch Experimente, Vorführungen, Computermodelle, Workshops und Filme auf spielerische Art und Weise die Geheimnisse von Wissenschaft und Technologie entdecken. Anfassen, Ausprobieren und Mitmachen ausdrücklich erwünscht!

Technik für Kids

Tummelplatz für kleine Forscher und Entdecker

Gleich hinter dem Eingang begegnet man einem der Prunkstücke des Museums: einer sogenannten **Rube-Goldberg-Maschine**, deren Wirkungsweise mehrmals täglich demonstriert wird. Ihre Aufgabe ist es, eine Kettenreaktion auszulösen: Ein Ball rollt und stößt dabei einen Hebel um, der wiederum etwas anderes in Bewegung bringt und so weiter. Nebenan kann man in lebensgroße Seifenblasen steigen, dahinter mit Magneten spielen. In den Obergeschossen gibt es mehr Spannendes rund um die Themen **Energie, Elektrizität, Ton, Mathematik, Statik** sowie das menschliche Gehirn und die Sinne zu entdecken. Erläuterungen gibt es nur auf Niederländisch und Englisch. Konzipiert ist NEMO für alle Altersgruppen, doch werden Schulkinder den meisten Spaß am Museumsbesuch haben.

Museum für Wissenschaft und Technik

Von außen ahnt man es noch nicht –
doch das NEMO Science Center ist ein echter Abenteuerspielplatz!

Panoramablick über Amsterdam

Café mit Spielplatz

Vom schrägen Dach des Wissenschafts- und Technologiecenters bietet sich ein schöner Blick auf die Stadt und den historischen Hafen. Außerdem finden Kinder hier einen Wasserspielplatz und Erwachsene das Restaurant DAK für Kaffee und »broodje«.

NIEUWE KERK

Lage: Dam | **Tram:** 2, 4, 12, 13, 14, 17 (Dam) | tgl. 10 – 17 Uhr | **Eintritt:** abhängig von den Ausstellungen | **www.nieuwekerk.nl**

Neu ist die »Neue Kirche« trotz ihres Namens nicht. Sie stammt aus dem Mittelalter. Relativ neu ist allerdings ihre Funktion als Krönungskirche der niederländischen Könige. Vor allem ist sie heutzutage aber beliebte Eventlocation für Ausstellungen, Messen und Konzerte.

1814 wurde in der Nieuwe Kerk erstmals ein König gekrönt. Die Krönung von Königin Beatrix wurde hier am 30. April 1980 vollzogen, und letzter glanzvoller Höhepunkt war am 2. Februar 2002 die Hochzeit von Kronprinz Willem-Alexander und Máxima Zorreguieta. 2013 war sie auch Ort der **Inthronisation von Willem-Alexander**. Und bis zur nächsten königlichen Hochzeit oder Krönung nutzt man die Räumlichkeiten für Antiquitätenmessen, Kunstausstellungen und Orgelkonzerte.

NIEUWE KERK

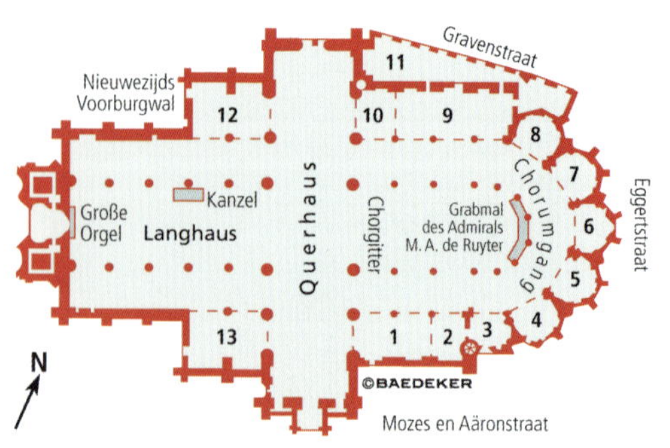

1 Schützenkapelle
2 Eggert-Kapelle
3 Kapelle U. L. Frau von den Sieben Betrübnissen (Sills-Kapelle)
4 Verbergen-Kapelle
5 Meeus-Kapelle
6 Maurerkapelle
7 Boelens-Kapelle
8 Tuchwirkerkapelle
9 Heiligkreuzkapelle
10 Liebfrauenkapelle
11 Diakoniehaus
12 Alter Heiligkreuzchor
13 Haus des Schulhauptlehrers

Der Name trügt

Kirchengeschichte

Auch wenn der Name anderes vermuten lässt – die Nieuwe Kerk ist eine der ältesten Kirchen der Stadt. Erbaut wurde sie im frühen 15. Jahrhundert. Damals verlieh der Bischof von Utrecht der Stadt Amsterdam das Recht auf eine zweite Kirchengemeinde (Mittelpunkt der ersten war die ►Oude Kerk). Der Amsterdamer Bankier Willem Eggert stiftete den Baugrund. Nach seinem Tod wurde er in der Kirche begraben. Sein Sohn ließ eine Kapelle anbauen, die seinen Namen – W. Eggert – trägt. Als Amsterdam 1421 und 1452 von großen Feuersbrünsten heimgesucht wurde, erlitt die Neue Kirche erheblichen Schaden, der aber jedesmal schnell behoben werden konnte. Die heutige Gestalt der Kirche datiert damit aus dem späten 15. Jahrhundert. Die imposante **spätgotische Kreuzbasilika** wäre im Jahre 1645 durch die Unachtsamkeit eines Handwerkers beinahe völlig abgebrannt. Nach ihrer Wiederherstellung wurde sie mit einem Dankgottesdienst für den Frieden von Münster (1648) neu geweiht.

Der Wettstreit der Kirchengemeinden

Turm

Auffälligerweise besitzt die Kirche keinen hohen Turm, sondern nur ein kleines Türmchen. Im 16. Jh. hatte man begonnen, an der Westfassade das Fundament für einen außergewöhnlich hohen Kirchturm zu schaffen – schließlich lagen die Gemeinden von Oude und Nieuwe Kerk in einem **baulichen Wettstreit** miteinander! Doch wurde das Projekt nie verwirklicht. Nachdem Mitte des 17. Jh.s mit dem Bau des Rathauses (►Koninklijk Paleis) begonnen worden war, fehlte das nötige Geld.

Meisterwerke aus Holz und Stein

Innenraum

Im Innern befindet sich die prächtige **Kanzel** (1649) von Albert Vinckenbrinck, ein Prunkstück barocker Holzschnitzkunst, geschmückt mit den vier Evangelisten sowie Figuren, die Glaube, Liebe, Hoffnung, Gerechtigkeit und Umsicht symbolisieren. Weiterhin sind beachtenswert eine **Orgel** von 1670, deren Front Jacob van Campen entwarf, ein sehr schönes, aus Messing gegossenes **Chorgitter**, das Jacob Lutma um 1650 schuf, und vornehmes **Gestühl.**

Von großer Bedeutung sind die **Grabmäler** vieler wichtiger Männer der holländischen Geschichte und Kulturgeschichte: An der Stelle des Hochaltars steht das barocke Grabmal des Admirals Michiel de Ruyter. Er war 1676 den Verletzungen erlegen, die er sich in der Seeschlacht gegen die Franzosen bei Messina zugezogen hatte. Das schwarze Marmorgrabmal zeigt ihn in seiner vollen Rüstung. Des Weiteren befinden sich in der Kirche die Grabstätten bzw. Kenotaphe der Dichter P. C. Hooft und Joost van den Vondel, des Arztes Nicolas Tulp sowie der Seehelden J. H. van Kinsbergen und Jan van Galen. Sehenswert auch die Glasfenster: Auf einem (von 1650) ist die Verleihung des Stadtwappens durch König Wilhelm IV. zu sehen. Das **Königsfenster** (1898) erinnert an die Krönung von Königin Wilhelmina.

★ NIEUWMARKT

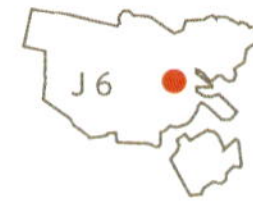

Lage: Zentrum | **Metro:** 51, 53, 54 (Nieuwmarkt)

Die Gegend rund um den Nieuwmarkt lockt mit Marktleben, Straßencafés, Grachtenhäusern und einem buddhistischen Tempel. Chinatown ist nicht weit – so findet man chinesische Geschäfte und Restaurants, aber auch ein historisches Waaghaus, heute Café, das zu einem »kopje koffie« in der Sonne einlädt.

Schon im 17. und 18. Jh. hielt man auf dem Nieuwmarkt (Neumarkt) einen Markt ab, den man in Parzellen für die Stände der Käse-, Fisch-, Kräuter- oder Stoffhändler einteilte. In den Kriegsjahren 1940 – 1945 trafen sich auf dem Nieuwmarkt die Schwarzhändler.

Zunfthaus und Hörsaal

Waaggebouw

Die alte, siebentürmige Waage auf dem Nieuwmarkt ist das frühere St. Antoniustor (St. Antoniepoort) aus dem 15. Jh., ein **Überrest der Stadtmauer**. Es fungierte aber nur kurz als Stadttor: Als die Stadt wuchs, wurde es 1617 zur »Waage« umgebaut. Hier wurden neben Lebensmitteln auch Schiffsanker und Geschütze gewogen. Im oberen Stockwerk der Waage befand sich das Zunfthaus. Jede Gilde besaß ihren eigenen Eingang (Maler, Schmiede, Chirurgen u. a.). Die Gilde der Steinmetze schmückte Inneres und Äußeres des Hauses aus; die Zunftkammer der Maurer ist noch im ursprünglichen Zustand erhalten. Im 17. Jh. hielten die Chirurgen hier ihre anatomischen Vorlesungen, bei denen auch **Rembrandt** (▶Baedeker Wissen S. 196, 226) ein häufiger Gast war und sich zu den beiden Gemälden »Die anatomische Vorlesung des Dr. Tulp« (Mauritshuis, Den Haag) und »Anatomische Vorlesung des Dr. Deyman« (▶Heremitage) anregen ließ. Der Zugang für die Ärzte ist noch heute erkennbar: Über der Eingangstür steht »**Theatrum Anatomicum**«. Durch die Anatomie wurde die Waage letztlich vor dem Abriss bewahrt. Da die Chirurgen das Gebäude für ihre Arbeit benötigten, konnten entsprechende Pläne nicht verwirklicht werden. Nach 1819 diente die Waage u. a. als Feuerwehrkaserne, als Gemeindearchiv und auch als Museum. Nach umfassender Renovierung liegt heute im Erdgeschoss ein Restaurant mit sonniger Terrasse.

Buddha in Chinatown

Zeedijk

Am Nieuwmarkt beginnt der Zeedijk, eine der ältesten Straßen der Stadt. Rund um den im 13. Jh. angelegten »Seedeich« ließen sich zu Beginn des 20. Jh.s viele **chinesische Seefahrer**, die auf holländischen Schiffen angeheuert hatten, nieder. Heute leben rund 50 000 Chinesen in Amsterdam. Zahlreiche Läden, chinesische Warenhäuser, etliche Restaurants und zweisprachige Straßenschilder zeugen

OBEN: Amsterdams Chinatown zwischen dem Stormsteeg, der Gelderse Kade und dem Zeedijk ist bekannt für den Nieuwmarkt, unzählige asiatische Restaurants und das Waaghaus.

UNTEN: Inzwischen sind Waagen, Zünfte und Museumsgegenstände aus dem historischen Gebäude verschwunden und ein gemütliches Restaurant mit Holzbalkendecke und Kerzenlicht eingezogen.

am Zeedijk und in den umliegenden Straßen von der chinesischen Präsenz. In früheren Jahren war der Zeedijk vor allem bekannt als Zentrum des Drogenkonsums und -handels, mittlerweile haben sich hier wieder seriöse Geschäftsleute angesiedelt, und es gibt nette Kneipen und Bars sowie einen buddhistischen Tempel.
Fo Guang Shan (Zeedijk Nr. 106 – 118), ein **im traditionellen Stil errichteter chinesischer Tempel,** ist ein Ort der Ruhe inmitten der lebhaften Chinatown. Interessierte können einen Blick in den Tempel werfen, sich über den Buddhismus informieren, an einem Kalligraphie-Workshop oder einer Führung teilnehmen. Zeedijk und Nieuwmarkt sind – neben dem ▶Dam – auch die Orte in Amsterdam, an denen das **chinesische Neujahrfest** mit viel Knallerei und Drachentanz gefeiert wird.

Das repräsentative Anwesen der Waffenhändler ...

Trippenhuis

An den Nieuwmarkt grenzt eine Gracht namens Kloveniersburgwal. Dort liegt (Hausnummer 29) das Trippenhaus. Es ist ein gutes Beispiel dafür, dass Waffenhandel schon immer viel Geld einbrachte – auch im 17. Jh., als der Grachtengürtel erbaut wurde, bezahlte man die Grundstücke nach ihrer Breite. Umso breiter die Vorderfront eines Hauses war, umso mehr kostete das Anwesen. Das Trippenhuis besteht gleich aus zwei Grundstücken und ist das **breiteste Haus Amsterdams**. Es wurde von den Gebrüdern Trip in Auftrag gegeben, die das repräsentative Anwesen im Jahr 1662 bezogen und keinen Zweifel daran ließen, womit sie ihr Geld verdienten: Die Schornsteine des Hauses sind wie Mörser geformt, und das Familienwappen an der Fassade zieren Kanonenkugeln. Im Jahre 1808 zog das Königliche Institut für Wissenschaft, Literatur und Schöne Künste, die heutige **Niederländische Akademie der Wissenschaften,** in das Trippenhaus ein.

... und der Wunsch des Kutschers

Kutscherhaus

Der Legende nach soll der Kutscher der Gebrüder Trip gesagt haben: »Ich wäre der glücklichste Mensch der Welt, wenn ich ein Haus besitzen würde, das nur so breit wie die Haustüre des Trippenhauses ist.« Die Trip-Brüder sollen dem Wunsch des Bediensteten tatsächlich nachgekommen sein und ließen ihm ein kleines Haus in eben jenem Stil des Trippenhauses errichten, und zwar am gegenüberliegenden Ufer der Gracht. Das kleine, im Jahr 1696 errichtete Kutscher-Haus steht heute noch an dieser Stelle.

Der verrückte Jakob

Montelbaanstoren und »Malle Jaap«

Östlich des Nieuwmarkts, am Ufer der Oudeschans, liegt der Montelbaanstoren. Der Turm ist bedeutender Blickfang im östlichen Innenstadtgebiet – errichtet 1512 als **Teil der Stadtbefestigung**. 1606 erhielt der Turm durch Hendrik de Keyser einen barocken Aufbau: Über einem wehrhaft wirkenden Unterbau erheben sich ein Uhrgeschoss

6X ERSTAUNLICHES

Überraschen Sie Ihre Reisebegleitung: Hätten Sie das gewusst?

1. BEACH IN THE CITY

Auch in Amsterdam kann man sich am Strand in der Sonne räkeln und schwimmen. Im **Osten der Stadt** liegt am **IJ-Ufer** (Pampuslaan 501) einer der Stadtstrände mit Beach-Restaurant, Sonnenliegen und Hippie-Flair.

▶ S. 118

2. KIRCHE IM DACH

Mitten im Rotlichtviertel verbirgt sich in einem Grachtenhaus eine katholische Kirche – **Ons' Lieve Heer op Solder** – auf drei Stockwerken. Das Versteckspiel bedingte ein Glaubenszwist im 17. Jahrhundert.

▶S. 108

3. TAFELN UNTER GLAS

Riesengroß, ganz aus Glas und sonnendurchflutet: Im ehemaligen Gewächshaus der Amsterdamer Stadtgärtnerei **De Kas** wird heute hervorragend gekocht und lustvoll geschlemmt.

▶S. 215

4. NIGHT AT THE MOVIES

Das nostalgische **Tuschinski-Theater** mit roten Plüschsesseln, Art-déco-Lampen und viel Blattgold lädt zu einem extravaganten Kinoabend mit Filmen in Originalversion ein.

▶S. 190, 208

5. KÖCHE STATT PIRATEN

Das REM-Eiland im Amsterdamer **Houthaven** (Haparandadam 45) nutzte früher ein Piratensender. Die Piraten sind geflohen, die Köche haben die Plattform geentert. Statt Papageien gibt's Ente, statt Rum aus Fässern Riesling aus der Flasche.

6. KREATIVFLAIR

In der Sonne Tabouleh und Holunderbier genießen, während der Blick über Boote schweift, in denen Kreative über nachhaltigen Konzepten grübeln – in **De Ceuvel** ist Amsterdam immer noch wunderbar schräg.

▶S. 54

und darüber ein recht zierlich wirkender Aufsatz mit einem Glockenspiel. Als Rembrandt den Turm skizzierte, ließ er jedoch die barocke Spitze weg. Vermutlich fand er den robusten Unterbau ohne den verspielten Aufsatz künstlerisch interessanter.
Bei der Errichtung des Turms unterlief den Bauherren ein eklatanter Fehler: Der Turm wurde nicht auf Pfählen errichtet, was dazu führte, dass er für den Untergrund zu schwer war und teilweise einsackte. Das hatte zur Folge, dass das Uhrwerk nicht richtig ging und die Glocke zu den unmöglichsten Zeiten schlug. Im Volksmund heißt der Turm daher nur **»Malle Jaap**« (verrückter Jakob). Heute beherbergt der Turm die **Wassermeisterei**, die für die Wasserstände in den Grachten und für die Schleusen zuständig ist.

★ ÖSTLICHE HAFENVIERTEL

Lage: C. van Eesterenlaan | **Tram:** 7, **Bus:** 43

Wo einst Ozeanschiffe ablegten und Fracht verladen wurde, ist mit den Östlichen Hafenvierteln ein neuer Stadtteil entstanden, der als eine der gelungensten Hafenkonversionen Europas gilt. Für Architektur-Fans ein Muss!

Facelift im alten Hafen

Die künstlichen Inseln und Halbinseln KNSM-, Java-, Borneo-Eiland und Sporenburg, angelegt zwischen 1875 und 1927, beherbergten bis in die Nachkriegszeit den **Hafen von Amsterdam**. Von hier legten die Ozeandampfer ab, hier wurden alle Waren von Binnenschiffen auf Seefrachter umgeladen. In den 1960er-Jahren wurde das Gebiet jedoch für den wachsenden Hafen zu klein, der deshalb in den Westen der Stadt zog, näher in Richtung der Mündung des IJ in die Nordsee. Lange lagen die Inseln danach brach, bis die Stadtplaner sie in den 1990er-Jahren als idealen Standort für ein **neues Stadtviertel** entdeckten.

Freie Bahn für Architekten

Rundgang

Den Stadtteilspaziergang beginnt man am besten beim **Lloyd Hotel** (►S. 247). Dann geht es am Wasser entlang zum walfischförmigen, silbern glänzenden Wohnblock **The Whale** und von dort auf die Halbinsel Sporenburg mit ihren Backstein-Reihenhäusern. Eine wagemutig geschwungene rote **Fußgängerbrücke** namens Phytonbrug führt von der Panamakade über das Hafenbecken auf die Halbinsel Borneo. Besonders sehenswert ist dort die **Scheepstimmermanstraat**, wo indi-

Silbern glänzt The Whale – eine Landmarke im neuen Stadtviertel

viduell gestaltete Reihenhäuser ein Hafenbecken säumen. Vorgabe für die Bauherren und ihre Architekten war lediglich, die Größe einer bestimmten Parzelle einzuhalten. Ansonsten hatten sie freien Spielraum. Herausgekommen sind dabei 60 kreative Häuser mit u.a. riesigen Fensterfronten, schwarzen Betonkonstruktionen vor den Balkonen, überdimensionalen Holzverschlägen, üppig grünen Dachterrassen oder eigenem Bootsanleger.

OUDE KERK

Lage: Oude Kerksplein 23 | **Metro:** 51, 53, 54 oder 8 Gehminuten vom Hauptbahnhof | Mo. – Sa. 10 – 18, So. 13 – 17.30 Uhr | **Eintritt:** 12 € | oudekerk.nl

Auf den ersten Blick ein befremdliches Bild: Amsterdams älteste Kirche mitten im Rotlichtviertel. Neben den Kirchenmauern zeigen sich leichtbekleidete Damen in ihren Schaufenstern, in der früheren Sakristei wird Kaffee ausgeschenkt, und im Kirchenschiff kann man moderne Kunst anschauen.

DIE ÄLTESTE KIRCHE DER STADT

Der Kirchenbau zu Beginn des 14. Jh.s wurde ab 1370 durch zwei Chorkapellen und den Chorumgang vergrößert. Von den beiden Bränden, die das mittelalterliche Amsterdam verwüsteten, blieb die Kirche verschont. Weitere Kapellen waren zum Teil Stiftungen von Zünften und Gilden. Im 16. Jh. wurde der Chor umgebaut, finanziert – wie zu jener Zeit üblich – durch eine Lotterie.

1 Glockenturm
Im 16. Jh. erfolgte der Umbau des Turms. Der niedrige gotische Turm wurde durch den heutigen hohen Westturm ersetzt und erhielt 1658 ein Glockenspiel (von Hemony), das zu den schönsten des Landes zählt. Nur nach Voranmeldung und in Gruppen kann man den Turm der Oude Kerk besteigen, von dem aus sich ein wunderschöner Blick über die Altstadt bietet.

2 Südportal
Aus dem 16. Jh. datiert auch ein Portal an der Südseite mit Wappen von Kaiser Maximilian I. und Philipp dem Schönen. Es bietet Zugang zu der Eisernen Kapelle: Hinter einer eisernen Tür wurden die Stadtprivilegien, u. a. das Zollrecht von 1275, aufbewahrt. Erst 1872 wurden sie ins Gemeindearchiv überführt.

3 Innenraum
Die Oude Kerk dient heute nicht mehr ihrem ursprünglichen Zweck als Sakralbau. Seit einer umfassenden Restaurierung in den 1990er-Jahren finden in der Kirche Kunstausstellungen, Vorträge und Konzerte statt. Von der ursprünglichen wertvollen Ausstattung ging bereits in den Wirren des 16. Jh.s viel verloren.

4 Renaissanceglasfenster
Beachtenswert sind die Glasfenster im Frauenchor. Sie stammen ursprünglich von 1555, wurden aber im 18. Jh. in ihrer alten Form weitgehend erneuert.

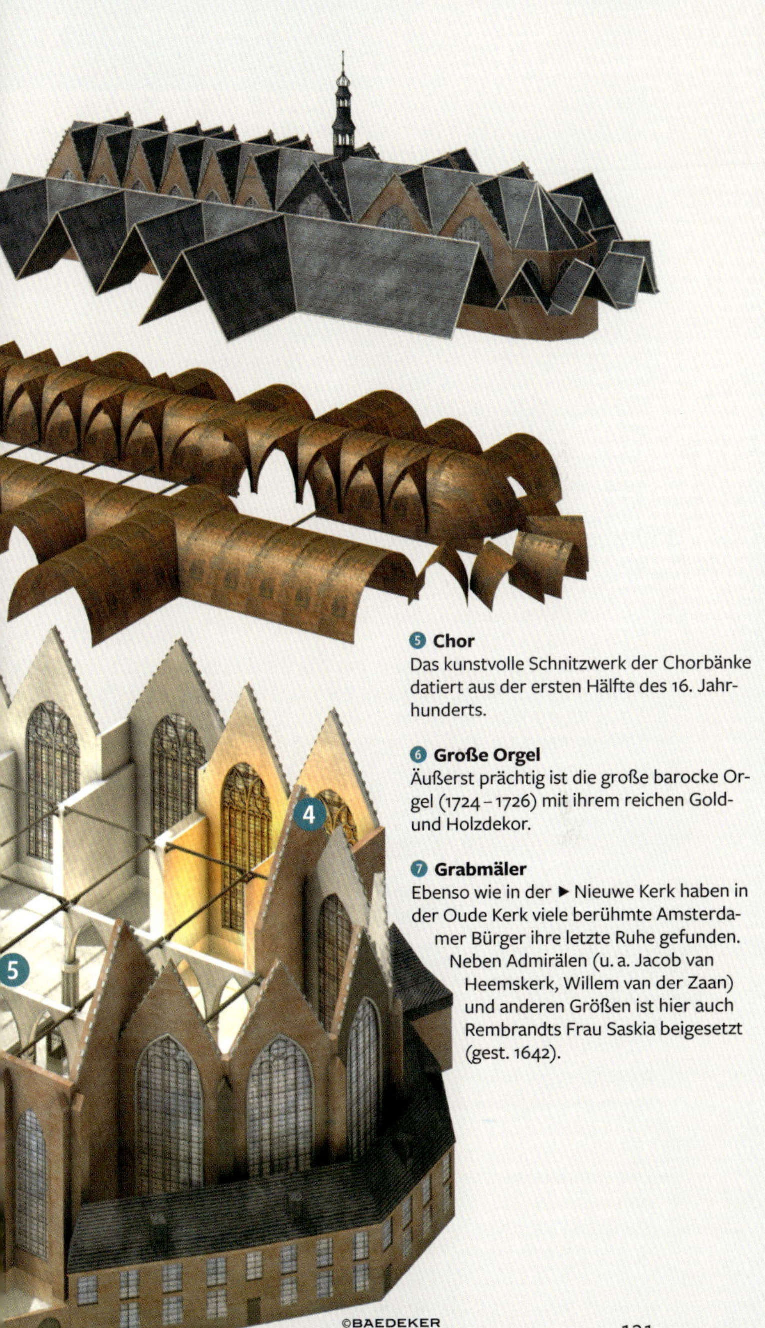

5 Chor
Das kunstvolle Schnitzwerk der Chorbänke datiert aus der ersten Hälfte des 16. Jahrhunderts.

6 Große Orgel
Äußerst prächtig ist die große barocke Orgel (1724 – 1726) mit ihrem reichen Gold- und Holzdekor.

7 Grabmäler
Ebenso wie in der ► Nieuwe Kerk haben in der Oude Kerk viele berühmte Amsterdamer Bürger ihre letzte Ruhe gefunden. Neben Admirälen (u. a. Jacob van Heemskerk, Willem van der Zaan) und anderen Größen ist hier auch Rembrandts Frau Saskia beigesetzt (gest. 1642).

Kirche mit Kunst

Die Oude Kerk, die heute tatsächlich mitten im Sex- und Vergnügungsviertel ▶De Wallen (▶Das ist Amsterdam, S. 22) steht, wurde 1306 als kleine Kreuzkirche anstatt einer hölzernen Kirche erbaut. Der Utrechter Bischof weihte sie dem hl. Nicolaas, dem Schutzpatron der Fischer und Seeleute und Stadtpatron von Amsterdam. Gegen 1500 wurden sie dann mit Seitenkapellen erweitert und zusätzlich ausgeschmückt.

Sonnenstrahlen für Saskia

Grabmäler

In der Oude Kerk wurden – wie früher üblich – auch Amsterdamer Bürger begraben. Kaum zu glauben, aber sage und schreibe 20 000 Amsterdamer sollen unter den schweren Steinplatten der Kirche ihre letzte Ruhe gefunden haben. So auch **Saskia van Uylenburgh** (1612 – 1642), Rembrandts Frau. Während kein Grabstein auf das Grab des Künstlers in der Westerkerk hinweist, hat Saskia ihre eigene Grabplatte, auf der Vorname und Todestag stehen (19. Juni 1642). Alle Jahre wieder am 9. März fällt genau um halb neun Uhr morgens die Sonne durch die Kirchenfenster auf ihre Grabplatte, was man zum Anlass nimmt, der Muse Rembrandts mit Musik und einigen Worten zu gedenken.

Kunst und Kaffee

Ausstellungsraum

Jeden Sonntagmorgen wird in der Oude Kerk nach wie vor der Gottesdienst abgehalten, doch an Werktagen ist sie **Ausstellungsort für zeitgenössische Kunst**. In der ehemaligen Sakristei hat sich ein Café namens De Koffieschenkerij mit einem kleinen Innenhof im Schatten der Kirchenmauern niedergelassen.

★ DE PIJP

Lage: südlich des Zentrums | **Tram:** 24, **Metro:** 52 (De Pijp)

Zwischen dem Grün des Sarphatiparks und den Gemüseständen des Albert-Cuyp-Markts ist ein Szeneviertel entstanden, das Künstler, Studenten und junge Familien gleichermaßen anzieht. Ideal für einen Kaffee in der Sonne, ein Picknick im Park oder einen Einkaufsbummel auf dem Multikulti-Markt.

Multikulti

Das multikulturelle Viertel zwischen Stadhouderskade, Amstel, Amstelkanaal und Hobbemakade hat sich in den letzten Jahren zum absoluten Trendviertel entwickelt und wird derzeit als »Quartier Latin« der Niederlande gehandelt.

Ein Aufenthalt in Amsterdam ist nicht komplett ohne einen Bummel über den beliebtesten Straßenmarkt, den Albert Cuyp-Markt. Hier findet man alles vom Normalsten bis zum Außergewöhnlichen: Kleidung, Gewürze, Blumen, Fisch, Käse, Möbel und noch vieles mehr.

Internationales Flair in der »Röhre«

Szeneviertel

Die Bewohner des ehemaligen Arbeiterviertels gehören heute mehr als 100 verschiedenen Nationen an. Sie sorgen auf den Straßen, in Läden, Restaurants und Kneipen für **internationales Flair**. Den Mittelpunkt von De Pijp (die Röhre) – der Name leitet sich von den schmalen, lang gezogenen Straßen des Viertels ab – bilden die Albert Cuypstraat und die baumbestandene Frans Halsstraat.

Leckeres, Nützliches und jede Menge Krimskrams

Albert Cuyp-Markt

Der Albert Cuyp-Markt in der gleichnamigen Straße bietet an seinen **260 Ständen** (fast) alles, was in Küche oder Haushalt benötigt wird: Butter, Eier, Käse, Fisch, Geflügel, einheimische und exotische Obst- und Gemüsesorten, Gewürze, Tee, Gebäck, Blumen, Stoffe, Wolle, Nähzeug, Töpfe, Pfannen und Geschirr, Kleider (neu und secondhand). Zwischen Van Wou- und Ferdinand Bolstraat kann man umherschlendern, sich durch die Stände schnuppern, Menschen beobachten und so manches Schnäppchen machen.

Marktzeiten: Mo. – Sa. 9.30 – 17 Uhr | albertcuyp-markt.amsterdam

Picknick im Park

Sarphatipark

Nach einem Marktbummel empfiehlt sich ein Abstecher in den recht idyllischen Sarphatipark. Die grüne Lunge des Viertels trägt ihren Namen nach dem jüdischen Arzt Samuel Sarphati (1813–1866), der den Park initiiert hatte.

 PRINSENGRACHT

Verlauf: ab Prinsenstraat bis Amstelveld | **Tram:** 4 (Prinsengracht)

Weniger vornehm als ihre Schwestern Herengracht und Keizersgracht – dafür bunt und quirlig – präsentiert sich die Prinsengracht. Zwischen Westerkerk und Tulpenmuseum gibt es einiges zu entdecken. Außerdem lassen sich hier die Gay Pride und das romantische Prinsengracht-Konzert erleben.

Bunter Stadt-cocktail

Zahlreiche Cafés stellen im Sommer Tische und Stühle direkt an der Gracht auf und locken die Sonnenhungrigen an. Vor allem bei den niedrigen Hausnummern im nördlichen Zentrum sieht man viele Hausboote, deren Besitzer sich ihr Heim individuell ausgebaut haben – mit begrünten Terrassen oder kleinen Kunstwerken auf dem Oberdeck. Und wer keine Lust hat, die Prinsengracht zu Fuß zu erkunden, steigt ins Grachtenboot, das dank Glasdach perfekten Rundumblick ermöglicht.

LICHTZAUBER

Einmal mit dem Boot durch einen magischen Lichttunnel und an riesigen Wasserfontänen vorbeigleiten – das Amsterdam Light Festival (www.amsterdamlightfestival.com) macht's möglich. Von Anfang Dezember bis Mitte Januar führen Grachtenrundfahrten zu rund 20 Lichtkunstwerken. So zeigt sich das winterliche Amsterdam in einem ganz anderen Licht!

Biomarkt auf dem Kirchhof

Noorderkerk

Auf dem Noordermarkt erhebt sich an der Prinsengracht die Noorderkerk. Die Pläne für die im frühen 17. Jh. errichtete Kirche schuf **Hendrik de Keyser**. Er wählte einen für die damalige Zeit ungewöhnlichen Grundriss: ein griechisches Kreuz mit Anbauten zwischen den gleich langen Armen. Den Schnittpunkt der Kreuzarme betont ein niedriger Uhrturm. Die vier Fassaden sind einheitlich gestaltet und wirken schlicht und streng. Auch der saalartige Innenraum mit einem hölzernen Tonnengewölbe wirkt nüchtern. Hier werden Gottesdienste der reformierten Gemeinde abgehalten. Rund um die Noorderkerk findet samstags ein Biomarkt statt. Nach dem Marktbummel treffen sich die Amsterdamer unter den grün-weißen Markisen des **Cafés Winkel 43** auf dem Noordermarkt. Einige schwören, dass es hier den besten Apfelkuchen der Stadt gibt (►Abb. S. 128).

Nicht verpassen!

Speicherhäuser

Bei den Gebäuden mit den Hausnummern 187 – 217 handelt es sich um alte Speicherhäuser. Die Waren wurden mit unter dem Giebel an-

Sie ist zwar nicht ganz so prächtig wie die Keizersgracht und die Herengracht, dennoch lieben es die Amsterdamer, die Prinsengracht entlangzuschlendern (Blick von der Westerkerk).

An Samstagen zieht der Noordermarkt, einer der lauschigsten Plätze Amsterdams, Genießer und Müßiggänger in den Schatten der Noorderkerk.

gebrachten Lastenrollen hinaufgezogen. Im weiteren Verlauf der Gracht sind die Besichtigung des ►Anne Frank Huis (►Baedeker Wissen S. 58, 60) und der ►Westerkerk beinahe obligatorisch. Rote Tulpen weisen den Weg ins Tulpenmuseum (►Museum).

Leben auf dem Wasser

Woonboot Museum

Das Woonboot Museum (Hausbootmuseum) bereichert die Museumslandschaft Amsterdams: Hier ist es möglich, einen Blick in die schaukelnde, typische Amsterdamer Wasserwohnwelt zu werfen. Auf Höhe der Nr. 296 liegt die »Hendrika Maria«, ein 1914 gebauter Kiesfrachter, der Frachtraum ist zu einem behaglichen Wohn-/Schlafraum umgestaltet. Eine Diashow informiert über **Hausboote**, deren Zahl in den gesamten Niederlanden auf 10 000 geschätzt wird.

Mi. – So. 13 – 18 Uhr | Eintritt: 4,50 € | houseboatmuseum.nl

Im Reich des blauen Dunstes

Amsterdam Pipe Museum

Im Amsterdam Pipe Museum an der Prinsengracht 488 dreht sich alles um den blauen Dunst. Eine beachtliche **Sammlung von Rauchpfeifen** aus aller Welt wurde zusammengetragen. Sie datieren von

500 v. Chr. bis in die Gegenwart. Im benachbarten Pipe Shop kann man sich mit modernen und historischen Pfeifen eindecken, u. a. mit chinesischen Opiumpfeifen, sowie mit Tabaksorten aus aller Welt.
Mo. – Sa. 12 – 18 Uhr | Eintritt: 10 €

Kirche aus Holz

Amstelkerk

Der Holzbau von 1668 an der Ecke Prinsengracht/Reguliersgracht war ursprünglich wohl als Provisorium gedacht. Doch bis heute finden in dem kubenförmigen Gebäude Gottesdienste der reformierten Gemeinde statt. Seit einer umfassenden Renovierung in den 1990er-Jahren fungiert die Amstelkerk auch als **Rahmen für Ausstellungen, Theater und Konzerte**. Auf dem Platz vor der Kirche, dem Amstelveld, ist in den Sommermonaten vor allem am Montagvormittag viel los, wenn hier ein Blumenmarkt abgehalten wird.

REMBRANDTHUIS

Lage: Jodenbreestraat 4 – 6 | **Metro:** 51, 53, 54 (Waterlooplein), **Tram:** 14 (Mr. Visserplein) | Di. – So. 10 – 18 Uhr | **Eintritt:** 15 € | **www.rembrandthuis.nl**

C III

Seine glückliche Zeit mit Saskia, die erfolgreichen Jahre, in denen Schüler und Aufträge ihm zuströmten, verbrachte Rembrandt in dem Haus in der Jodenbreestraat, das heute Museum ist. Dort erfährt man auch, wie Rembrandt aus fein zerriebenen Steinen und zermahlenen Schildläusen seine Farben anmischte.

1631 kam Rembrandt van Rijn nach Amsterdam (▶Baedeker Wissen S. 196, 226). Die Stadt war reich, denn das Goldene Zeitalter hatte seinen Höhepunkt erreicht, und die Nachfrage nach den Werken begabter Maler war groß.

Ein wechselvolles Künstlerleben

Jahre des Erfolgs

Ein Auftrag folgte dem nächsten. Schnell brachte Rembrandt es zu beachtlichem Wohlstand und kaufte 1639 – im selben Jahr, als er den Auftrag für die »Nachtwache« erhielt – das Haus in der Jodenbreestraat für den damals astronomischen Betrag von 13 000 Gulden. In den folgenden Jahrzehnten wurden in diesem Haus alle seine Kinder geboren. Es starb hier jedoch 1642 auch seine Frau **Saskia van Uylenburgh**; danach lebte Rembrandt zunächst mit der Kinderfrau Geertje Dircx und dann mit seiner Geliebten **Hendrickje Stoffels** in der Jodenbreestraat zusammen. In dem Viertel, in dem sich Juden aus

OBEN: Auf dem Rembrandtplein beobachtet der Meister, was auf »seinem« Platz so alles vor sich geht.

UNTEN: In Rembrandts Haus gab es zwei Atelierräume sowie unter dem Dach ein Studio, in dem seine Helfer arbeiteten.

aller Welt niedergelassen hatten (►Jodenbuurt), fand er die Typen und Vorlagen für seine biblischen Themen. Hier malte er, was er tagsüber bei seinen Ausflügen an Grachten und Amstel gesehen hatte.

Ein Haus voller Bilder

Ein Platz zum Leben und Arbeiten

Rembrandt nutzte das Untergeschoss für **Wohnräume**, im Obergeschoss befand sich sein **Atelier**. Die Räumlichkeiten auf dem Dachboden stellte er seinen Schülern zur Verfügung (hier malten u. a. zeitweilig Ferdinand Bol und Govert Flinck). In der Zeit, in der Rembrandt das Haus bewohnte, hingen in allen Stockwerken Werke von ihm, aber auch von seinen Lehrmeistern und Freunden. Eine Inventarliste des Jahres 1656 verzeichnet mehr als 100 Gemälde. Um den Forderungen seiner Gläubiger nachkommen zu können, musste Rembrandt das Haus, in dem er 20 Jahre gelebt hatte, 1657/1658 verkaufen.

Erinnerungen an den Meister

Rembrandts private Kunstsammlung

Bald darauf wurde das Gebäude vergrößert, es erhielt ein zusätzliches Geschoss und fungierte von nun an bis ins 20. Jh. immer als Doppelhaus. 1906 kaufte die Stadt Amsterdam das Haus, ließ es restaurieren und machte es 1911 der Öffentlichkeit zugänglich. Bei einer weiteren Restaurierung 1999 wurde das Haus anhand von alten Zeichnungen in seinen ursprünglichen Zustand zurückversetzt. Die Zimmer sind mit **Möbeln und Bildern aus der Zeit Rembrandts** eingerichtet. In der **»Kunstkammer«** werden Teile der privaten Kunst- und Kuriositätensammlung Rembrandts gezeigt. In einem an das Rembrandthaus angrenzenden Neubau sind ca. 250 Radierungen von Rembrandt und einige seiner Zeichnungen zu sehen.

REMBRANDTPLEIN

Lage: Zentrum, nahe der Amstel | **Tram:** 4, 14

»Unter den Bäumen auf dem Plein, da kannst du so glücklich sein«, sang der niederländische Musiker Max Tak einst. Tatsächlich kann hier jeder nach seiner Façon glücklich werden: in Clubs, Restaurants, Kneipen und Cafés, aber auch in Stripteaselokalen und den berühmt-berüchtigten Coffeshops.

Neben dem angrenzenden Thorbeckeplein und dem Leidseplein ist der Rembrandtplein das wichtigste **Amüsierviertel** der Stadt. Und schon von jeher war der Platz, an dem früher der **Buttermarkt** abgehalten wurde, ein Zentrum der Geselligkeit.

RÜCKKEHR DER EISPRINZESSIN

Ihre letzte Pirouette auf dem Eis ist schon etwas her? Macht nichts. Die romantischste Eisfläche Hollands liegt im Winter vor dem Rijksmuseum. Wer nicht ganz sicher auf den Kufen ist, schnappt sich einfach einen der vielen Stühle auf dem Eis und nutzt ihn als Stütze (das machen die anderen auch!).

Vom Buttermarkt zur Flaniermeile

Mitten im Leben

Zur Kirmes wimmelte es am Buttermarkt von Menschen, die in Festzelten und an den vielen Ständen ihr Vergnügen suchten und Zerstreuungen fanden. Als der Buttermarkt verschwand, wurde der Platz zum Amüsier- und Flanierviertel. Mit der **Aufstellung des Rembrandtdenkmals** bekam er 1876 seinen heutigen Namen. Konsequenterweise gibt es am Rembrandtplein auch eine »Nachtwache« – ein gemütliches Eck-Restaurant, das Steaks und Saté-Spieße serviert. Rund um den Platz gibt es mehrere **Gran Cafés** mit edlem Interieur. Auch bei Regenwetter sitzt man angenehm auf der verglasten Terrasse des Grand Café l'Opera (Rembrandtplein 27 – 29) und kann gelassen dem Strom der Vorbeiflanierenden zuschauen. Eine weitere Perle: das Café Schiller mit Art-déco-Interieur (Rembrandtplein 24).

★★ RIJKSMUSEUM

Lage: Stadhouderskade 42 | **Tram:** 2, 5 (Rijksmuseum), Tram 1, 7, 19 (Spiegelgracht), Tram 3, 12 (Museumplein) | tgl. 9 – 17 Uhr | Eintritt: 20 € | **www.rijksmuseum.nl**

Ein Teil des Gemäldes fiel der Schere zum Opfer, weil es zu groß war. Später stach ein arbeitsloser Koch darauf ein, und ein psychisch Kranker begoss es mit Schwefelsäure: Rembrandts »Nachtwache« musste im Laufe der Jahrhunderte einiges erdulden. Heute ist das Monumentalgemälde stolzer Mittelpunkt der Ehrengalerie und Hauptattraktion für Tausende von Besuchern.

Das Kunstmuseum geht auf die 1800 in Den Haag eröffnete Nationale Kunstgalerij zurück. König Louis Napoleon, der Amsterdam zu einem Mittelpunkt von Kunst und Wissenschaft machen wollte, ordnete 1808 den Umzug in den Königlichen Palast an. Die Sammlung wuchs rasch, sodass 1877 – 1885 das heutige Rijksmuseum im neogotischen Stil mit etlichen Renaissanceelementen gebaut werden konnte.
Zehn Jahre lang war das Museum wegen Umbauarbeiten geschlossen. Die Säle, die im Lauf des 20. Jh.s viele nachträgliche Ein- und Umbauten erhalten hatten, versetzte man wieder in ihren Urzustand. Seit der Wiedereröffnung 2013 sind nun wieder die üppigen Wand-, Boden- und Gewölbedekorationen aus dem 19. Jh. zu sehen. Außerdem schuf das für den Umbau verantwortliche spanische Architekturbüro Cruz y Ortiz einen Eingangsbereich, den man vom Tunnel unter dem Museum aus erreicht, und errichtete im Museumsgarten einen neuen Pavillon für die Sammlung asiatischer Kunst.

Prächtige Kulisse für Gemälde

Epochenräume

Den großen Reiz im Rijksmuseum machen nicht allein die teils einzigartigen Objekte aus, sondern der Umstand, dass sie in Epochenräumen präsentiert werden, die Möbel, Gemälde, Skulpturen, Gegenstände des täglichen Gebrauchs und vieles mehr vereinen.
Natürlich steht die Gemäldesammlung im Fokus, insbesondere die Werke aus der Blütezeit der niederländischen Malerei im 17. Jahrhundert. Wer sich nur dafür interessiert, ist mit dem Besuch der Ehrengalerie gut bedient. Ansonsten sollte man für die nachfolgend vorgestellten wichtigsten Stücke mindestens zwei, besser drei Stunden Zeit mitbringen.

An den Besucherschlangen vorbei

Museumsbesuch planen

An den Wochenenden strömen bis zu 10 000 Besucher pro Tag ins Rijksmuseum. Glücklich können sich diejenigen schätzen, die ein Online-Ticket erworben haben und sich an der Warteschlange vorbei-

RIJKSMUSEUM

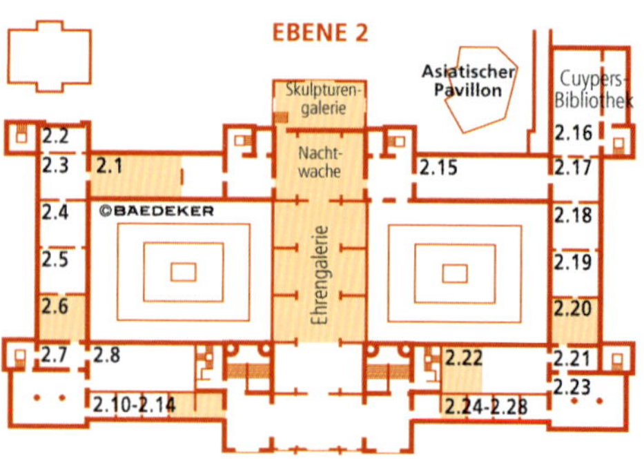

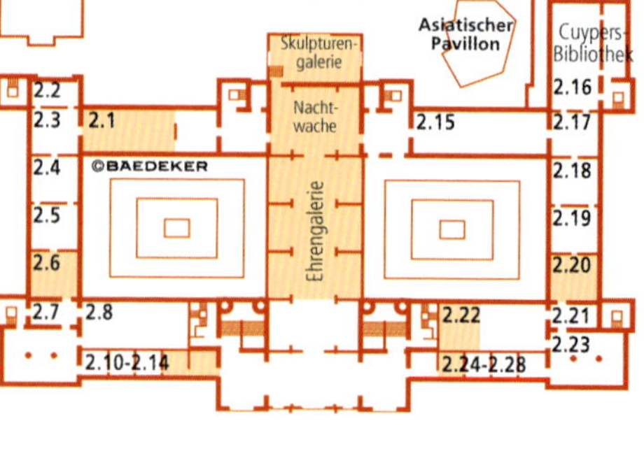

2.1 Wilhelm v. Oranien, Manieri
2.2 Wandteppiche
2.3 Kunstkabinett
2.4 Flämischer Einfluss
2.5 Hugo de Groot
2.6 Hendrick Avercamp
2.7 Drucke
2.8 Früher Rembrandt
2.9 Barents und Nowaja Semlja
2.10-2.14 Niederl. Malerei (Senredam, van Ostade)
2.15 »William Rex«
2.16 Münzen und Medaillen
2.17 Jan Both
2.18 Artus Quellinus
2.19 Stadthäuser
2.20 Puppenhäuser
2.21 Drucke
2.22 Wilhelm II., Delfter Fayence.
2.23 Höfische Kunst in Frankreich
2.24-2.28 Niederl. Malerei

EBENE 1
Museumplein
Asiatischer Pavillon
Cuypers-Bibliothek
Eingang
Entree
©BAEDEKER

1.1 Cornelis Troost
1.2 Wilhelm IV.
1.3 Jean Baptiste Vanmour
1.4 Meissner Porzellan
1.5 Überseehandel
1.6 Epochenraum Amsterdam
1.7 Epochenraum Haarlem
1.8 Drucke
1.9 Möbel (Roentgen, Falconet)
1.10 Wilhelm IV., Aufklärung
1.11 Niederl. Malerei
1.12 Waterloo
1.13 Goya
1.14 Romantik
1.15 Historismus
1.16 Drucke
1.17 Java
1.18 van Gogh

0.1 Geertgen tot Sint Jans
0.2 Fra Angelico
0.3 Drucke
0.4 »Zehn Trauernde«
0.5 Ital. Renaissance
0.6 van Oostsanen, de Beuckela
0.7 Delfter Fayencen
0.8 Musik
0.9 Mode und Schmuck
0.10 Niederl. Porzellan
0.11 Reliquien
0.12 Waffen
0.13 Schiffsmodelle

im Text beschriebene Objekt

schlängeln können. Wer weder große Tasche noch Mantel dabei hat, kann auch die Schlange vor der Garderobe überspringen. Tipp: Die meisten Besucher kommen zwischen 11 und 14 Uhr. Außerhalb dieser Spitzenzeiten ist der Museumsbesuch entspannter.
www.rijksmuseum.nl/de/tickets

Spätgotik und Renaissance (Ebene 0)

Abkehr von der mittelalterlichen Weltsicht

Malerei der Spätgotik (15. Jh.)

Die **Anfänge der altniederländischen Malkunst** liegen in der Miniaturmalerei des ausgehenden 14. Jh.s, die von französischen Vorbildern beeinflusst war. Ihr Detailrealismus verbindet sich im Lauf des 15. Jh.s mit dem Bemühen um die individuelle Darstellung des Menschen und die illusionistische Wiedergabe von Raum und Landschaft. Damit einher geht eine Abkehr von der auf das Jenseits gerichteten mittelalterlich-religiösen Weltsicht zugunsten einer stärkeren Wahrnehmung der zeitgenössischen Lebenswelt. Vor allem in den südniederländischen Provinzen, in Gent, Brügge und Antwerpen, feierte die Malerei Triumphe mit den Werken der Gebrüder van Eyck, Rogier van der Weyden, Hugo van der Goes oder Hans Memling, während die Nordprovinzen künstlerisch im Abseits lagen. Erst gegen Ende des 15. Jh.s traten auch dort einige namhafte Maler in Erscheinung.

Ein harmonisches Familienbild

Geertgen tot Sint Jans (Saal 01)

Zu diesen gehörte Geertgen tot Sint Jans (1460/1465 – 1488/1493) als Hauptvertreter der **spätgotischen Haarlemer Malschule.** Sein Tafelbild **»Die Heilige Sippe«** zeigt das Innere einer gotischen Säulenbasilika. Links sitzt die hl. Anna, eingerahmt von Joseph und Joachim sowie Maria mit dem Jesuskind, und rechts die hl. Elisabeth mit dem kleinen Johannes auf ihrem Schoß. Sie ist umgeben von Kleophas' Frau Maria und Maria Salome, deren Kinder wiederum auf dem gefliesten Kirchenboden spielen. Den Altar im Bildhintergrund schmückt eine Skulptur mit dem Opfer Abrahams, auch der Lettner und die Säulenkapitelle tragen figürlichen Schmuck mit Themen der biblischen Heilsgeschichte.
Ungewöhnlich ist Geertgens Wahl eines Kircheninnenraums als Schauplatz und die Einbeziehung stilllebenartiger Elemente wie des Brotkorbs zu Füßen der hl. Anna. Außerdem zeigt sich Geertgen als Kenner der erst seit 60 Jahren vor seiner Zeit wieder bekannten Zentralperspektive, die ihm einen symmetrisch-harmonischen Bildaufbau mit großer Tiefenwirkung ermöglicht. Darin werden die Figuren aber nicht streng hierarchisch geordnet oder aneinandergereiht, sondern in Kleingruppen zusammengefügt und locker im Raum verteilt, sodass das ganze Geschehen einen sehr diesseitigen und familiären Eindruck macht.

1642 waren die Auftraggeber der »Nachtwache« mit Rembrandts Arbeit nicht zufrieden, doch heute kommen jährlich Millionen Besucher aus aller Welt, um das Kunstwerk aus nächster Nähe zu bestaunen.

Jan Steen: »Die Fröhliche Familie« (1668)

Der Mensch im Fokus

Jan Mostaert (Saal 01)

Bereits als Frühwerk der niederländischen Renaissancemalerei gilt die **»Anbetung der Könige«** (1515 – 1520) von Jan Mostaert (1475 bis 1555/1556). Die Könige und Maria werden individuell-porträthaft erfasst und sind in Pelzgewändern und Brokatkleidern modisch gekleidet. Die extremen Raumfluchten zwischen großfigurigem Vordergrund und sehr kleinteiligem Hintergrund werden gemildert durch einen Torbogen im Mittelgrund, in dessen Rahmung – als Bild im Bilde – sich eine Volksszene um den Tross der Könige mit Pferden, Reitknechten und Bauern abspielt. Maria mit dem Jesuskind ist in die Bildmitte gerückt. Ihre zentrale Position wird kompositorisch durch den Torpfeiler verstärkt.

Die Kraft der Farben

Der Meister von Alkmaar (Saal 04)

Ein weiteres bedeutendes Werk spätgotisch-niederländischer Malerei in der Nachfolge Geertgens sind die in leuchtenden Farben gehaltenen und vor Architekturprospekten sich abspielenden **»Sieben Werke der Barmherzigkeit«** (1504, Saal 04) des **Meisters von Alkmaar**, der das Speisen der Hungrigen, das Tränken der Durstigen, das Bekleiden der Nackten, das Begraben der Toten, das Beherbergen der Obdachlosen, das Pflegen der Kranken und das Besuchen der Gefangenen detailreich präsentiert.

Licht und Plastizität

Psychologisch einfühlsame Porträts schuf Maerten van Heemskerck (1498 – 1574), darunter das **»Bildnis der Anna Codde«** (1530), einer jungen Frau am Spinnrad. Durch exzellente Lichtführung erreicht er ein hohes Maß an figürlicher Plastizität und Raumillusion zugleich.

Maerten van Heemskerck (Philipsflügel, Saal 1.6)

Abschied nehmen

Als glänzendes Beispiel für die **spätgotische Plastik** stehen die »Zehn Trauernden«. Die in Brüssel um 1475 bei Renier van Thienen gegossenen Bronzefiguren sind die einzig erhaltenen der 24 Grabfiguren für das Grab von Isabella von Bourbon in der Michaelskirche von Antwerpen. Sie zeigen Familienmitglieder der Verstorbenen.

Zehn Trauernde (Philipsflügel, Saal 1.3)

Eine groteske Figurenwelt

Jacob Cornelisz van Oostsanen (vor 1470 – 1533) setzt seine **»Anbetung der Könige«** (1517) in opulenten Farben höfisch-zeremonial in Szene. Auf den Flügeltafeln treten Stifterfiguren mit ihren Kindern auf, die von ihren Schutzpatronen der Gottesmutter empfohlen werden. Eine bizarr-groteske, an Hieronymus Bosch erinnernde Figurenwelt kennzeichnet Cornelisz' ungewöhnliche Darstellung des **»Saul bei der Hexe von Endor«** (1526) und zeigt, wie der israelitische König Saul Rat sucht, um die Bedrohung durch die Philister abzuwenden.

Jacob Cornelisz van Oostsanen (Saal 06)

Monumental und dramatisch

Mit seinem Triptychon **»Anbetung des Goldenen Kalbes«** (um 1530) zeigt sich Lucas van Leyden (1494 – 1533) als Meister des frühen manieristischen Stils. Er schafft ein monumentales Bild mit einer auf die Flügeltafeln übergreifenden, naturalistischen Landschaft, in die eine bewegte Volksszene eingebunden ist, wohingegen das religiöse Hauptereignis, nämlich Moses' Empfang der Gesetzestafeln auf dem Berg Sinai, fast völlig unbeachtet im Bildhintergrund seinen Lauf nimmt. Während Moses angesichts der Gottlosigkeit seines Volkes sogar die Gesetzestafeln zertrümmern will, entfaltet sich im Vordergrund ein fröhliches Ess- und Trinkgelage.

Lucas van Leyden (Saal 06)

Der Blick nach Italien

Jan van Scorel (1494 – 1562) war einer der wenigen Niederländer, der während seiner Pilgerreise nach Rom die Meisterwerke der italienischen Hochrenaissance aus eigener Anschauung kennenlernte und ihren Stil in seine Heimat vermittelte, was bei seiner **»Hl. Maria Magdalena«** (um 1528) in der sehr plastischen und zugleich monumentalen Figurenkonzeption deutlich wird. Zentral positioniert zwischen einer Felsengruppe und einem Baummotiv, erscheint die schöne Büßerin als kokette Verführerin in kostbaren Gewändern. Ihre Sinnlichkeit wird durch eine weiche tonale Farbgebung und die gezielt eingesetzten Helldunkelkontraste noch verstärkt.

Jan van Scorel (Saal 06)

Himmel und Erde

Die zunehmende Profanierung religiöser Themen im 16. Jh. zeigt sich in Joachim Beuckelaers (ca. 1530 – 1573) Gemälde **»Christus im Hause von Maria und Martha«**, das in erster Linie eine großartige Küchenszene ist. Beuckelaer schuf eine überraschende Komposition, bei der die im Hintergrund spielende Hauptszene mit Christus dennoch zum zentralen Blickfang wird, da sie durch eine Triumphbogenarchitektur und extreme Raumfluchten über das vordergründige Gewirr von Fleisch, Geflügel und Obst hinweg hervorgehoben ist. Die üppige Vordergrundgestaltung und die kleine Hintergrundszene machen den Gegensatz deutlich zwischen Vergänglichkeit (Essenszubereitung) und Ewigkeit (Erscheinung des Gottessohnes).

Joachim Beuckelaer (Saal 06)

1700 bis 1900 (Ebene 1)

Während in Ebene 0 doch die Malerei im Vordergrund steht, zeigt die Ebene darüber vor allem, wie sich der durch den Überseehandel erwirtschaftete Wohlstand der sprichwörtlichen »Pfeffersäcke« und des Adels in teuren Interieurs niederschlug.

So saß ein Mann von Rang

Erstes Beispiel dafür ist der »Statthalterstuhl«, den Stuhlmacher Gerritt Hutte und Holzschnitzer Pieter van Dijck 1747 für den Gerichtshof in Den Haag anfertigten. Auf ihm nahm als oberster Gerichtsherr König Wilhelm IV. Platz, und dessen Rang und Titel entsprechend gibt sich das Möbel in aufwendigstem Rokoko.

Statthalterstuhl (Saal 1.2)

Die Welt der »Pfeffersäcke«

Zufrieden dreinblickend, etwas feist zeigt sich Andreas Everardus van Braam Houckgeest, Direktor der Niederländischen Ostindienkompanie im chinesischen Kanton von 1790 bis 1795. Von einem einheimischen Künstler ließ er sich diese kleine bemalte Lehmfigur anfertigen, wie es vor und nach ihm noch mancher Kaufmann tat.
Zur selben Zeit, als Houckgeest in Kanton war, empfing der Kaufmann Willem Philip Kops in seinem Haus in Haarlem seine abendlichen Gäste in einem aufs Feinste mit Teppichen aus Tournai, Möbeln aus Amsterdam und Silber aus England ausgestatteten Raum.

Bild eines Kaufmanns (Saal 1.5) und Empfangszimmer (Saal 1.7)

Made in Germany

Ausnahmsweise nicht von einem Niederländer und auch nicht für einen Niederländer: Diesen Schreibtisch fertigte Abraham Roentgen ca. 1758 für den Trierer Erzbischof Johann Philipp von Walderdorff.

Schreibtisch von Abraham Roentgen (Saal 1.9)

So schlicht das Motiv, so durchdacht die Komposition:
»Die Küchenmagd« (um 1658) von Jan Vermeer van Delft

Es ist ist das großartigste Werkstück des berühmtesten deutschen Möbeltischlers seiner Zeit.

Blick in die Sterne

Tafelplanetarium (Saal 1.10)

Mit seinem zwischen 1800 und 1808 gebauten Tafelplanetarium konnte Hartog van Laun die Positionen der Gestirne in seinen Vorlesungen demonstrieren.

Historie im XL-Format

»Schlacht von »Waterloo« (Saal 1.12)

Zum Schluss doch noch ein Gemälde: Jan Willem Pienemans 1824 entstandene »Schlacht von Waterloo« ist mit über 5,50 m Höhe und mehr als 8 m Breite das größte Gemälde im Rijksmuseum. Es zeigt den Moment, in dem der Herzog von Wellington vom Eingreifen der Preußen unter Blücher erfährt. Links im Vordergrund wird der verwundete Kronprinz und spätere niederländische König Wilhelm II. auf einer Trage abtransportiert. Er kommandierte das niederländische Kontingent, offenbar aber nicht zur vollen Zufriedenheit Wellingtons, der bemerkte: »Der Prinz ist ein mutiger junger Mann, das ist auch alles ...«

Meisterwerke des Goldenen Zeitalters (Ebene 2, Ehrengalerie)

Teilung des Landes und Neuorientierung der Kunst

Niederländische und flämische Malerei

Seit der 1581 erklärten Unabhängigkeit der calvinistischen Nordprovinzen als Niederlande unterscheidet man zwischen niederländischer und flämischer Malerei, da die katholischen Südprovinzen mit der Kunstregion Flandern unter spanischer Herrschaft verblieben. Gegen 1600 bewirkten die religiösen, politischen und wirtschaftlich-sozialen Veränderungen in den Niederlanden auch eine Neuorientierung in der bildenden Kunst. An die Stelle kirchlicher und fürstlicher Auftragskunst traten der Zeitgeschmack und die Kauflust einer bürgerlich-säkularisierten Gesellschaft, die Spezialisten und Fachmaler förderte. Die Porträtkunst, von jeher eine Domäne der Niederländer, erfuhr durch das **Gruppenporträt** eine große Bereicherung. Landschaftsbilder waren begehrte Aushängeschilder bürgerlicher Wohnkultur ebenso wie das Stillleben und das Genrebild, das unterhaltsame Gesellschaftsstück oder das Interieur- und Architekturbild. Das Goldene Zeitalter (17. Jh.) hat nicht nur Rembrandt, Frans Hals und Jan Vermeer hervorgebracht, doch genau diese großen Künstler werden in der Ehrengalerie gewürdigt.

Lebensfreude und Pflichtgefühl

Frans Hals (Ehrengal.)

Frans Hals (1581/1585 – 1666) gelingt es als Erstem, das Gemeinschaftsgefühl in seinen Gruppenbildern lebendig auszudrücken. In

Jacob von Ruisdael: »Die Mühle bei Wijk bij Duurstede« (um 1670)

seinem Schützenstück **»Die Kompanie des Hauptmanns Reynier Reael und seines Leutnants Cornelis Michielszoon Blaeuw«** (1637) zahlt zwar immer noch jedes Mitglied der Amsterdamer Bürgerwehr für sein Porträt und möchte entsprechend seines Ranges und seiner Würde abgebildet werden, doch geschieht dies nun durch ein leicht ironisiertes Posenspiel, unterstützt von einer differenzierten Mienen- und Gebärdensprache. Hals setzt farblich-rhythmische Akzente; man beachte beispielsweise die geschickte Verteilung des Blaus bei der Gestaltung der schimmernden Seidenschärpen. Zwar wiederholen sich einzelne Posen, aber dies dient letztlich auch der Ausgewogenheit und Geschlossenheit der Komposition.
Lebensfreude und Übermut drückt **»Der fröhliche Trinker«** (1628/1630) aus, der sich mit einladender Geste an den Betrachter wendet. Das lachende Gesicht, der schräge Hut, das balancierte Weinglas sind spontan erfasst und mit flüchtigem Farbauftrag und skizzenhafter Malweise auf die Leinwand gebannt. Diese Momentaufnahme sprüht vor Lebendigkeit, ist aber wohl kein Auftragsporträt, sondern vielleicht die Darstellung eines der vier Temperamente.

Politische Allegorie

Jan Asselijn (Ehrengal)

Von Jan Asselijn (1610 – 1652) stammt eines der beeindruckendsten Gemälde der Ausstellung: **»Der bedrohte Schwan«** (um 1650).

Asselijn war in erster Linie Landschaftsmaler, schuf aber auch Historien- und Tiergemälde. »Der bedrohte Schwan«, der sein Nest gegen einen Hund verteidigt, ist sein bekanntestes Werk und gilt als Allegorie: Der Schwan stand für den Juristen und Staatsmann Johan de Witt, der sich massiv für die Interessen der Niederlande einsetzte.

Der Meister der Genrebilder

Jan Steen (Ehrengal.)

Der Autodidakt Jan Steen (1626 – 1679) demonstriert seine außergewöhnliche Begabung vor allem in seinen Genrebildern. **»Das St. Nikolausfest«** (um 1660) zeigt eine Familienszene am Nikolaustag, wo Freude und Enttäuschung der Kinder über die Gaben dicht beieinander liegen. Im Vordergrund zeigt ein Stillleben aus allerlei Leckereien, Nüssen, Pfeffer- und Lebkuchen und Früchten die besonderen Gaben am Nikolaustag.

Das leichtlebige Flair von Jan Steens Gesellschaftsszenen wie **»Die fröhliche Familie«** (um 1668, ►Abb. S. 138) täuscht oft über den Ernst der Aussage hinweg, aber der Spruch über dem Kamin weist auf den Sinn des Bildes hin: »Wie die Alten sungen, so pfeifen auch die Jungen.« Eltern sollten Vorbilder sein, da ihre Kinder sie gerne nachahmen – auf Steens Bildern ist aber oft genug das nicht der Fall.

Kunstwerke voller Strahlkraft

Johannes Vermeer van Delft (Ehrengal.)

Das Œuvre von Johannes Vermeer van Delft (1632 – 1675) umfasst nur etwa 30 Ölgemälde, denn er war ein sehr detailgetreuer und langsamer Maler. In seinen Bildern verschmelzen Form, Farbe und Licht zu einer einzigartigen Wirkkraft, die seinen gemalten Interieurs und Personenschilderungen stilllebenhafte Ruhe und seelische Tiefe verleihen. Seine Darstellung der **»Küchenmagd«** (um 1658, ►Abb. S. 140) ist eine faszinierende Alltagsszene, weil der Maler ein beziehungsreiches Ineinandergreifen von plastischen und farbigen Formen zwischen dem Stillleben auf dem Küchentisch und der Milchgießerin entwickelt. Rundformen wie Brotkorb, Brotlaib, Tontopf, die Öffnung des Milchkrugs oder das Gesicht sind kontrastierend und variantenreich eingesetzt, getragen von subtilen, nuancenreichen Farbabstufungen und weichen Helldunkelübergängen.

Von der Rückseite seines eigenen Hauses aus malte Vermeer die Häuser in Delft, **»Die kleine Straße«** (um 1658) genannt, und zeigt sich dabei als ein Meister der wirklichkeitsgetreuen Darstellung und flächenbetonenden Kompositionsmitte.

Warme Farben

Pieter de Hooch (Ehrengal.)

Pieter de Hooch (1629 – 1684) zeigt in seinem Bild **»Frau mit einem Kind in einer Speisekammer«** eine Innenraumgestaltung mit behaglich warmen Farbtönen. De Hoochs Raumdarstellungen liegen Kompositionsprinzipien zugrunde, die in Verbindung mit einer geschickten Lichtregie und starken Perspektiven bewirken, dass sich das Interieur als eine Abfolge mehrerer verschachtelter Räume mit Ein-, Aus- und Durchblicken auftut.

Das Spiel mit dem Licht

Jacob Isaakszoon van Ruisdael (Ehrengal.)

Ihre Blüte erlebte die niederländische **Landschaftsmalerei** in der zweiten Hälfte des 17. Jahrhunderts. Heimatdarstellungen mit tiefem Horizont, Wolkenzusammenballungen und den sich häufig verändernden Lichtverhältnissen waren im Volk beliebt. Vielfach zeichnen Stille und Bewegungslosigkeit die Landschaftsbilder aus, die in erster Linie nach der Natur gemalt sind, aber auch sinnbildhafte Bezüge erkennen lassen. Der größte niederländische Landschaftsmaler ist Jacob Isaakszoon van Ruisdael (1628/1629 – 1682). Sein »**Blick auf Haarlem**« (um 1670) über die Bleichplätze des Haarlemer Leinen- und Damastgewerbes leitet das Auge über Gehöfte und Windmühlen bis hin zur Silhouette der St. Bavokirche. Licht- und Schattenzonen verleihen der Landschaft eine große Tiefendimension. Geradzu archetypisch für die Darstellung mächtiger Wolken gerät seine **»Mühle bei Wijk bij Durstede«** (um 1670; ►Abb. S. 143).

Fernblick

Philips Koninck (Ehrengal.)

Zu den herausragenden Landschaftsmalern der zweiten Hälfte des 17. Jh.s zählt auch Philips Koninck (1619 – 1688). Er malte von einem erhöhten Standpunkt aus einen großartigen Fernblick über eine **»Flachlandschaft mit Hütten an einem Weg«** (um 1655).

Die christliche Seefahrt

Willem van de Velde d. J (Ehrengal.)

In der Seemacht Niederlande mit ihrer bedeutenden Kriegsmarine und der größten Handelsflotte der Welt waren natürlich Themen aus der Seefahrt sehr beliebt. Willem van de Velde d. J. (1633 – 1707) brachte das Marinestück zu wahrer Meisterschaft. In **»Holländische Segelschiffe in einer Windstille«** (um 1665) erscheinen die Ruhe der Segel und des glatten Meeres als starker Gegensatz zu jedweden militärischen Aktionen.

Der große Meister: Rembrandt (Ehrengalerie)

Ein umstrittenes Genie

Rembrandt van Rijn (Ehrengal.)

Rembrandt Harmensz. van Rijn (1606 – 1669; ►Baedeker Wissen S. 129 und 196) ist mit Meisterwerken aus allen Schaffensperioden im Rijksmuseum vertreten. Zu seinem Frühwerk aus der Leidener Zeit, ausgestellt im Saal 2.8, gehört **»Tobias beschuldigt Anna des Diebstahls eines Böckchens«** (1626). Das für Rembrandt so charakteristische kräftige Helldunkel zeichnet auch sein eindrucksvolles **»Selbstbildnis«** (1628) und das Gemälde **»Jeremia trauert über die Zerstörung Jerusalems«** (1630) aus.

Zu den ersten großen Aufträgen Rembrandts in seiner Amsterdamer Zeit gehört **»Der Schützenaufmarsch der Kompanie des Hauptmanns Frans Banning Cocq und seines Leutnants Willem van Ruytenburgh«** (1642, ►Abb. S. 136/137), im Rijksmuseum an der prominentesten Stelle der Ehrengalerie präsentiert und vom Publikum umlagert. Es ist die berühmte **»Nachtwache«**, ein Erinnerungsbild der Bürgersoldaten an gemeinsame Aktivitäten. Doch handelt es sich keineswegs um ein Nachtstück: Der Aufmarsch findet in einer schattigen Seitenstraße bei Tage statt, aber das Bild dunkelte im 19. Jh. stark nach. Hier brach Rembrandt mit der malerischen Tradition der Schützenstücke, denn anders als alle Maler vor ihm stellt er seine Personengruppe nicht in posenhafter Haltung dar, sondern in voller Bewegung. Die Schützen machten ursprünglich den Eindruck, als marschierten sie auf den Betrachter zu. Leider wurde bei der Neuaufhängung 1715 im Amsterdamer Rathaus das Bild auf der linken Seite um etwa 1 m und auf der rechten Seite um etwa 30 cm beschnitten, um es zwischen zwei Türen einzupassen, sodass die Mittelgruppe mit Hauptmann und Leutnant heute sehr viel statischer als in der ursprünglichen Komposition wirkt. Rembrandts Inszenierung des Schützenaufmarschs ist ein spannungsreiches, faszinierendes Bewegungsschauspiel in leuchtenden Farben und vielfältigsten

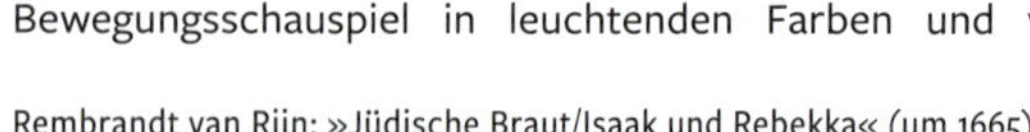

Rembrandt van Rijn: »Jüdische Braut/Isaak und Rebekka« (um 1665)

Handlungsformen. Ein weiteres großartiges Gruppenporträt – das letzte Rembrandts – stellen »Die Vorsteher der Tuchfärberzunft« dar, als **»Staalmeesters«** (1662) bekannt. Das Gemälde war einst in der Gildehalle der Färberzunft, im Staalhof, hoch an der Wand angebracht, worauf die starke Untersicht der Komposition zurückzuführen ist. Die fünf Vorsteher – der Mann ohne Hut ist ein Bediensteter – sind höchst lebendig in ihren individuellen Körperbewegungen erfasst.
Das Doppelporträt eines seine Frau liebkosenden Mannes ist seit dem 19. Jh. als **»Jüdische Braut«** (um 1665) bekannt und stellt vermutlich, mit Anspielungen auf Isaak und Rebekka, ein Paar aus dem Alten Testament, den jüdischen Dichter Don Miguel de Barrios und seine Gattin Abigael de Pina dar. Die Halbfiguren geben sich sehr verhalten, mit Kleidung aus üppig fallenden Stoffen, die sich vor dem dunklen Hintergrund in ihrem Gold deutlich abheben.
Das **»Selbstbildnis als Apostel Paulus«** (1661) zeigt ein ausdrucksvolles Altersporträt Rembrandts, der mit etwa 100 Selbstdarstellungen dem Betrachter Einblicke in sein bewegtes Leben ermöglicht.

Ein fleißiger Schüler

Govert Flinck (Sall 2.8)

Unter den Schülern von Rembrandt rückt Govert Flinck (1618 bis 1680) mit **»Isaak segnet Jakob«** (1638) noch am ehesten in die Nähe des Meisters. Von großer Unmittelbarkeit und hoher Charakterisierungskunst ist die Darstellung des alten und blinden Jakob, der mit tastenden Händen nach dem Haarschopf seines Sohnes sucht. Im Helldunkel der Szene findet man Anklänge an Rembrandt.

Das Goldene Zeitalter (Ebene 2)

Ein stolzes Schiff

Modell der William Rex (Saal 2.15)

Etwas Abwechslung von der überragenden Gemäldesamlung tut vielleicht gut: Im Saal rechts von der »Nachtwache« steht mit dem 4,10 m hohen und 4,60 langen Modell des mit 74 Kanonen bestückten Linienschiffs »William Rex« ein Meisterwerk an Präzision und Detailversessenheit, 1698 in Vlissingen gebaut.

Nicht nur für Kinder

Puppenhaus (Saal 2.20)

Dasselbe Lob verdient der unbekannte franzöische Möbeltischler, der zwischen 1686 und 1710 ein über 2,50 m hohes Puppenhaus für die Amsterdamer Kaufmannsfrau Petronella Oortman baute.

Blumenpracht

Blumenpyramide (Saal 2.22)

In Zeiten, in denen Schnittblumen ein Luxusgut waren, wurden sie auch luxuriös präsentiert. Schönstes Beispiel dafür: die Blumenpyramide aus Delfter Fayence aus der Manufaktur »De Metaale Pot«.

Die Sorgen einer Mutter

Gabriel Metsu (Saal 2.25)

Gabriel Metsu (1629 – 1667) lässt in seinem Bild **»Das kranke Kind«** (um 1665) den Betrachter unmittelbar am persönlichen Kummer teilhaben. Mit Sorge beugt sich die Mutter über das blässliche kleine Mädchen auf ihrem Schoß. Die Komposition setzt sich aus zwei diagonalen Figurenanordnungen zusammen, wobei die Farbe das Krankheitsthema aufnimmt, denn dem kräftigen Rot-Grün-Gelb-Farbakkord im Vordergrund folgt im Zurücksinken des schwächlichen Kindes ein fast monochromer beigebrauner Farbhintergrund.

Nachtstücke in Rembrandtmanier

Gerrit Dou (Saal 2.25)

Gerrit Dou (1613 – 1675), ein Rembrandtschüler, zeichnet sich durch seine Nachtstücke aus. **»Die Abendschule«** (vor 1665) ist in sehr effektvoller Helldunkeltechnik gemalt. Durch diese Technik wird Dou auch zum Meister des Illusionismus, wie **»Der Pfeifenraucher«** (ca. 1650) zeigt: Das offene Buch fällt dem Betrachter fast entgegen, das angeheftete Papierblatt löst sich an einer Ecke täuschend echt.

Architektur auf der Leinwand

Pieter Saenredam (Saal 2.14)

Ein hervorragender Vertreter des Architekturbildes ist Pieter Saenredam (1597 – 1665). **»Das Innere der Kirche St. Odulphus in Assendelft«** (1649) ist alsein leicht nach rechts verschobene zentralperspektivische Konstruktion angelegt, um dem Raumgefüge noch mehr Klarheit zu verleihen. So entsteht ein lichtdurchflutetes Kircheninterieur mit der Wirkung eines Bühnenraums. Im Fußboden im Vordergrund ist die Grabplatte des Vaters des Malers eingelassen, etwas dahinter ist das Hochgrab der Familie Assendelft sichtbar. Die Memento-mori-Motive verleihen dem Architekturstück sogar sinnbildliche Dimensionen.

Bäuerliche Lebenswelt

Adriaen van Ostade (Saal 2.13)

Adriaen van Ostade (1610 – 1685), Schüler von Frans Hals, lieferte mit seinem **»Interieur eines Bauernhauses mit Schlittschuhen«** (1650) ein Beispiel für die bäuerliche Lebenswelt. In weiches, diffuses Licht getaucht, sitzen ärmlich gekleidete Bauern am häuslichen Herd, um sich zu wärmen. Auch **»Rastende Wanderer«** (1671) zeigt eine Szene des Bauernlebens, einen alten und einen jungen Mann im Garten eines Lokals.

Winter als Todesmetapher

Hendrick Avercamp (Saal 2.6)

Hendrick Avercamp (1585 – 1634) entdeckte mit seiner **»Winterlandschaft mit Eisvergnügen«** (um 1609) den winterlichen Reiz des Polderlandes. Anregungen erhielt er wohl von den figurenreichen Bildern Pieter Brueghels d. Ä., und so finden sich auch bei ihm unzählige Menschen ein zu einem fröhlichen Treiben auf dem Eis. Während die Natur mit den kahlen Ästen der Bäume und den auffliegenden Vögeln

Hendrick Avercamp: »Winterlandschaft mit Eisvergnügen« (um 1609)

Melancholie verbreitet, sind die Menschen in verschiedene Aktivitäten und Vergnügungen vertieft. Man hält ein Schwätzchen, läuft Schlittschuh, spielt Eisgolf, Aale werden in einem Eisloch gefangen, Ried wird geschnitten und Wasser für die Schänke geholt. Sinnbildhaftes ist ebenfalls zu entdecken, so ist der Winter als Metapher des Todes zu verstehen, der Tierkadaver in der unteren linken Bildecke verstärkt diese Vorstellung. Der zentral ins Bild gesetzte, auf die Nase gefallene Schlittschuhläufer illustriert Sprichwörtliches wie »Hochmut kommt vor dem Fall« oder »jemanden aufs Glatteis führen«. Die Vogelfalle links im Bildvordergrund erinnert laut Bibel daran, dass der Teufel den Menschen Fallen stellt und sie ins Verderben lockt.

Mit kräftigem Pinselstrich

Judith Leyster (Ehrengalerie)

Judith Leyster (1609 – 1660), eine Schülerin von Frans Hals und Ehefrau des Malers Jan Molenaer, wurde 1633 **als erste Frau in die Haarlemer Malergilde** aufgenommen. Sie malte Porträts, Genre- und Vogelbilder. Ihr **»Lautenspieler«** (1629) ist mit schwungvollen Pinselstrichen und meisterlicher Lichtbehandlung in Szene gesetzt.

Sündige Themen

Cornelisz van Haarlem (Saal 2.1)

Cornelisz van Haarlem (1562 – 1638) lieferte mit seinen Bildern einen bedeutenden Beitrag zum europäischen Manierismus. Sein kraftvoll-monumentaler Stil wird in Gemälden wie **»Bathseba im Bad«** und **»Der Sündenfall«** (1592) deutlich.

SCHEEPVAART MUSEUM

Lage: Kattenburgerplein 1 | **Bus:** 22 (Kadijksplein), 43 (Kattenburgerstraat) | tgl. 10 – 17 Uhr | **Eintritt:** 17,50 €, Kinder 8,50 € | **www.scheepvaartmuseum.nl**

Rund 17 Meter lang, Platz für 20 Ruderer und ein Bug mit vergoldeter Neptunskulptur – solche Schiffe waren vor 200 Jahren an Europas Königshöfen der letzte Schrei. Als Repräsentant einer Seefahrernation wollte auch der niederländische König Wilhem I. eine solche »Schaluppe« besitzen. Heute steht sie im Schifffahrtsmuseum und wartet auf den nächsten königlichen Einsatz.

Untergebracht ist das Schifffahrtsmuseum in einem Gebäude, das im Jahr 1655 nach Plänen des Stadtarchitekten Daniel Stalpaert als **Zeughaus für die Admiralität** errichtet wurde. 1791 wurde es nach einem Brand wieder aufgebaut. Die Admiralität räumte das Gebäude erst 1973. Der Bau dient seit 1981 als Museum, zu dem auch eine Bibliothek, ein Buch- und Souvenirladen sowie ein Café gehören.

Wenn es dunkel wird, birgt das raffinierte Glasdach noch eine Überaschung: Hunderte LED-Lämpchen verwandeln es in einen beeindruckenden Sternenhimmel.

Die Welt der Seefahrt

Museumsbestand

Allein 500 maßstabgetreue Schiffsmodelle und eine Vielzahl an Seekarten, Navigationsinstrumenten, Gemälden, Waffen sowie viele Fotos faszinieren den Besucher. Seit 2011 überspannt eine faszinierende Konstruktion aus 1200 Glasstücken den Innenhof.
Auch **für Familien** hat das Schifffahrtsmuseum einiges zu bieten: eine spannende Unterwasserwelt, einen begehbaren Walfisch und eine virtuelle Seereise – inklusive Sturm – zum Beispiel.

Ein stolzes Segelschiff

Der Segler Amsterdam

Im Preis für den Besuch des Schifffahrtsmuseums ist die Besichtigung des Seglers »Amsterdam«, der am Museumssteg vor Anker liegt, eingeschlossen. Der **Nachbau des Ostindienseglers** erinnert an die große Seefahrertradition des Landes (►Baedeker Wissen S. 231). Das Originalschiff strandete bei seiner Jungfernfahrt 1749 vor der Südküste Englands – und liegt bis heute dort auf Grund. Im Rahmen eines Beschäftigungsprogramms für Arbeitslose wurde das Schiff in den 1980er-Jahren nachgebaut. Hier wird der Besucher nun unmittelbar in die Zeit des 18. Jh.s zurückversetzt. In historische Kostüme gekleidete Personen vermitteln einen Eindruck davon, wie man auf diesem ca. 48 m langen und fast 12 m breiten Dreimaster lebte.

SINGEL

Lage: Zentrum | **Tram:** 2, 12, 13, 17 (Nieuwezijds Kolk)

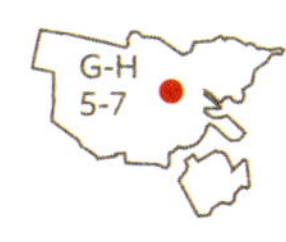

In der Gracht Singel schwimmt das wohl einzige Katzen-Hausboot, auf dem rund 60 Katzen leben. Ebenfalls auf dem Wasser hat sich der Blumenmarkt niedergelassen, wo Tulpen und Rosen in Gewächshäusern auf Frachtschiffen Blumenliebhaber locken.

An derInnenseite des Singel (nicht zu verwechseln mit der Singelgracht Nähe Rijksmuseum), die zum Grachtengürtel gehört, verlief früher die Stadtmauer. Jenseits davon lagen die Gemüsegärten und Wiesen der Stadt. Da die Stadtmauer ihre Schutzfunktion nach der Ausbreitung der Stadt verloren hatte, wurde sie 1600 abgerissen.

Schmal, schmaler, am schmalsten

Haus Nr. 7

Ob es nun das **schmalste Haus der Welt** oder einfach nur Amsterdams ist – da scheiden sich die Geister. Tatsache ist, dass das Haus Nr. 7 nur einen Meter schmal und damit nicht breiter als eine Eingangstür ist. Damit man dennoch darin wohnen kann, gewinnt es zur Rückseite hin deutlich an Umfang.

Besonders stimmungsvoll ist ein Spaziergang am Singel entlang, da hier alles noch etwas geruhsamer zugeht.

Rundkirche mit Showprogramm

Lutherkirche

Die 1668 – 1671 errichtete Runde Lutherkirche brannte 1822 bis auf ihre Grundmauern ab und wurde danach in ihrer ursprünglichen Form wieder aufgebaut. Wie es für den protestantischen Kirchenbau charakteristisch ist, präsentiert sich der helle Innenraum äußerst nüchtern. Die staffelartig angeordneten Sitze der Galerien lassen eher an ein Theater denn an eine Kirche denken. Und sehr weltlich präsentiert sich auch das heutige Programm: von Tagungen und Hochzeiten bis hin zu Live-Sendungen von Gala-Shows.

Ein Hausboot für Katzen

Katzenboot (bei Nr. 44)

Zu einer Attraktion hat sich das vor Haus Nr. 44 ankernde Poezenboot (Katzenboot) entwickelt. Katzenliebhaber gewähren heimatlosen Katzen hier Kost und Logis. Besucher sind willkommen, werden aber gebeten, durch eine Spende zum Unterhalt der Tiere beizutragen.

Ausnüchterung nach Geschlechtern

Nr. 140 – 142, Multatuli-Denkmal

Architektonisch interessant ist vor allem das Haus Nr. 140 – 142, das nach Entwürfen des Architekten **Hendrik de Keyser** 1600 entstand. Hier wohnte zeitweise der deutschstämmige Frans Banning Cocq, die **Hauptgestalt in Rembrandts »Nachtwache«** (►Abb. S. 136/137,

Baedeker Wissen S. 226), später Bürgermeister von Amsterdam. Ehemals stand auf der breitesten Brücke über den Singel (an der Kreuzung mit der Oude Leliestraat) ein Turm, der im 17. Jh. als Gefängnis fungierte und der Brücke ihren Namen gab. Knapp über dem Wasserspiegel befand sich ein Verlies, das früher als Ausnüchterungszelle (für Männer und Frauen getrennt) gedient haben soll. Seit 1987 ziert ein Denkmal für den niederländischen Schriftsteller Multatuli (1820 – 1887), der die niederländische Kolonialherrschaft in Indonesien in seinen Werken anprangerte, die Brücke.

Europas größte Blumenfans

Nachdem man die Universitätsgebäude am Singel passiert hat, erreicht man den teils auf Hausbooten untergebrachten Bloemenmarkt (Blumenmarkt). Hier werden **unzählige Schnittblumen und Topfpflanzen** angeboten. Alle erdenklichen Utensilien zur Blumenpflege sowie Souvenirs sind zu haben. Nicht immer aber hatte der Blumenmarkt am Singel seinen Sitz: Während des 17. Jh.s wurde er im Sommer an jedem Montag am St. Luciënsteeg, in der Nähe des heutigen ►Amsterdam Museum, abgehalten. Was das Angebot betrifft, so war es auch damals schon so groß, dass ein Zeitgenosse sich beklagte, es sei schwierig und verdrießlich, die Namen der feilgebotenen Sträucher und Pflanzen aufzuzählen. Heute wie gestern läuft das Geschäft gut, denn: Die Niederländer kaufen im europäischen Vergleich die meisten Blumensträuße – zweieinhalb pro Familie und Woche.

Mo. – Sa. 9 – 17.30, So. 11 – 17.30 Uhr

SPUI

Lage: südwestliche Innenstadt | **Tram:** 2, 12 (Koningsplein)

Künstler treffen, in Büchern schmökern und abends ein »biertje« trinken – auf dem schönen Platz mit den weißen Spitzgiebelhäusern kann man Stunden verbringen. Vor allem freitags während des Buchmarkts oder sonntags beim Kunstmarkt Artplein. Wo hat man sonst die Gelegenheit, eine Vielzahl von Künstlern zu treffen und ein Kunstwerk im Direktvertrieb zu erwerben?

Bücher und Bilder

Neben ►Rembrandtplein und ►Leidseplein ist der Spui einer der beliebtesten Treffpunkte Amsterdams. Seinen Namen verdankt er dem gleichnamigen Fluss, an den die Stadt im Süden einst reichte. Zunächst breit wie ein Platz, verengt der Spui sich nach Osten und mündet als schmale Straße schließlich in den Rokin.

Studentenproteste beim »Gassenjungen«

Lieverdje

Im Zentrum des Geschehens auf dem Spui steht das »Lieverdje« (ein **Amsterdamer Gassenjunge**). Ursprünglich als Gipsfigur vom Bildhauer Carel Kneulman für ein Stadtteilfest angefertigt, fand ein Fabrikant das »Knäblein« so ansprechend, dass er es in Bronze gießen ließ und der Stadt schenkte.

Am 10. September 1960 wurde es am Spui enthüllt und war seitdem Brennpunkt so mancher politischen Aktion – einerseits aufgrund seiner zentralen Lage in Uninähe, zum anderen als **Symbol für Aufmüpfigkeit**. Zur »Provo«-Zeit (1964 – 1966), der deutschen Studentenbewegung ähnlich, fanden beim Lieverdje Happenings statt, und die ersten »Provo«-Manifeste wurden hier verteilt.

Jung und widerspenstig

Universität

Die Gebäude an der Südseite des Spui beansprucht die **Universiteit van Amsterdam.** Die 1877 gestiftete, also verhältnismäßig junge Amsterdamer Gemeindeuniversität war die erste Universität der Niederlande, die nach dem Zweiten Weltkrieg eine achte Fakultät, die der sozialen und politischen Wissenschaften, einführte. Sie genießt bis heute einen progressiven Ruf. Im Maagdenhuis (Nr. 21), einst ein Waisenhaus für Mädchen, ist heute die Universitätsverwaltung untergebracht.

Der »Wandbehang« von El Anatsui wurde vom Stedelijk Museum und vom Kunstmuseum Bern gemeinsam erworben und wird abwechselnd an beiden Orten ausgestellt. Der ghanaische Künstler verarbeitet in seinen Werken recycelte Schraubverschlüsse.

Plätze für Weltverbesserer und Sammler

Cafés, Kneipen, Märkte

Natürlich kann man rund um die Uni auch bei Kaffee oder Bier die Welt verbessern – zumindest theoretisch. Man verabredet sich gern im Café Luxembourg, debattiert im De Zwart über Gott und die Welt oder besucht das »bruine« Café Hoppe (►S. 206), die älteste Kneipe der Stadt. Beliebt ist der Spui aber auch wegen seiner **Märkte** – der Kunstmarkt Artplein und der Büchermarkt gehören zu den festen Größen in der Stadt.

Kunstmarkt: März – Dez. So. 11 – 17 Uhr | artamsterdam-spui.com
Büchermarkt: ganzjährig Fr. 10 – 18 Uhr |
www.deboekenmarktophetspui.nl

★★ STEDELIJK MUSEUM

Lage: Museumplein10 | **Tram:** 2, 3, 5, 12 | tgl. 10 – 18 Uhr | **Eintritt:** 20 € | **www.stedelijk.nl**

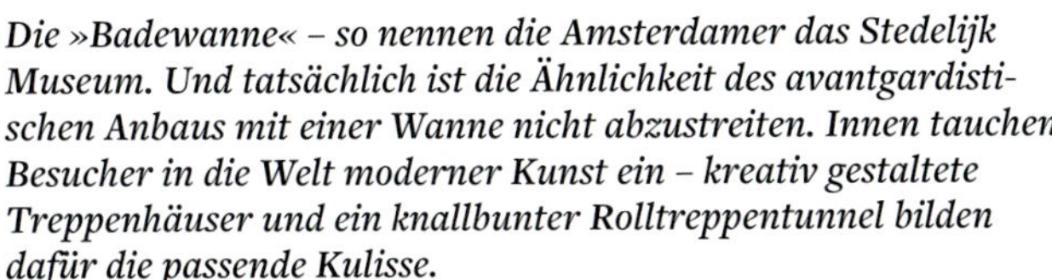

Die »Badewanne« – so nennen die Amsterdamer das Stedelijk Museum. Und tatsächlich ist die Ähnlichkeit des avantgardistischen Anbaus mit einer Wanne nicht abzustreiten. Innen tauchen Besucher in die Welt moderner Kunst ein – kreativ gestaltete Treppenhäuser und ein knallbunter Rolltreppentunnel bilden dafür die passende Kulisse.

Vom **Skandalbau zum Publikumsliebling** – viele der Exponate waren anfänglich umstritten und verpönt. Beispielsweise die Wandgemälde von **Karel Appel**, die im Eingangsbereich und in einem kleinen Nebenraum des Museums zu sehen sind. Ursprünglich zierten sie in den 1950er-Jahren die Kantine der Gemeinde Amsterdam, doch die Beamten weigerten sich, unter den modernen Kunstwerken des Malers ihr Essen einzunehmen. Die Wandgemälde wurden daraufhin weiß übertüncht. Der damalige Direktor des Stedelijk Museums wollte jedoch eine Lanze für die Moderne brechen und beauftragte Appel, die Kantinen des Stedelijk zu verzieren. Längst ist Karel Appel, der die Künstlergruppe CoBrA mitbegründete, ein weltweit etablierter Künstler.

Die Anfänge des Museums

Basis der Sammlung

Das Museum verdankt seine Gründung dem Kunstverstand und der Großzügigkeit führender Amsterdamer Bürger. Grundlage seines Fundus ist die Stiftung der Witwe Suasso-de-Bruin (Sophia-Augusta-Stiftung). Hinzu kamen die Sammlung zeitgenössischer Kunst von Chr. P. van Eeghen sowie weitere Kollektionen. Gemäß seinem Grün-

DADA AUF DER ROLLTREPPE

»Ja ja ja ja ja, nee nee nee nee nee.« Sie verstehen nur Bahnhof? Tatsächlich ist die Situation etwas surreal: Man fährt im Stedelijk Museum mit der Rolltreppe durch einen bunten Tunnel und hört Joseph Beuys reden. Es muss ja nicht immer alles einen Sinn ergeben. Wunderbar komisch!

dungsgedanken ist das Städtische Museum auf moderne Kunst ab Mitte des 19. Jh.s spezialisiert.

Ein Spaziergang durch die Moderne – von Appel bis Warhol

Werke

Die Dauerausstellung des Museums bietet in 800 Exponaten eine **Übersicht über die Entwicklung von Kunst und Design der Moderne**. Nicht nur Karel Appel stieß zunächst auf Ablehnung. Auch Werke anderer Kunstschaffender, an denen sich die Geister schieden – wie van Gogh und Matisse – fanden im Stedelijk eine Heimat.

Im Fokus stehen die folgenden Stilrichtungen: **De Stijl** (Van Doesburg, Mondrian, Rietveld), **CoBrA** (Karel Appel, Corneille, Jorn), **Colourfield Painting** (Kelly, Louis, Newman), **Pop-Art** (Rosenquist, Warhol, Lichtenstein) und **Nouveau Réalisme** (Armand, Spoerri, Tinguely); darüber hinaus Maler wie Chagall, Dubuffet, De Kooning, Malewitsch und Matisse. Zur Sammlung des Museums zählen auch zahlreiche Plastiken, u. a. von Rodin, Moore, Renoir, Laurens, Visser. Die Räume der Dauerausstellung präsentieren die Bilder in chronologischer Abfolge und in Kombination mit **Skulpturen und Möbeldesign**. Von Gerrit Rietveld gibt es sogar ein komplett eingerichtetes Schlafzimmer zu sehen, das er für das Haus der Amsterdamer Familie Harrenstein entwarf.

Ein kühnes Haus für die Kunst

Museumsbau

Auch das Gebäude selbst ist ein Hingucker: Das Haupthaus des Stedelijk Museum ist ein **Neorenaissancebau** von 1895 am Museumplein. Die Statuen in den Nischen stellen niederländische Künstler und Baumeister (u. a. Hendrik de Keyser und Jacob van Campen) dar.

Nach **Umbau, Erweiterung und Renovierung** wurde das Haus 2012 wiedereröffnet – ergänzt um den ebenso auffälligen wie umstrittenen Anbau des Amsterdamer Architekturbüros Benthem Crouwel in Form einer riesigen Badewanne. Aufsehenerregend: die fugenlose, aus weißem Komposit gefertigte Fassade.

 TROPENMUSEUM

Lage: Linnaeustraat 2 | **Tram:** 7, 14, 19 (Alexanderplein), 1, 3 (Wijttenbachstraat) | Di. – So. tgl 10 – 17 Uhr | **Eintritt:** 16 € | tropenmuseum.nl

Ein Museum über Menschen. Wie beten, feiern, trauern sie in unterschiedlichen Kulturen? Was trennt und was verbindet sie? Die wunderbare Vielfalt der Kulturen zeigt das Museum, das dem Königlichen Tropeninstitut angegliedert ist und auch ein Herz für Kinder hat, anhand von Exponaten vor allem aus den tropischen Regionen unserer Erde.

Eine Straße in einer nordafrikanischen Stadt, ein indisches Dorf, ein Haus auf Java oder einen afrikanischen Markt kann man beim Museumsrundgang erkunden. Andere Abteilungen beschäftigen sich mit Handwerk (z.B. der Herstellung von Textilien), mit Technik und Wirtschaft, Religion, Musik und Theater. Unbedingt sehenswert: die Maskensammlung sowie die Bisj-Pfähle für die Ahnenverehrung aus Neuguinea, die aus Mangrovenwurzeln gefertigt wurden.

Fremde Welten

Im Wechsel wählen Kuratoren aus der immensen Sammlung einzelne Objekte aus, um ihre individuelle Geschichte zu erzählen, unter anderem auch, wie sie ihren Weg ins Tropenmuseum gefunden haben.

Die ehemaligen Kolonien

Programm und Rahmenprogramm

Das **Königliche Tropeninstitut**, entstanden aus dem »Koloniaal Instituut«, hatte sich ursprünglich zur Aufgabe gemacht, über die **niederländischen Kolonien** (Surinam, Indonesien und die Niederländischen Antillen) zu informieren. Heute stehen jedoch Probleme der Entwicklungsländer im Vordergrund. Außerdem bietet das Tropenmuseum laufend Sonderausstellungen, regelmäßige **Konzerte** mit orientalischer oder asiatischer Musik sowie eine umfangreiche **Bibliothek**.

Tropen für Kinder

Kindermuseum

Das Tropenmuseum gilt als kinderfreundlichstes Museum der Niederlande. Eine Unterabteilung ist das **Tropenmuseum Junior**. Es wurde speziell für Kinder zwischen sechs und zwölf Jahren konzipiert und bietet wechselnde Mitmach-Ausstellungen für kleine Besucher.
Besuch nach Voranmeldung (Tel. 088 00 42 840)

★★ VAN GOGH MUSEUM

Lage: Museumplein 6 | **Tram:** 2, 3, 5, 12 (Van Baerlestraat) | aktuelle Öffnungszeiten auf der Website (häufige Änderungen) | **Eintritt:** 19 € | **www.vangoghmuseum.nl**

Vincent war glücklich, als er in der Nervenheilanstalt von Saint-Rémy-de-Provence die »Mandelblüte« für seinen Bruder Theo und dessen Frau malte, die zum ersten Mal Eltern geworden waren. Ihren Sohn nannten sie nach dem Bruder: Vincent Willem. Er sollte später der Gründer des Van-Gogh-Museums werden.

Sonnenblumen & Co

Die ursprünglich im ►Stedelijk Museum untergebrachte größte Van-Gogh-Sammlung der Welt umfasst rund 200 Gemälde, 500 Zeichnungen und 700 Briefe von van Gogh und befindet sich seit 1972 in dem nach Plänen von **Gerrit Rietveld** erbauten Museum, das zweifellos ein Publikumsliebling unter den Amsterdamer Museen ist. Zu den Exponaten gehören zahlreiche Hauptwerke aus allen Schaffensperioden des Meisters, die im Obergeschoss ausgestellt sind.

Schneller zu den Sonnenblumen

Tickets

Eintrittskarten online für ein Zeitfenster kaufen (www.vangoghmuseum.com/de) und aufs Smartphone laden verhindert langes Warten. Die Multimediatour in deutscher Sprache lohnt sich (3 €)!

Unübersehbar van Gogh

Vincent, der Bauernmaler

Exponate der ersten Schaffensperiode

Die künstlerische Arbeit des Pastorensohns Vincent van Gogh (1853 bis 1890) begann nach mehreren abgebrochenen Ausbildungen 1880 in den Niederlanden. Zunächst entstanden zahlreiche Studien von Bauern und Bäuerinnen. Van Gogh malte realistische Bilder in dunklen Tönen und behauptete: »Wenn ich sage, dass ich ein Bauernmaler bin, dann ist das wirklich so.« Als Hauptwerk dieser Schaffensperiode gilt »Die Kartoffelesser« (1885). Finanzielle Unterstützung erhielt Vincent van Gogh damals von seinem Bruder Theo, der ihn 1886 nach **Paris** holte. Hier begann Vincent van Gogh sich intensiv mit den Arbeiten der Impressionisten auseinanderzusetzen. Er hatte nicht die nötigen finanziellen Mittel für ein Modell, so benutzte er für zeichnerische Experimente das eigene Gesicht. Über 27 Selbstbildnisse datieren aus dieser Zeit, die im Erdgeschoss des Museums gezeigt werden.

Farbwunder und Schwermut in Arles

Exponate aus der provenzalischen Periode

1888 übersiedelte van Gogh nach **Arles**, wo seine bekanntesten Werke entstanden. Die Periode zwischen 1887 und 1890 zeichnet sich durch glühende, kontrastreiche Farben aus. Die mit breiten Pinselstrichen gemalten Bilder zeigen deutlich **impressionistische Einflüsse** (»Vase mit Sonnenblumen«, »Das gelbe Haus«, »Der Sämann« u. a.).
Nach psychischen Zusammenbrüchen und Anfällen geistiger Verwirrtheit begab sich Vincent van Gogh 1889 in die Heilanstalt von Saint-Rémy-de-Provence. Er »verbiss sich« in die Arbeit. Es entstanden viele Variationen der »Zypressen« und »Olivenhaine«. Und der Schaffensprozess ging weiter (u. a. »Van Goghs Zimmer«). Anfang 1890 stellte sich van Gogh nach Auvers-sur-Oise unter die Obhut des Arztes und Kunstkenners Paul Gachet. In dieser Phase entstanden besonders ausdrucksstarke Bilder u. a. »Weizenfeld mit Raben«, »Der Garten von Daubigny« und kurz vor seinem Tod »Krähen über dem Kornfeld«. Das zeichnerische und grafische Werk von van Gogh ist im zweiten Obergeschoss ausgestellt. Außerdem Arbeiten von Delacroix, Pissaro, Monet, Corot, Toulouse-Lautrec und Gauguin sowie von Arnold Böcklin, Alexej Jawlensky und Pablo Picasso. Der ebenfalls im zweiten Stock befindliche Studiensaal verfügt über eine umfangreiche Bibliothek mit Werken über Vincent van Gogh und seine Zeit.

Ein Spiel der Formen

Anbau

Die Dauerausstellung ist im Rietveld-Bau untergebracht. Der Bau erhielt 1999 einen nach Plänen des Japaners Kisho Kurokawa verwirklichten Erweiterungsbau. Kurokawas elliptisch geformter Baukörper setzt einen Kontrapunkt zum kubischen Rietveld-Bau. Der Anbau ist Sonderausstellungen vorbehalten, die die Kunst des 19. Jh.s näher beleuchten. 2015 wurde der ehemals von Wasser überflutete Innenhof des Kurokawa-Pavillons mit einem 800 m² großen gläsernen Anbau überbaut, in dem nun der Haupteingang des Museums liegt.

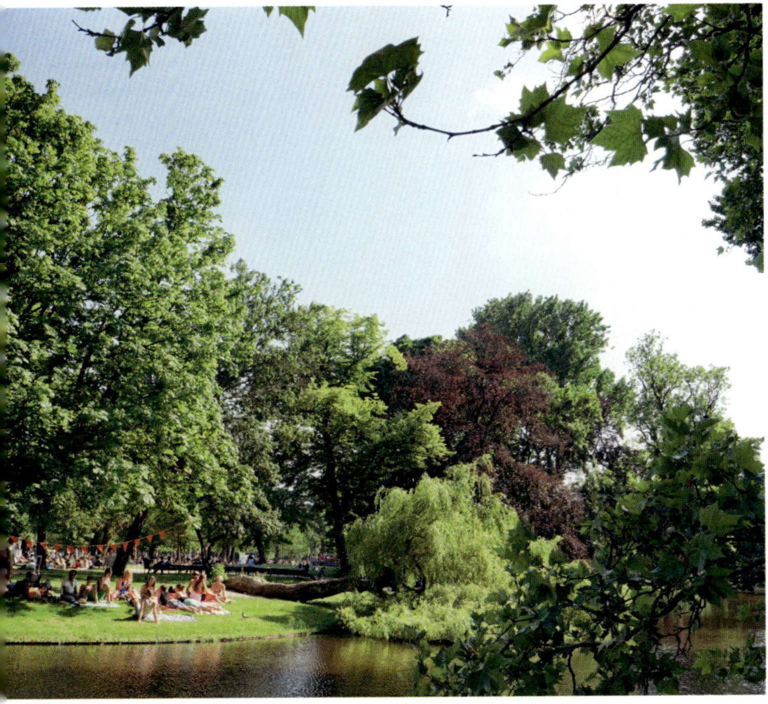

Bei gutem Wetter ist im Vondelpark kaum noch ein freies Plätzchen zu finden.

★ VONDELPARK

Haupteingang: Leidseplein | **Tram:** 1, 2, 5, 12

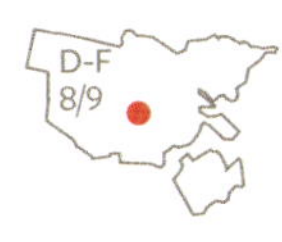

Grüne Lunge der Stadt mit blauem Teehaus für die Mittagspause und schwarzbedachtem Podium für die Künste – dazu ein bunt durchmischtes Publikum aus Alt-Hippies, jungen Familien, und natürlich auch Studenten, Touristen und Senioren. Der Vondelpark ist ein besonders farbiges Stück Amsterdam. Und eine Freiluftbühne außerdem.

Freizeit-paradies

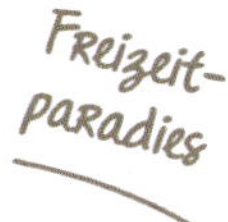

In dem 1865 eröffneten Park mitten im Herzen der Stadt verteilen sich auf 48 Hektar unzählige Bäume und Vogelhecken, Sandkästen und Spielplätze, hübsche Teiche und Springbrunnen, Blumenrabatten und weite Rasenflächen zum Ausruhen oder Sonnenbaden, ein

IN DIE VERGANGENHEIT TRABEN

Mitten im Zentrum (Vondelstraat 140, www.dehollandschemanege.nl) verbirgt sich ein wohlgehütetes Geheimnis: In der Hollandsche Manege traben Vollblüter in einer neoklassizistischen Halle und entführen in längst vergangene Zeiten. Auf Wunsch kann man lernen, im Damensattel zu reiten.

Rosarium und ein Teehaus – das heute ein Café-Restaurant mit Biergarten ist. Seinen Namen verdankt der Vondel Park Hollands berühmtestem Dichter Joost van den Vondel. An ihn erinnert ein Standbild im Park.

Treffpunkt für Theaterfans und Skater

Kultur und Action

Von Anfang Mai bis Mitte September ist im Park Kultur angesagt: Auf der **Openair-Bühne** werden am Wochenende Konzerte (Klassik und Pop), Theater- und Kabarett aufgeführt – umsonst und draußen. Und auch die Action kommt nicht zu kurz: Beim **Friday Night Skate** werden jeden Freitag um 20.30 Uhr wechselnde Touren für Skater durch die Stadt angeboten. Man trifft sich im Vondelpark beim Eingang Roemer/Visscherstraat.

Openair-Bühne: www.openluchttheater.nl
Friday Night Skate: www.fridaynightskate.com

★★ DE WALLEN

Lage: Zentrum (nur wenige Gehminuten vom Hauptbahnhof)

Damen, die sich im Schaufenster zur Schau stellen, und Amsterdams berühmt-berüchtige »Coffeeshops« sind eine Seite des Rotlichtviertels. Nicht jedermanns Sache. Aber De Wallen ist nicht nur der »Sündenpfuhl« der Stadt, sondern auch ein authentisches Stück Amsterdam zwischen Sexshop und Tante-Emma-Läden, das man nicht verpassen sollte.

Das »sündige« Viertel

Zugegeben, am Oudezijds Voorburgwal hängt der süßliche Geruch der Joints zwischen den Häusern, und manchmal stolpert man fast über »vernebelte« Jugendliche, die sich im»Coffeeshop« (▶Das ist Amsterdam S. 23) mit Haschisch oder Marihuana eingedeckt haben.

Ein Gewerbe mit Tradition

Rotlichtviertel

Neben der ▶Oude Kerk bieten außerdem leicht bekleidete Mädchen ihre Dienste an. Schon seit dem 14. Jh. ist das **»älteste Gewerbe«** hier – zwischen Oudezijdsvoor- und Achterburgwal – offiziell erlaubt. Wer sich davon nicht abschrecken lässt, entdeckt ein spannendes Stadtviertel (▶Tour 2).

Eine Institution im Rotlichtviertel De Wallen: Casa Rosso

Die feine Seite des »Sündenpfuhls«

Architekturperlen

Mittendrin verstecken sich außerdem eine ganze Reihe architektonischer Juwelen: Der Oudezijds Achterburgwal gehörte früher zu den besseren Wohngegenden der Stadt. An der schönen, mittelalterlichen Gracht reihen sich über **100 denkmalgeschützte Häuser** aneinander. Er wurde ca. 1385 als zweite Verteidigungsgracht hinter dem Oudezijds Voorburgwal angelegt. Von der einstigen Wohnqualität zeugt noch heute der Giebelstein des **»Hauses an den drei Grachten«** (nämlich dort, wo Grimburgwal, O. Z. Voorburgwal und O. Z. Achterburgwal zusammentreffen) mit seiner Inschrift »Fluweelenburgwal«. Sie spielt darauf an, dass der vornehme Bürger des 17. Jh.s sich in Samt und Seide kleidete. Das 1610 errichtete Dreigrachtenhaus erhielt sein ursprüngliches Aussehen bei der Restaurierung Anfang des 20. Jahrhundert.

★ WESTERKERK

Lage: Westermarkt | **Tram:** 13, 14, 17 | Mo. – Sa. 11 – 15 Uhr | **Glockenspiel:** Di. 12 – 13 Uhr | Der Turm wird derzeit restauriert und ist ab 2023 wieder zugänglich. | **www.westerkerk.nl**

Anne Frank beschrieb sie in ihrem Tagebuch, Rembrandt fand hier seine letzte Ruhe und Königin Beatrix wählte sie aus, um ihren geliebten Prinzen zu heiraten: Die Westerkerk mit ihrer strahlendblauen Krone auf der Turmspitze ist die populärste Kirche der Stadt. Ihr Turm, »Langer Jan« genannt und mit 85 m der höchste der Stadt, gilt als Wahrzeichen Amsterdams.

Rembrandts Grabstätte

Nachdem die Stadt zum Protestantismus übergetreten war, begann **Hendrik de Keyser** 1620 mit dem Bau der Kirche. Nach dem Tod de Keysers wurde das Bauwerk von **Jacob van Campen vollendet** (1630) und der Turm hinzugefügt. Mit einem Pfingstgottesdienst wurde das Gotteshaus 1631 eingeweiht. Die Bevölkerung des umliegenden ▶Jordaan-Stadtviertels mied sie zunächst wegen der vornehmen Grachtenbewohner, die hierher zur Andacht kamen. Sie wünschten sich eine eigene Kirche, die sie schließlich mit der Noorderkerk erhielten. 1966 wurden **Prinzessin Beatrix und Claus von Amsberg** in der Westerkerk getraut.

Superlative und große Momente

Baugeschichte und Turm

In baulicher Hinsicht gilt die Westerkerk als Fortführung der ebenfalls von Hendrik de Keyser geplanten ▶Zuiderkerk. Mit 29 m Breite und 28 m Höhe ist die Westerkerk die **größte protestantische Kirche der Niederlande**. Errichtet wurde sie im **Stil der holländischen Renaissance**, besitzt jedoch Bauelemente – wie die hoch aufragenden vertikalen Linien –, die an die Gotik erinnern. Der **Turm** erhebt sich in der Mitte der Westfassade. Er trägt als Spitze die Kaiserkrone zur Erinnerung an Kaiser Maximilian von Österreich, der in Amsterdam von einer Krankheit geheilt wurde und die Stadt 1489 unter seinen Schutz stellte und ihr das Privileg verlieh, im Stadtwappen die Kaiserkrone zu führen. Das Glockenspiel im Turm stammt von François Hemony. Die größte der Glocken wiegt 7500 kg, der Schlaghammer allein ist 200 kg schwer.

Rembrandts letzte Ruhestätte

Mittelschiff

Das Mittelschiff deckt ebenso wie die beiden Querschiffe ein hölzernes Tonnengewölbe (der weiche Untergrund des Baus ließ ein schweres Gewölbe nicht zu), die Seitenschiffe haben hingegen ein steinernes Kreuzgratgewölbe. Erst als es Ende des 17. Jh.s üblich wurde, den Gesang der Gemeinde mit einem Orgelspiel zu begleiten, erhielt die Kirche 1686 ihre **Orgel**, deren Flügel Gerard de Lairesse mit biblischen Motiven und Musikinstrumenten bemalte. In der Westerkerk befindet sich das **Grab von Rembrandt** (►Baedeker Wissen S. 196), der hier

Bei ihrer Einweihung 1631 war die Westerkerk die größte protestantische Kirche der Welt. Im Inneren entpuppt sie sich als schlichte, lichtdurchflutete Hallenkirche.

DER GLÖCKNER VON AMSTERDAM

Jeden Dienstag gegen 12 Uhr klingt es in der Nähe der Westerkerk plötzlich glockenhell: Dann sitzt Boudewijn Zwart an seinem Glockenspiel oben im Westertoren (hinter der Uhr!) und gibt Kostproben seines Repertoires – von Bach bis zu den Beatles. Am besten hört man das Gratis-Glockenkonzert von der Bloemgracht aus.

am 8. Oktober 1669 beigesetzt wurde. Wo sich die Grabstätte genau befindet, konnte bisher nicht festgestellt werden. In der Nähe der Stelle, an der Rembrandts Sohn Titus seine letzte Ruhe fand, wurde im Jahr 1906 an einer Säule ein Gedenkstein für Rembrandt angebracht.

Denkmal für verfolgte Homosexuelle

Westermarkt

Auf dem Westermarkt (Ecke Keizersgracht) wurde 1987 ein Denkmal von Karin Daan eingeweiht, das an die Verfolgungen erinnern soll, denen Homosexuelle unter der Herrschaft der Nationalsozialisten ausgesetzt waren. Das Denkmal – ein schlichtes Dreieck aus rosa Granit –, nimmt das **Motiv des rosa Dreiecks** auf, das Homosexuelle während der Nazidiktatur an ihrer Kleidung tragen mussten.

ZUIDERKERK

Lage: Zandstraat | **Metro:** Nieuwmarkt

Vom Gotteshaus zum Kongresszentrum – in Amsterdam keine ungewöhnliche Karriere. Historisch nimmt die Zuiderkerk jedoch eine Sonderstellung unter den Kirchen der Stadt ein: Sie war als erste von Anfang an als protestantisches Gotteshaus geplant.

Ein vielseitiger Bau

Die dreischiffige Kirche (erbaut 1603 – 1611) beeindruckt durch ihre Helligkeit – wurden die bunten Glasfenster doch schon gegen Ende des 17 Jh.s entfernt. Ein Gedenkstein würdigt den **Baumeister de Keyser**, der in seinem Bauwerk bestattet wurde. Seit 1929 wird die Zuiderkerk jedoch nicht mehr als Gotteshaus genutzt. Die Kunstschätze wurden ausgelagert. Ihre traurigste Funktion erfüllte die Kir-

Noch ein beliebtes Fotomotiv: der von einer Holzbrücke überspannte Groenburgwal mit dem Turm der Zuiderkerk

che 1944/1945: Sie diente vorübergehend als Leichenhalle für die vielen Opfer des »Hungerwinters« (Gedenktafel an der Seite des Zuiderkerkhofs). Derzeit wird sie als Veranstaltungsort für Kongresse, Konzerte und Ausstellungen vermietet.

Die schönste Spitze der Stadt

Turm und Glockenspiel

Der fast 80 m hohe Turm der Zuiderkerk zählt zu den schönsten der Stadt. In seinem unteren Teil ist der Turm, der sich – deutlich sichtbar – über einen Meter nach Südwesten neigt, in Backstein ausgeführt. Darauf folgt ein Aufbau aus Sandstein und schließlich der bleiverkleidete Oberbau aus Holz. Das **Glockenspiel** in der achteckigen Spitze stammt aus der Werkstatt der Brüder Hemony. Es wurde mehrmals erneuert und besteht heute aus 47 Glocken – die größte wiegt 3300 kg – mit vier Oktaven Umfang. Der Turm der Zuiderkerk ist im Rahmen von Führungen zugänglich (9€).

H

HINTERGRUND

Direkt, erstaunlich, fundiert

Unsere Hintergrundinformationen beantworten (fast) alle Ihre Fragen zu Amsterdam.

Amsterdamer Trilogie: Grachten, Boote, Fahrräder ►

DIE STADT UND IHRE MENSCHEN

Beschwingt von den Klängen des Grachtenmusikers, der seine Melodien gutgelaunt und lautstark über die Kanäle posaunt, schlendert man durch die Gassen. In den Läden entdeckt man Zeitgeistiges neben Altbewährtem, Elegantes neben Bodenständigem. Zu Fuß, mit dem Rad oder mit dem Boot unterwegs, kommt keine Hektik auf. Man hockt sich zu den Freiberuflern mit ihren Laptops ins Café und schaut den Radfahrern bei ihren Ausweichmanövern zu. Amsterdam ist entspannt, freundlich und lässig. »Alles komt goed« (Alles wird gut), sagen die Niederländer. Die beste Einstellung für ein paar Tage in der niederländischen Hauptstadt. Und Nächte natürlich, denn eine Hauptstadt der Nachtschwärmer ist Amsterdam sowieso.

Eine Stadt am Wasser

Ein nordisches Venedig

Schon 1567 taufte Ludovico Guicciardini Amsterdam »Venedig des Nordens«. Tatsächlich verleiht das Wasser der Stadt ihr eigenes Flair: Es gibt Tage, an denen feuchte Nebel aus den Kanälen aufsteigen und sie in weiches Licht tauchen. An anderen Tagen erscheint sie vom frischen Seewind wie blank geputzt. Abends spiegeln sich im Wasser zahllose Lampen und Laternen und bringen Amsterdam – nein – nicht zum Leuchten, sondern zum Glitzern.
Der Boden unter der Stadt ist dem Wasser geradezu abgetrotzt, und die Häuser balancieren auf in die Erde gerammten Baumstämmen. Ohne die Grachten bekämen die meisten Häuser bald nasse Füße. Genialen Wassertechnikern und Stadtplanern ist das **Kanalsystem** zu verdanken, wobei der legendäre Grachtenring auch der bürgerlichen Selbstdarstellung diente.

Handelsmetropole

Amsterdam ist keine Millionenstadt, ist aber reich an Geschichte. Ein Zentrum des Welthandels – wohlhabend und elegant – war sie im 17. Jahrhundert. Vom Goldenen Zeitalter zeugen heute noch Patrizierhäuser und die Schätze der Museen. Bis heute ist man **Handels- und Bankenzentrum**, Kunst- und Kulturmetropole sowieso. Was spielt es da für eine Rolle, dass Den Haag Regierungssitz ist.

Leben und leben lassen

Die Amsterdamer gelten als tolerant und offen. Da macht ein Katzenliebhaber sein Hausboot zum Katzenasyl, und ein Blumenfreund verwandelt seinen Kahn in einen wuchernden Urwald. Die Nachbarn kümmert es wenig. Fast jeder gondelt gemächlich mit dem Rad durch die Straßen, Verkehrsregeln sind nebensächlich. Kinder stehen auf dem Gepäckträger, oder die Freundin sitzt auf der Querstange. Handzeichen? Fehlanzeige. Und doch fließt der (Rad)Verkehr problemlos.

Toleranz mit Tradition

Toleranz gegenüber Andersdenkenden hat in Amsterdam Tradition. Nach der Reformation im 16. Jh. entwickelten sich in Amsterdam neben der römisch-katholischen Kirche zahlreiche reformatorische Glaubenszusammenschlüsse wie z. B. die evangelisch-lutherische oder die Amsterdamer reformierte Kirche. Die vielen Flüchtlinge, die hier Zuflucht suchten, sowie die Ausländer, die sich in Amsterdam niederließen, brachten jeweils ihren eigenen Glauben mit. So trifft man eine große Vielfalt an »importierten« **Religionen** an: Es gibt eine englische episkopale Kirche und mehrere Synagogen sowie Sakralbauten von Buddhisten, Hindus und Muslimen.

Ein buntes Völkergemisch

Man hört viel Deutsch, Englisch, Italienisch, Spanisch, aber auch Niederländisch mit exotischem Akzent – die mehr als 820 000 Amsterdamer gehören **180 verschiedenen Nationalitäten** an. Viele von ihnen stammen aus den früheren niederländischen Kolonien.
Auffallend im Stadtbild ist die relativ hohe Anzahl jüngerer Menschen. Es sind – neben vielen jungen Touristen – **Künstler, Intellektuelle, Studenten** und »young urban professionals«, die in den Start-ups oder Banken an der Zuidas arbeiten. In vielen der Amsterdamer Altstadtwohnungen leben Singles oder kinderlose Paare, und im Gegensatz zu vielen anderen Städten ist Amsterdam nicht »ergraut«.

Schiffe, Blumen und Touristen

Ein quirliger Hafen

Als **Hauptstadt der Niederlande** und zweitgrößter Hafen des Landes spielt Amsterdam von jeher eine bedeutende Rolle als Handelsstadt. Im 17. Jh. war Amsterdam die größte Handelsstadt der Welt, und aus dem Hafen segelten Schiffe zu den überseeischen Kolonien. Wurde er auch in seiner Bedeutung von Rotterdam längst überflügelt – bis heute ist er ein bedeutender Wirtschaftszweig der Stadt.

Der Handel blüht

Etwa 2300 internationale Firmen sind in Amsterdam ansässig und bieten Arbeitsplätze, u. a. im IT-Sektor, in der Flugzeug- und Autoindustrie sowie bei Großbanken, Kredit- und Versicherungsanstalten. Von internationaler Bedeutung ist die **Effektenbörse**. Auf eine lange Tradition blickt der **Handel mit Blumen**. In Sachen Gemüse sind die Niederlande der zweitgrößte Exporteur weltweit, ein großer Teil des Transports wird über den Amsterdamer Flughafen Schiphol abgewickelt. Eine Vielzahl grafischer Betriebe unterstreicht Amsterdams Bedeutung als Presse-, Verlags- und Buchhandelszentrum.

Lage:
in den nordwestlichen Niederlanden, größtenteils unter dem Meeresspiegel

Fläche:
219 km², davon
166 km² Landfläche

Einwohner:
877 589 (Stadtgemeinde)
2,48 Mio. (Groß-Amsterdam)

Im Vergleich:
Berlin: 3,5 Mio.
Paris: 2,2 Mio.
London: 3,2 Mio.
New York: 8,2 Mio.

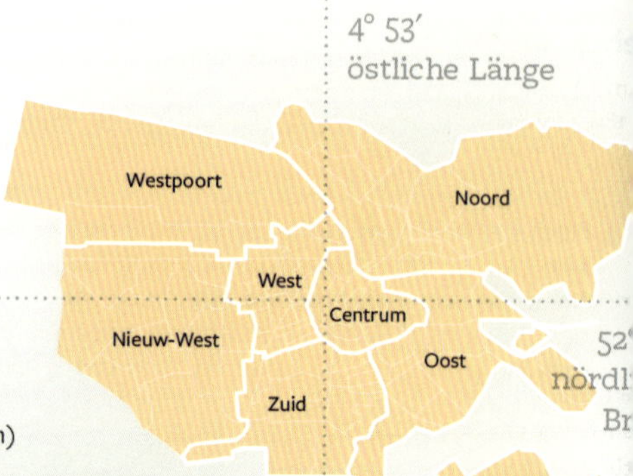

▶ Wirtschaft

In Amsterdam und Umgebung werden **ca. 20 % des niederländischen Bruttosozialprodukts** erarbeitet.

Bedeutende Hafen- und Handelsstadt (zweitgrößter Hafen der Niederlande und sechstgrößter Europas, nach Umschlag)

Wichtigstes Unternehmen der Region: **Flughafen Schiphol** (Nr. 3 in Europa nach London-Heathrow und Paris-Charles de Gaulle, nach Passagieraufkommen)

▶ Tourismus

(2020)

8,4 Mio. Besucher, davon
5 Mio. Tagesgäste
3,4 Mio. Übernachtungsgäste

▶ Verwaltung

Hauptstadt des Königreichs der Niederlande
(Regierungssitz: Den Haag)

Verwaltungschef: Bürgermeister

▶ Wappen

Das Stadtwappen zeigt **drei Andreaskreuze**. Die Bedeutung ist unklar.

▶ Monarchen der Niederlande

Wilhelm I.	(1815 – 1840)
Wilhelm II.	(1840 – 1849)
Wilhelm III.	(1849 – 1890)
Wilhelmina	(1890 – 1948)
Juliana	(1948 – 1980)
Beatrix	(1980 – 2013)
Willem-Alexander	(seit 2013)

…elvölkerstadt

…msterdam leben Menschen …180 Nationen. Nur etwa …% der Amsterdamer stam…n aus den Niederlanden.

…rkunft	Angaben in Tausend
…antillisch	12,3
…surinamisch	63,5
…türkisch	44,4
…marokkanisch	77,5
…andere nicht-europäische	119,5
…europäisch	173,4
…niederländisch	387

▶ Klimastation Amsterdam

Durchschnittstemperaturen

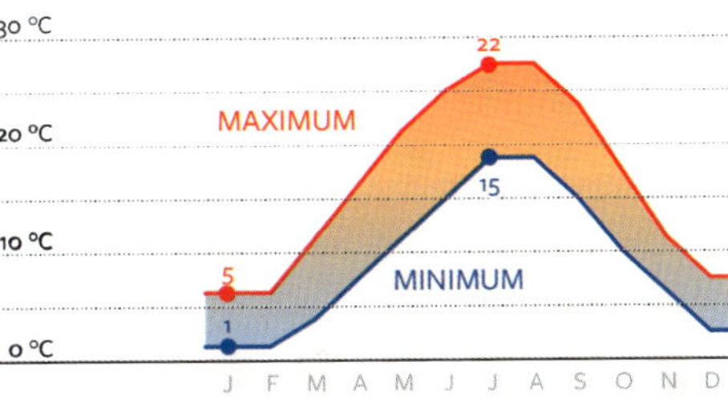

Niederschlag

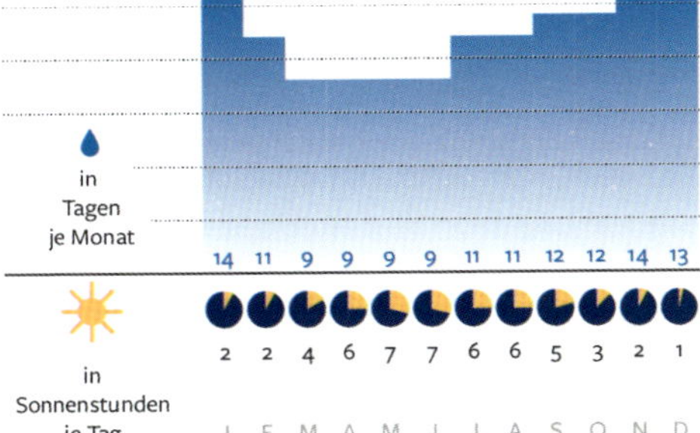

…dfahrerstadt Amsterdam

…s Fahrrad ist als Fortbewegungsmittel aus der Grachtenstadt nicht wegzudenken: …gibt ca. 600 000 Räder und ca. 400 km Radwege. Rund 6000 Räder werden jährlich … den Grachten gefischt.

Amsterdam den Amsterdamern

Nicht zu vergessen: der **Tourismus**. Vor der Corona-Krise verzeichnete Amsterdam fast 22 Mio. Besucher pro Jahr (2019). Ein rapider Anstieg, der nicht folgenlos bleibt: überfüllte Straßen, Privatwohnungen, die ganzjährig über Portale vermietet werden, unzählige Souvenirshops und rund hundert Anfragen für Hotelneubauten pro Jahr. Der Amsterdamer Bürgermeister Eberhard van der Laan zog die Notbremse. »**Stadt in Balance**«, hieß das neue Konzept, das Amsterdam wieder zu einer lebenswerten Stadt für ihre Einwohner machen soll. Zu den Maßnahmen gehören: höhere Touristensteuer in der Stadtmitte, neue Kultureinrichtungen am Stadtrand, weniger Schaufenster-Prostitution im Rotlichtviertel, breitere Radwege und Zurückdrängung der Autos im Grachtengürtel sowie strengere Auflagen für neue Hotels. Dann kam Corona: 2020 gingen die Touristenbesuche in Amsterdam um 61 % zurück. Die Gesamtzahl der Übernachtungsgäste ist stärker zurückgegangen (– 68 %) als die Gesamtzahl der Tagesgäste (– 55 %).

Einer der Besuchermagnete Amsterdams ist der Museumsplein, an dem das Rijksmuseum, das Van-Gogh-Museum, das Stedelijk Museum und das Amsterdamer Diamantenmuseum liegen.

STADTGESCHICHTE

Die Geschichte Amsterdams beginnt mit einer kleinen Siedlung an der Amstel, mit Ostseehandel und Glaubenskriegen. Während des Goldenen Zeitalters entwickelte sie sich dank des florierenden Überseehandels zu einer der bedeutendsten und wohlhabendsten Städte Europas. Die Bauten der damaligen Zeit prägen Amsterdam bis heute. Nach Zeiten des Niedergangs boomt die Grachtenstadt heute wieder.

Das Mittelalter

Dämme und Deiche

Holland war um 1200 eine äußerst unwirtliche Gegend. Sümpfe, Seen- und Dünengebiete wechselten sich ab und wurden immer wieder von Überflutungen und Herbststürmen heimgesucht. »Für die Holländer hieß es damals buchstäblich: arbeiten oder ersaufen«, schreibt der Historiker Geert Mak. Arbeiten bedeutete: Dämme und Deiche bauen, um das Wasser im Zaum zu halten. Das galt auch für Amsterdam.

Ein Damm an der Amstel

Erst als um 1270 ein Damm – der heutige Damrak – an der Amstelmündung errichtet wurde, entwickelte sich aus den wenigen Fischerhäusern eine kleine Siedlung. Der Name leitete sich von ihrer Lage ab: 1275 wurde **»Amstelledamme«** erstmals urkundlich erwähnt.

Reich durch Bier

Schon 1300 erhielt der Orte **Stadtrechte**. Der Hafen ermöglichte über die Zuiderzee den Fernhandel und über die Amstel den Warenverkehr mit dem Hinterland. Einen großen wirtschaftlichen Coup landete die Stadt 1323 durch das Zollprivileg für den Import von Hamburger Bier. Mit den Bierfässern rollte der Wohlstand in die Stadt, und die Geschäftsbeziehungen mit den Hansestädten wurden ausgebaut.

Wunderheilungen durch Wunderhostie

Laut Legende schwebte 1345 eine geweihte Hostie über einem Feuer in der Stadt. Dieses **»Hostienwunder«** löste eine Wallfahrtsbewegung aus. Als 1489 sogar Kaiser Maximilian I. in Amsterdam von einer schweren Krankheit geheilt wurde, schrieb er die Genesung der Wunderhostie zu und erlaubte der Stadt, die Kaiserkrone im Wappen zu führen.

Katholiken gegen Protestanten

Als die Reformation um sich griff, gehörte der Wallfahrtsort Amsterdam zum Herrschaftsgebiet der spanischen Linie der katholischen Habsburger unter **Karl V.** Sie versuchten mit harter Hand, Amsterdam vor der Reformation zu bewahren. Sympathisanten der reformatorischen Idee, vor allem Kaufleute, trieb diese Politik jedoch aus

EPOCHEN

DAS MITTELALTER

1300	Stadtrechte
1345	Hostienwunder
1535	Reformation
1568 – 1648	Achtzigjähriger Krieg

DAS GOLDENE ZEITALTER

1602	Gründung der Vereinigten Ostindischen Compagnie
1611	Börse
1612	Stadterweiterung durch den Grachtengürtel
1637	»Tulpenmanie«
1648	Unabhängigkeit der Niederlande

DIE EPOCHE DES NIEDERGANGS

1784	Sieg Englands
1795	Französische Besatzung
1810	Amsterdam als Hauptstadt
1815	Königreich der Großniederlande
1876	Bau des Nordseekanals

DAS 20. UND 21. JAHRHUNDERT

1914 – 1918	Erster Weltkrieg
1928	Olympische Sommerspiele
1940 – 1945	Deutsche Besatzung
ab 1960	Protestbewegungen
2010	Seit 2010 ist Mark Rutte Ministerpräsident.
2013	Willem-Alexander wird König.
Juli 2021	Der bekannte Journalist Peter de Vries wird in der Fußgängerzone ermordet, ein Opfer der Drogenmafia.

der Stadt, und der Amsterdamer Handel stagnierte. Als 1566 – inzwischen hatte **Philipp II.** seinen Vater als spanischen König abgelöst – eine Hungersnot die protestantische Bevölkerung zur Plünderung katholischer Kirchen drängte, erschütterte ein Aufstand die Niederlande. Als Statthalter der spanischen Krone schlug **Herzog Alba** den Aufstand blutig nieder und besetzte Amsterdam.

Ein langer Glaubenskrieg

Es folgten ab 1568 achtzig Jahre Befreiungskrieg. Amsterdam blieb zunächst auf spanischer Seite, musste jedoch 1578 vor der Belagerung durch **Wilhelm von Oranien** kapitulieren. Prospanische Bürger wurden vertrieben; reformierte Ratsherren, darunter viele Kaufleute, reorganisierten den Handel.

OBEN: Wilhelm von Oranien (Porträt von Anthonis Mor, 1555/1556)

UNTEN: Stadtwappen mit der Krone Kaiser Maximilians (über dem Eingang des Amsterdam Museums)

Das Goldene Zeitalter

Wachstum durch Glaubensfreiheit

Die **Amsterdamer Satisfactie** gewährte ab 1578 allen Bewohnern Glaubensfreiheit. Allerdings wurde der Protestantismus zur Staatsreligion erklärt. Katholiken wurden zwar toleriert, durften ihre Gottesdienste jedoch nur noch privat abhalten – die »verborgenen Kirchen« entstanden. Amsterdam wurde zur Anlaufstelle für verfolgte Juden, Hugenotten und Protestanten aus ganz Europa.

Die Sucht nach den Gewürzen

Handel und Kultur blühten auf, die Stadt wuchs und war nach London und Paris drittgrößte Metropole Europas. Die Gründung der **Vereinigten Ostindischen Compagnie** (VOC), die sich zum größten Handelsunternehmen ihrer Zeit entwickelte, (▶Baedeker Wissen S. 180) legte 1602 den Grundstein für die Eroberung Indonesiens, wo reiche Gewürzvorkommen lockten. 1611 eröffnete in Amsterdam die erste Börse, und während des »Goldenen Zeitalters«, dem 17. Jh., wurde Amsterdam zur weltweit wohlhabendsten Stadt.

Der Grachtengürtel

Den neuen Verhältnissen entsprechend, wurden Hafen und Stadt ausgebaut. Die Großprojekte **Grachtengürtel** und das neu angelegte Jordaan-Viertel vergrößerten um 1612 das Stadtgebiet (▶Baedeker Wissen S. 186).

Kulturblüte

Neben dem Handel florierten in diesen Jahren Kunst und Kultur. Die Pressefreiheit und die 1632 gegründete Universität wirkten wie ein Magnet auf zahlreiche Gelehrte und Schriftsteller. 1631 zog Rembrandt in die Stadt (▶Baedeker Wissen S. 196 und 226).

Tulpen als Spekulationsobjekt

Zum Kulturphänomen der besonderen Art wurde die **»Tulpenmanie«**. Tulpen waren zu Beginn des 17. Jh.s derart beliebt, dass immer höhere Preise für immer ausgefallenere Sorten bezahlt wurden. Bis eine einzige Tulpenzwiebel den Wert eines ganzen Grachtenhauses erreichte (▶Das ist Amsterdam S. 10).

Endlich unabhängig

Achtzig Jahre dauerte der **Befreiungskrieg gegen Spanien**. Die ersehnte Unabhängigkeit brachte den Niederlanden 1648 der **Westfälische Frieden**. Symbol des neuen nationalen Selbstbewusstseins wurde das repräsentative Rathaus (▶ Koninklijk Paleis), mit dessen Bau noch im selben Jahr am Amsterdamer Dam begonnen wurde.

Die Epoche des Niedergangs

Der Kampf um die Macht

Die niederländische Dominanz im Welthandel verstärkte die Konkurrenz zu den anderen Kolonialstaaten, vor allem zu England. Der Versuch, mit der Westindischen Compagnie auch im Afrika- und Amerika-

handel Fuß zu fassen, scheiterte. 1664 wurde die Siedlung Neu-Amsterdam durch die Engländer übernommen und in **New York** umbenannt. Auch in den folgenden Jahrzehnten führten England und die Niederlande zahllose Gefechte und mehrere Kriege um die Vorherrschaft im Welthandel.
Der Reichtum und die Handelsvormacht Amsterdams riefen immer wieder Neider wie England oder Frankreich auf den Plan. Im Wettstreit der Nationen brachen klassische Absatzmärkte weg und die Umsätze ein. Fehlspekulationen und Korruption führten zum Niedergang der einst so mächtigen VOC. Die Zerstörung der niederländischen Flotte durch die Engländer 1784 schließlich bedeutete den endgültigen Verlust der Handelsvormacht auf den Weltmeeren.

Verlust der Kolonien

Als 1795 französische Revolutionstruppen in die Niederlande einmarschierten, war Amsterdam ihr Hauptziel. Sie fanden Unterstützung bei den »Patriotten«, mit Frankreich sympathisierenden, einflussreichen Familien. Gemeinsam erklärten sie Amsterdam zur Hauptstadt der neu ausgerufenen **Republik Batavia**. In diesen unruhigen Zeiten verlor man alle Kolonien außer Java, und der Handel brach zusammen. 1799 war die VOC endgültig bankrott.

Annektierung durch Frankreich

Das batavische Intermezzo beendete **Napoleon Bonaparte** 1806 mit der Einsetzung seines Bruders als Regenten über das Königreich Holland. 1810 kam es nach der Annektierung durch Frankreich zur bis heute andauernden Zweiteilung: Amsterdam wurde zur Hauptstadt bestimmt, Regierungssitz wurde jedoch Den Haag.

Königreich der Großniederlande

Nach Napoleons Niederlage ordnete 1815 der **Wiener Kongress** die europäische Landkarte neu: Damals entstand das Königreich der Großniederlande unter Wilhelm I., das alle heutigen Benelux-Staaten umfasste. Bis zur Unabhängigkeit Belgiens und Luxemburgs im Zuge der Belgischen Revolution von 1830 stritten sich Amsterdam und Brüssel um die Hauptstadtwürde. Am 3. November 1848 deklarierte eine bürgerliche Verfassung die Niederlande zur **konstitutionellen Monarchie**.

Eine Stadt wächst

Zwischen 1850 und 1900 explodierte die Bevölkerung Amsterdams, um die Jahrhundertwende zählte man eine halbe Million. Der Zuzug armer Arbeiterfamilien machte den Neubau des De-Pijp-Viertels und die grundlegende Sanierung des Jordaan-Viertels erforderlich.

Das 20. und 21. Jahrhundert

Neutralität

Den Niederlanden gelang es, sich im ersten Drittel des 20. Jh.s aus den europäischen Ränken weitestgehend herauszuhalten. So konnte

PFEFFER MACHT REICH

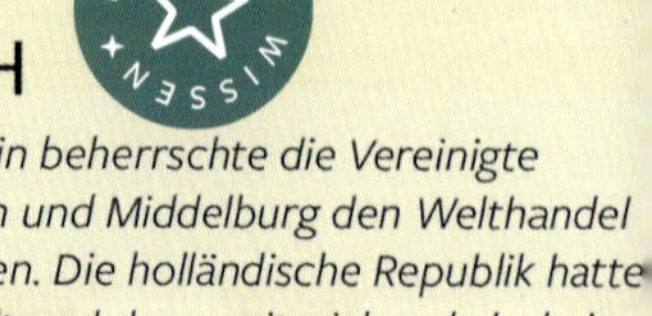

Im 17. und bis weit ins 18. Jahrhundert hinein beherrschte die Vereinigte Ostindien-Kompanie mit Sitz in Amsterdam und Middelburg den Welthandel mit Gewürzen und anderen Waren aus Asien. Die holländische Republik hatte ihr das Monopol für den Asienhandel erteilt und dazu weitreichende hoheitliche Rechte. Ihre Kaufleute kamen zu großem Reichtum und die Republik zu einem Kolonialreich, denn die erworbenen Gebiete wurden zu Kolonien.

AMERIKA

SÜDAMERIKA

Heute Gewürze kaufen
Dafür gibt es in Amsterdam keinen besseren Ort als bei Jacob van Hooy am Kloveniersburgwal 12. Das Geschäft, in dem man sich in die Blütezeit des Gewürzhandels zurückversetzt fühlt, besteht seit 1743.

VOC und GWIC
Die 1602 als Vereinigung mehrerer Handelskontore gegründete Vereenigde Oostindische Compagnie gab als erstes Unternehmen Aktien aus und verschaffte sich so ein Startkapital von 6,4 Mio. Gulden, eingebracht von 1407 Anteilseignern. 1623 wurde als Pendant die Westindische Kompanie (Geoctroyeerde Westindische Compagnie/GWIC) gegründet.

- Besitzungen der Vereinigten Ostindien-Kompanie
- Besitzungen der Westindien-Kompanie
- Handelsrouten

Geschichte des Gewürzhandels

1498 Die Portugiesen entdecken den Seeweg nach Indien.

1522 Ferdinand Magellan beendet die erste Weltumsegelung.

1600: Gründung der britischen »East India Company«

20. März 1602: Gründung der Vereinigten Ostindien-Kompanie (VOC)

1609 Gründung der Amsterdamer Wechselbank

1450 1500 1550 1600

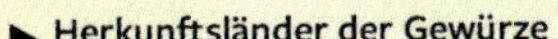

Herkunftsländer der Gewürze
1622 erhielt die VOC das Muskatmonopol, um 1662 das Gewürznelkenmonopol; für Pfeffergewächse hatte sie kein Monopol. Machten in den ersten Jahrzehnten der VOC Gewürze tatsächlich den größten Teil der Handelsware aus, kamen in späteren Zeiten Textilien und Tee hinzu.

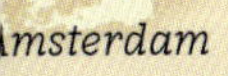

s »Spiegelretourschip«
var der häufigste Schiffstyp unter
ı »Ostindienfahrern«, die die Gewürz-
ıte befuhren. Alle eingesetzten Schiffs-
en waren stärker bewaffnet als
iche Handelsschiffe.

ı Gründung der
ısterdamer Warenbörse

ı Hendrik Brouwer entdeckt den
ınellsten Seeweg nach Indonesien.

9 Gründung Batavias (Jakarta) als Sammelpunkt
alle Schiffe, die nach Asien kommen

23 Gründung der
estindien-Kompanie (GWIC)

1648: Vollständige Handelsfreiheit für die Niederlande durch den Westfälischen Frieden

Um 1670 Mit einer Flotte von 4700 Schiffen besitzt die VOC das Handelsmonopol auf den Weltmeeren.

1799: Auflösung der VOC, die in den Besitz der Republik übergeht

1650 1700 1750 1800

das Land im **Ersten Weltkrieg** seine Neutralität behaupten und blieb von direkten Kriegshandlungen verschont. Amsterdam, das vom freien Handel und weltweiten Beziehungen lebte, war aber wirtschaftlich stark in Mitleidenschaft gezogen.

Zentrum der Exilkultur

Dennoch blühte in Amsterdam bald wieder der Handel. Die Olympischen Sommerspiele 1928 brachten Amsterdam internationales Renommee. Nach 1933 kamen zahlreiche **Emigranten aus Deutschland** und den besetzten Ländern nach Amsterdam, darunter viele Künstler und Intellektuelle. Die Stadt wurde zu einem Zentrum der deutschsprachigen Exilkultur.

Einmarsch der deutschen Wehrmacht

Auch im **Zweiten Weltkrieg** hofften die Niederlande, neutral bleiben zu können. Umso geschockter reagierte die Bevölkerung, als die deutsche Wehrmacht am 10. Mai 1940 das Land ohne Kriegserklärung überfiel. Nach nur fünf Tagen waren die Niederlande besetzt und die Regierung samt Königsfamilie ins Londoner Exil geflüchtet. Amsterdam blieb jedoch im Gegensatz zu Rotterdam eine massive Bombardierung erspart. Die Besatzer installierten in der Hauptstadt ihre Verwaltung, unterstützt durch die niederländische NSB (National-Sozialistische Bewegung), die durch zahlreiche Demonstrationen und Umzüge das Straßenbild beherrschte.

Zwischen Kollaboration und Ablehnung: Der »Reichskommissar für die Niederlande« bei der Abnahme einer Parade des niederländischen Arbeitsdienstes.

Amsterdam im Widerstand

Nach einer blutigen Demonstration der NSB kam es zu einer brutalen **Razzia im Judenviertel**. Die Amsterdamer Bevölkerung, bis dahin eher abwartend, war empört. In dieser Stimmung wuchs sich ein Streik der Hafenarbeiter zum Generalstreik aus. Nach der Niederschlagung dieses **»Februarstreiks«** wurde die jüdische Bevölkerung systematisch in Vernichtungslager deportiert. Es starben Zehntausende Juden aus Amsterdam, fast die gesamte jüdische Bevölkerung. Amsterdam wurde **Zentrum des sich neu formierenden Widerstands**. In der Illegalität erschien die bis heute existierende Zeitung »Het Parool«.

Ende der Besatzung

Während der Süden der Niederlande durch die bis Arnhem vorstoßenden Truppen noch 1944 befreit wurde, blieb der Norden mit Amsterdam in deutscher Hand. Die Stadt war von allen Versorgungswegen abgeschnitten, weshalb im besonders eisigen **Hungerwinter 1944/45** das öffentliche Leben völlig zusammenbrach. Zahlreiche Amsterdamer starben durch Hunger und Kälte. Erst am 4. Mai 1945 kapitulierte die deutsche Besatzung in den Niederlanden. Am folgenden Tag endete für die Amsterdamer der Krieg mit dem Einmarsch kanadischer Truppen.

Wiederaufbau

Die Reorganisation des Alltagslebens und der Wiederaufbau begannen nach der **Rückkehr der Exilregierung** und der königlichen Familie aus England. Für Amsterdam stellte der Wohnungsbau das drängendste Problem dar. Die nördlichen Stadtteile jenseits des IJ entstanden.

Zentrum der Protestbewegung

In den 1960er- und 1970er-Jahren wurde Amsterdam zum Zentrum der Protestbewegung, die ihre Wurzeln in der Wohnungsnot der Stadt hatte. Die Unzufriedenheit erreichte während der **Hochzeit von Prinzessin Beatrix** 1966 einen Höhepunkt. Der deutsche Bräutigam, Claus von Amsberg, löste Diskussionen über die Besatzungszeit aus.

Ein neuer König

Als 2002 Kronprinz Willem-Alexander die Argentinierin Máxima Zorreguieta heiratete, war auch diese Verbindung umstritten, da ihr Vater als Minister der Militärregierung Argentiniens angehört hatte. Mittlerweile sind beide Eltern dreier Töchter. Seit der Abdankung von Beatrix im April 2013 ist Willem-Alexander König der Niederlande.

Rechtsruck im Lande

Die schon lange schwelende Diskussion um die niederländische **Einwanderungspolitik** sowie die Ermordung des rechtspopulistischen Politikers Pim Fortuyn 2002 und des Regisseurs Theo van Gogh 2004 stellten die Grenzen der Toleranz in den Niederlanden infrage. Die öffentliche Meinung sowie die Parteienlandschaft reagierten mit Rechtsruck. Rechtspopulistische Parteien wie PVV (Partij voor de Vrijheid) und Forum voor Democratie (FvD) sind seitdem im Aufwind. Für Entsetzen sorgte im Juli 2021 die Ermordung des bekannten Journalisten Peter de Vries in der Amsterdamer Fußgängerzone. Er war eines der Opfer der wachsenden Drogenmafia.

KUNST UND KULTUR

Vielschichtig zeigen sich Kunst und Architektur in Amsterdam. Das Goldene Zeitalter war in der bildenden Kunst prägend. Portraits und Stillleben wurden zu Tausenden gemalt, und hunderte Maler lebten in der Stadt. Die Architektur prägten dynamische Backsteinbauten mit Erkern und verzierten Giebeln. Entscheidend für den Charakter der Stadt aber war und ist das System der Grachten, die noch heute das Gesicht der Stadt prägen.

Stadtplanung

Einwanderung ohne Grenzen

Ende des 16. Jh.s wurde Amsterdam von Einwanderern aus Antwerpen, den südlichen Niederlanden, Deutschland und Portugal sowie von jüdischen **Immigranten** nahezu überspült. Die Amsterdamer Bevölkerung wuchs von rund 30 000 im Jahr 1585 auf 105 000 im Jahr 1622 an. Es musste also dringend Wohnraum in der Stadt geschaffen werden, deren Grundriss sich seit dem Mittelalter kaum geändert hatte.

Kreative Stadtplanung: der Grachtengürtel

Im Jahr 1612 beschloss die Stadtverwaltung die Anlage von drei parallel um den Stadtkern verlaufenden **Hauptgrachten**, der Heren-, Keizers- und Prinsengracht (►Baedeker Wissen S. 78). Ein interessantes Detail: Die Amsterdamer Stadtherren erachteten sich selbst als derart wichtig, dass ihre Gracht nicht nur vor der Keizers- und Prinsengracht und damit näher am Handelszentrum lag, sondern auch wesentlich pompöser ausgestattet war. Hier wohnten die reichsten Familien der Stadt. In der Prinsengracht dagegen durften auch Lager- und Gewerbehäuser errichtet werden.
Die Grachten sind durch Querstraßen miteinander verbunden, in denen die ärmere Bevölkerung, zum Beispiel die Handwerker, lebten. Noch heute finden sich hier Kunsthandwerkateliers.
Durch diese Anordnung wurde die Stadt in etwa **90 Inseln** untergliedert, die durch 1281 Brücken und Viadukte verbunden sind. Einzige Ausnahme dieses Bebauungsplans war das Jordaan-Viertel im Westen des Stadtzentrums.

Funktion der Grachten

Zunächst als **Entwässerungsgräben** angelegt, spielten die Grachten sehr bald als **Verkehrswege** für den Warentransport von und zu den Handelshäusern der aufstrebenden Stadt eine wichtige Rolle. Zugleich dienten die meist nur 2 m tiefen und 25 m breiten Kanäle als **Kanalisationssystem**. Hausrat, tote Tiere und Abfälle aus den anliegenden Handwerksbetrieben entsorgte man direkt in den Grachten.

Neue Wohngebiete

Im 19. Jh. entstanden die sogenannten Volksbuurten (Arbeiterwohnviertel) wie De Pijp, Kinkerbuurt und Dapperbuurt außerhalb des Grachtengürtels. Nach dem Zweiten Weltkrieg wurde ein allgemeiner Bebauungsplan in Angriff genommen: Neue, **grüne Stadtteile** wie Slotermeer und Buitenveldert entstanden. Auf das Jahr 1975 geht ein Beschluss des Stadtrats zurück, die ehemaligen Hafenanlagen im Osten Amsterdams einschließlich des Java-Eilandes zu einem attraktiven Wohngebiet auszubauen. In den letzten beiden Jahrzehnten sind hier rund 8500 Wohnungen für 17 000 Menschen entstanden.

Architekturgeschichte

Ursprünge der Stadt

Durch den wirtschaftlichen Aufschwung, den Amsterdam bereits im 16. und 17. Jh. erlebte, erlangte der **Profanbau** hier schon früh Bedeutung. Nicht nur Kirchen, sondern auch Stadtbefestigungen, das Rathaus und vor allem zahlreiche Privathäuser aus dem 17. und 18. Jh.

Auffallend sind die reich verzierten Giebel der Grachtenhäuser. Sie sind nicht nur Dekoration, denn an den hier angebrachten Eisenhaken können schwere Güter ins Haus gehievt werden, da die Treppenhäuser dafür häufig zu eng sind.

VENEDIG DES NORDENS?

BAEDEKER WISSEN

Wenn der sehr strapazierte Titel »Venedig des Nordens« auf eine Stadt zutrifft, dann wohl auf Amsterdam. 1612 begann der planmäßige Ausbau der Stadt mit der Anlage des Grachtengürtels. Heute zählt er zum Weltkulturerbe der UNESCO.

Prinsengracht
Der äußerste der drei Hauptwasserv ist mit 3,2 km auch die längste Grac An ihren Ufern liegen Hausboote Cafés und Galerien.

▶ **Der ursprüngliche Grachtengürtel**
1662 waren noch weitaus mehr Grachten als heute vorhanden. Viele wurden zugeschüttet, weil sie entweder nicht mehr gebraucht wurden oder weil sie aufgrund ihres unhygienischen Zustandes die Gesundheit der Einwohner gefährdeten.

Amstel

Singelgracht
Die Singelgracht, nicht zu verwechseln mit dem Singel, folgt dem Verlauf der Stadtmauer.

©BAEDEKER

▶ **Bauen in Amsterdam**
Das sumpfige Gelände stellte die Baumeister vor einige Herausforderungen. Das hat sich bis heute nicht geändert.

1 Auf dem ausgewählten Grundstück werden Pfähle aufgestellt. Ein Großteil kam damals aus dem Schwarzwald.

2 Mit einer Ramme werden die Pfähle in den Boden getrieben.

Oberfläche
Grundwasser
weicher, schlammiger Boden
tieferer, tragfähigerer Boden

▶ Die Grachten in Zahlen

Baubeginn	1612
Bauzeit	ca. 40 Jahre
Anzahl	ca. 200
Gesamtlänge	ca. 80 km (befahrbar)
Tiefe (Durchschnitt)	2,4 m
Breite (Durchschnitt)	27 m
Brücken	1281

Singel
Singel war ursprünglich ein Festungs-
nal. Zusammen mit dem Kloveniers-
ɔurgwal umschließt er die Altstadt.

Keizersgracht
Die 2,7 km lange Gracht überspannen 14 Brücken. Sie bildet die Mitte des Grachtengürtels.

Koninklijk Paleis
Königliche Palast wird für den
ɔfang von Staatsgästen und zu
räsentationszwecken genutzt.

Herengracht
Die innerste der drei Grachten zieht sich um die Amsterdamer Altstadt.

Die Pfähle bilden ein solides Fundament.

4 Das Gebäude kann gebaut werden.

Der **Koninklijk Paleis** steht auf **13 659** Holzpfählen.

prägen das Stadtbild. Von den ersten Häusern, die nach der Errichtung des Dammes an der Amstelmündung im 13. und 14. Jh. entstanden, ist nichts erhalten. Die verheerenden Brände von 1421 und 1453 zerstörten die Holzhäuser. Als Konsequenz entschied man sich in der Folge zunehmend für **Backstein als Baumaterial**. Nur zwei Holzhäuser überdauerten bis heute die Zeiten. Eines davon ist das Gebäude Nr. 34 im Begijnhof (um 1475).

Holz contra Stein: die Kirchen der Gotik

Auch der erste Kirchenbau der Stadt, die **Oude Kerk**, entstand um 1300 zunächst aus Holz. Doch schon 1306 begann man mit der Errichtung einer steinernen Kirche, die um 1550 ihre heutige Größe erreicht hatte. Mit dem Bau der spätgotischen **Nieuwe Kerk** begann man im frühen 15. Jh., fertig gestellt wurde sie erst 1490, da Feuersbrünste den Bau mehrmals in Mitleidenschaft zogen. Wegen des wenig tragfähigen Baugrunds haben beide Kirchen – ebenso wie viele andere in den Niederlanden – anstelle eines steinernen Gewölbes ein Holzgewölbe.

Extravagantes Interieur: Für die Ausstattung des Filmtheaters Tuschinski war seinerzeit das Beste gerade gut genug.

Protestantische Kirchen im Stil der Renaissance

Einflüsse der Renaissance, die in den Niederlanden eine spezielle Ausprägung erfuhr, wurden bereits in der ersten Hälfte des 16. Jh.s spürbar (z. B. der Turm der Oude Kerk). Bedeutendster Baumeister dieser Epoche war Hendrik de Keyser (1565 – 1621), der seit 1591 in Amsterdam tätig war. Nach seinen Plänen entstanden zwischen 1603 und 1611 als erste protestantische Gotteshäuser der Stadt die **Zuiderkerk** und ab 1620 die **Westerkerk**.
Während beide Kirchen noch zahlreiche gotische Bauelemente aufweisen, setzte der Architekt mit der **Noorderkerk** (1620 – 1623) neue Akzente im Sakralbau. Er schuf damit einen für spätere protestantische Kirchen typischen äußerst schlichten Zentralbau (ein griechisches Kreuz mit gleich langen Armen). Auch bei den Patrizierhäusern dominierte bis weit ins 17. Jh. hinein der Renaissancestil. Die Häuser entlang der Grachten erhielten in der Mehrzahl Treppengiebel, die allerdings immer wieder variiert und üppig verziert wurden.

Ein barockes Rathaus

In den zwanziger und dreißiger Jahren des 17. Jh.s beeinflusste der Barock die Amsterdamer Architektur. Die Baumeister orientierten sich an den Vorbildern der griechisch-römischen Antike. Herausragendes Bauwerk dieser Zeit ist das von dem Haarlemer Architekten Jacob van Campen (1595 – 1657) entworfene **Rathaus** (1648 bis 1665), der heutige Königliche Palast am Dam.

Nostalgie am Bau: Historismus des 19. Jahrhunderts

In der ersten Hälfte des 19. Jh.s stagnierte die architektonische Entwicklung in Amsterdam. Ebenso wie im übrigen Europa verstärkten sich um die Jahrhundertmitte mit dem Niedergang des Klassischen Stils die sogenannten Neostile. Führender Architekt dieser Zeit war P. J. H. Cuypers (1827 – 1921). Zu seinen berühmtesten Bauten gehören das **Rijksmuseum** (1877 – 1885) und der **Hauptbahnhof** (1881 – 1889). Beide Backsteinbauten zeigen deutliche Anklänge an die niederländische Renaissancearchitektur, haben aber auch gotische Bauelemente vorzuweisen.

Beginn der Moderne

Das Bindeglied zwischen Historismus und Moderne stellt Hendrik Petrus Berlage (1856 – 1934) dar. Zwar verwendete Berlage für seine Bauten noch Formen der Romanik oder auch der Renaissance, die er aber souverän variierte. Mit seinen einfachen Bauentwürfen, der rationalen Konstruktion und dem funktionalen Einsatz des Materials ist er **Vorläufer der Architektur des 20. Jahrhunderts**. Als bedeutendstes Werk Berlages gilt die **Börse** (Beurs van Berlage oder Koopmansbeurs; 1897 – 1903).

Perlen des Jugendstils

Der Jugendstil fand nur in begrenztem Rahmen Eingang in die Amsterdamer Architektur. Zwei schöne Beispiele, die typische Jugendstilelemente vereinen, sind das **American Hotel** (►S. 107, ►Übernachten S. 247) am Leidseplein, zwischen 1898 und 1902 nach Entwürfen von W. Kromhout errichtet, und das Lichtspielhaus **Tuschinski**, das 1918–1921 von H. L. de Jong (▶Abb. S. 188, ▶Ausgehen S. 208) erbaut wurde.

Eine Klasse für sich: die Amsterdamer Schule

Als Amsterdamer Schule wird eine Architektengruppe bezeichnet, die im ersten und zweiten Jahrzehnt des 20. Jh.s Bauten schuf, die weitgehende Parallelen zum deutschen Expressionismus aufweisen. Hervorragendes Beispiel der Amsterdamer Schule mit ihrem Formenreichtum ist das **Schifffahrtshaus** (Scheepvaarthuis; errichtet 1912–1916 und 1926–1928) an der Prins Hendrikkade. Architekt war Johann Melchior van der Mey (1878–1949), dem Michel de Klerk (1884–1923) und Piet Kramer (1881–1961) assistierten. Viele Dekorformen am Außen- und Innenbau sind Motiven der christlichen Seefahrt entnommen. Bei späteren Bauten verwendeten Michel de Klerk, der als Kopf der Amsterdamer Schule galt, und seine Mitstreiter klarere Formen, doch blieb die **Liebe zum fantasievollen Detail**. Fast ausschließlich wurde Backstein als Baumaterial verwendet. Ihren Höhepunkt erreichte die Amsterdamer Schule in den 1920er-Jahren, ganze Stadtviertel entstanden nach den Vorstellungen dieser Architekten. Ihnen ging es darum, **Wohnviertel für Arbeiter** zu schaffen, in denen menschenwürdiges Leben möglich sein sollte (z. B. Hembrugstraat und Amsterdam-Zuid).

Neue Wohnviertel, kreative Stararchitekten

In den 1990er-Jahren konzentrierte man sich auf die Gewinnung von neuem Wohnraum im ehemaligen **Hafenbereich im Osten Amsterdams**. Für die hier entstandenen Wohnkomplexe konnten international bekannte Architekten gewonnen werden. Weitere positive Beispiele für moderne Wohnbauten findet man auf den Halbinseln Sporenburg und Borneo. Hier brachen junge holländische Architekten die Monotonie der häufig gleichen Bauformen.

Auch in den letzten beiden Jahrzehnten hat Amsterdam sich architektonisch weiterentwickelt. Vor allem das Ufer des IJ und die umliegenden alten Hafenbecken haben sich verändert: Mit dem Konzerthaus **Muziekgebouw aan 't IJ** vom dänischen Büro 3XN (2005), der neuen **Stadtbibliothek** von Jo Coenen (2007) und dem **EYE Film Instituut** vom österreichischen Büro Delugan Meissl (2012, ▶Abb. S. 55) sind dort gleich mehrere ikonenhafte öffentliche Gebäude entstanden. Weit umstrittener ist der futuristische neue **Anbau des Stedelijk Museum** am Museumplein, entworfen von den Architekten Benthem Crouwel (2012).

Das spektakulärste Großprojekt ist jedoch **IJburg**, eine Stadterweiterung auf sieben künstlichen Inseln, die derzeit im IJmeer östlich der Stadt aufgespült werden und auf denen einmal 45 000 Menschen wohnen sollen. Die Anlage der Inseln begann 2001, ein Jahr später zogen die ersten Bewohner ein. Inzwischen ist bereits die Hälfte des Archipels bebaut und 15 700 Menschen leben in dem Neubauviertel.

OBEN: Wie in vielen europäischen Hafenstädten wurden auch in Amsterdam in den letzten Jahrzehnten ehemalige Hafengebiete als Lebensraum wiederentdeckt. Wenige Hundert Meter nordwestlich des Hauptbahnhofs erhebt sich die künstliche Halbinsel »IJdock« aus dem Wasser.

UNTEN: Zu den neu angelegten Inseln des Archipelstadtteils IJburg gehört auch das Kleine Rieteiland.

INTERESSANTE MENSCHEN

Ein Meister der Moderne: Karel Appel

1921 – 2006
Maler

Karel Appel, gebürtiger Amsterdamer, gehörte zu den international bekanntesten niederländischen Künstlern nach dem Zweiten Weltkrieg. Seinen ersten großen Auftrag erhielt er 1949, als er für das Amsterdamer Rathaus eine Wandmalerei mit dem Titel »Vragende Kinderen« (»Fragende Kinder«) schuf. Am abstrakten Bildnis schieden sich die Geister und zeitweise musste das Werk abgedeckt werden. Er gehörte zu den Mitbegründern der **CoBrA-Gruppe** (Copenhagen, Brüssel, Amsterdam), der sich auch Künstler wie Corneille, Constant, Pierre Alechinsky, Asger Jorn und Lucebert anschlossen. Seit den 1950er-Jahren nahm Karel Appel an vielen wichtigen Ausstellungen teil, erhielt internationale Auszeichnungen und Preise. Seine Werke hängen in den Museen der Welt. Seit 1950 lebte Karel Appel in Paris und dort liegt er auf dem Friedhof Père Lachaise begraben.

Kunst am Bau: Hendrik Petrus Berlage

1856 – 1934
Architekt

Hendrik Petrus Berlage ist einer der bekanntesten niederländischen Architekten. Der aus Amsterdam stammende Berlage studierte in Zürich, arbeitete in Frankfurt am Main und unternahm Reisen nach Italien. Als selbstständiger Architekt fand er seinen individuellen, etwas strengen und nichts verhüllenden Baustil, der inner- und außerhalb der niederländischen Grenzen großen Einfluss hatte. Zu seinen berühmtesten Bauwerken gehören die **Amsterdamer Börse**, die nach ihm benannte Brücke über die Amstel und das Kunstmuseum in Den Haag. Auch auf dem Gebiet der angewandten Kunst trat er durch Entwürfe von Stühlen und anderen Möbeln hervor.

Das Genie mit dem Ball: Johan Cruyff

1947 – 2016
Fußballer

»Fußballer von der Straße sind wichtiger als studierte Trainer.« Dieses Zitat stammt von Europas Jahrhundertspieler Johan Cruyff, der selbst ein Junge von der Straße war. Als Sohn eines Gemüsehändlers wuchs er im Amsterdamer Osten, unweit des Stadions von **Ajax**

Amsterdam, auf. Im Alter von zwölf Jahren trat er in einen Fußballclub ein, mit 13 brach er die Schule ab, mit 17 spielte er in der ersten Liga für Ajax Amsterdam. Der Rest seines Lebens ist Geschichte. Während der Fußball-Weltmeisterschaft in Deutschland 1974 überzeugte er durch sein Offensivspiel, und nicht zuletzt seinem Können war zu verdanken, dass die holländische Nationalmannschaft Vize-Weltmeister wurde. Es folgten zahllose Meistertitel und ein Weltpokal, Auszeichnungen zum Europa-Fußballer des Jahres und sogar zum **Fußballer des Jahrhunderts** im Jahr 1999. Ähnlich erfolgreich arbeitete er als Trainer für Ajax Amsterdam und den FC Barcelona.

Ein jüdisches Mädchen: Anne Frank

1929 – 1945
Schülerin, Tagebuchschreiberin

Anne Frank wurde bekannt durch ihr in viele Sprachen übersetztes und verfilmtes **Tagebuch** (▶Baedeker Wissen S. 58 und 60). Die jüdische Familie Frank flüchtete 1933 vor den Nationalsozialisten von Frankfurt am Main nach Amsterdam, wo sie während der deutschen Besatzung untertauchte. Über ihre Erlebnisse in dieser Zeit (12. Juni 1942 bis 1. August 1944) führte Anne Tagebuch, bis sie und ihre Familie entdeckt und nach Deutschland transportiert wurden. Anne und ihre Schwester starben im Konzentrationslager Bergen-Belsen, ihre Mutter in Auschwitz. Nur der Vater überlebte.

Der Bierbaron: Alfred Henry Heineken

1923 – 2002
Bierbrauer

Für Alfred Heineken, der 1942 im Alter von 19 Jahren in den väterlichen Bierbrauereibetrieb in Amsterdam eingestiegen war, war Eigenwerbung immer Grundvoraussetzung für wirtschaftlichen Erfolg. Wenn Königin Beatrix und ihr Gemahl zu Gast auf seiner Jacht waren, durfte ein Fotoreporter nie fehlen. »Freddy« Heineken war es vorwiegend zu verdanken, dass die Heineken-Holding heute zwei Drittel des niederländischen Biermarktes kontrolliert (u. a. auch die Brauereien Amstel, Mutzig und Star) und ihre Produkte in fast allen Ländern vertrieben werden. Der **Selfmade-Mann** war kompromissloser Wirtschaftsboss mit Bodenhaftung und trank gern ein Bier in seiner Stammkneipe De Dokter. Am 9. November 1983 wurde Heineken zusammen mit seinem Chauffeur entführt und erst drei Wochen später aus seinem Versteck im Amsterdamer Hafenviertel nach Zahlung von umgerechnet 16 Millionen Euro Lösegeld befreit. Danach zog er sich zunehmend aus der Öffentlichkeit und aus dem Unternehmen zurück. **Europas größter Bierbrauer** verstarb am 3. Januar 2002 im niederländischen Badeort Noordwijk. Seine Tochter Charlene de Carvalho übernahm die Leitung des zweitgrößten Brauereikonzerns der Welt.

OBEN: Rembrandt van Rijn
LINKS: Aushängeschild des niederländischen Fußballs: Johan Cruyff
UNTEN: Alfred Henry Heineken

Kampf für die Frauenrechte: Aletta Jacobs

1854 – 1929
Ärztin und Frauenrechtlerin

Aletta Jacobs wünschte sich 1871 nichts sehnlicher, als an der Universität zu studieren. Es gab nur ein Problem: Sie war eine Frau. Lediglich Männer wurden zum Studium zugelassen. So nahm Aletta ihren ganzen Mut zusammen und bat den Minister um Zustimmung zur Immatrikulation – mit Erfolg. Nachdem sich auch König Willem III. einverstanden erklärt hatte, wurde Aletta Jacobs die erste weibliche Studentin der Niederlande und erreichte einen Abschluss in Medizin. Als Ärztin hielt sie im Jordaan Gratis-Sprechstunden für Arbeiterfrauen ab und informierte über Methoden der Empfängnisverhütung. Ein langer Kampf für Möglichkeiten zur Geburtenkontrolle, aber auch für das **Frauenwahlrecht** begann. Mit Erfolg: 1919 wurde das Frauenwahlrecht in den Niederlanden eingeführt.

Die Schmetterlingsfrau: Maria Sibylla Merian

1647 – 1717
Naturforscherin und Kupferstecherin

Maria Sibylla Merian, geboren in Frankfurt am Main als Tochter eines Verlegers und Kupferstechers, zog 1700 zusammen mit ihrer Tochter durch die tropischen Wälder Surinams – auf der Suche nach Insekten und Pflanzen. Ein mutiges Unterfangen für eine Frau. Merian legte den **Grundstein für die moderne Insektenkunde**, als sie entdeckte, dass eine Raupe sich in eine Puppe verwandelt, aus der wiederum später ein Schmetterling schlüpft. Die Präparate, die sie von der zweijährigen Reise durch Surinam mitgebracht hatte, durfte sie im Amsterdamer Rathaus der Öffentlichkeit präsentieren. Außerdem veröffentlichte sie ein Buch mit Kupferstichen: »Metamorphosis insectorum Surinamensium«. Noch heute hält die in Amsterdam ansässige Maria Sibylla Merian Society das Werk der Forscherin in Ehren.

Schreiben als Therapie: Harry Mulisch

1927 – 2010
Schriftsteller

Fast jeder niederländische Abiturient hat im Unterricht »De aanslag« (Das Attentat) von Harry Mulisch gelesen. Der Roman gehört zusammen mit »Die Entdeckung des Himmels« zu den **wichtigsten Werken der niederländischen Literatur**. Leben und Werk des Schriftstellers Harry Mulisch waren geprägt vom Nationalsozialismus, besser gesagt vom Zwiespalt der Verfolgung aufgrund seiner jüdischen Abstammung (Großmutter und Urgroßmutter starben im Konzentrationslager Sobibor) und der Kollaboration seines Vaters mit den deutschen Besatzern, was ihm und seiner Mutter letztendlich das Leben rettete. Über sich selbst sagte er: »Ich bin der Zweite Weltkrieg.« Harry Mulisch zog es in den 1950er-Jahren nach Amsterdam, wo man ihn tagtäglich im Café American an der Leidsekade 97 antreffen konnte.

GENIAL UND RAFFINIERT: REMBRANDT VAN RIJN

Er war wohl nicht immer ein angenehmer Zeitgenosse, dieser Rembrandt van Rijn. Berechnend, launisch und auf seinen Vorteil bedacht, stieg er zum größten Maler der Niederlande auf. Sein bekanntestes Werk ist zweifellos die »Nachtwache«, doch grandios sind auch seine über sechzig Selbstporträts, die Licht und Schatten eines bewegten Künstlerlebens zeigen.

Der berühmteste niederländische Maler zog 1632 von Leiden nach Amsterdam und heiratete 1634 die reiche Saskia van Uylenburgh. 1639 kaufte er ein **Haus in der Jodenbreestraat**, das heutige Rembrandthaus, für das er sich hoch verschuldete. Im ersten Jahrzehnt seiner Amsterdamer Zeit wurde er der begehrteste Porträtist, fast zwei Drittel aller Auftragsbildnisse entstanden in dieser Zeit. Die Wünsche seiner Auftraggeber erfüllte er, ohne auf Charakterdeutung zu verzichten. Neben seinen eindrucksvollen Porträts (u. a. des späteren Bürgermeisters Jan Six), seinen Gruppenbildnissen (die »Anatomie des Dr. Tulp«) und Selbstporträts (»Doppelbildnis mit Saskia«, der Maler als »verlorener Sohn«) stehen gleichrangig Bilder aus dem biblischen Themenkreis, später auch Landschaften.

Kunst im Akkord

Wie kaum ein anderer Künstler beschäftigte Rembrandt ein **Heer von Schülern und Mitarbeitern**. In der riesigen Werkstatt im Haus in der Jodenbreestraat produzierten sie Kunstwerke wie am Fließband, etwa um die 50 Porträts wohlhabender Amsterdamer Bürger. Mit der Massenfertigung hatte Rembrandt Erfahrung gesammelt. Von 1631 bis 1635 war er Leiter im Atelier des Kunsthändlers Hendrick van Uylenburgh gewesen, in dem die Maler im Akkord arbeiteten und sich wie »Sträflinge auf einer Galeere« fühlten. In der eigenen Werkstatt verpflichtete der große Meister nun seine Untergebenen, ihn zu kopieren und zu imitieren, und beschriftete so manches Kunstwerk eines Schülers mit der eigenen Signatur – eine damals durchaus gängige Praxis. Sogar viele vermeintliche Selbstporträts des Meisters wurden vermutlich von Schülern angefertigt. Manche Käufer wussten wohl von diesem Kniff, denn einige unterschieden zwischen Bildern »von« und solchen »nach« Rembrandt.
Mit einem boomenden Verkauf von Bildern aus seinem Atelier allein war der große Maler jedoch nicht zufrieden. Er wollte, so behauptet die Kunsthistorikerin Alpers, der teuerste und begehrteste Künstler in den Niederlanden des 17. Jh.s werden. Also spekulierte er. Er suchte Auktionen auf und beteiligte sich an der Versteigerung eigener Werke, nur um die Preise dieser Bilder in die Höhe zu treiben.

Des Hochmütigen Fall

Eine Zeit lang hatte das pfiffige Genie mit seiner Marketingstrategie großen Erfolg. Doch er verspekulierte sich. Mitverantwortlich hierfür war die Sammelwut des Künstlers. Rembrandt kaufte Münzen, antike Plastiken, Kupferstiche,

Mit der »Danae« griff Rembrandt ein beliebtes Bildmotiv aus der griechischen Mythologie auf. Er begann mit dem Bild 1636, überarbeitete es aber mehrmals bis zu seiner Fertigstellung 1654.

Zeichnungen und Gemälde älterer bzw. zeitgenössischer Meister. Um dieser Sammellust zu frönen, lieh er sich von seinen Auftraggebern Geld bzw. ließ sich für Auftragswerke im Voraus bezahlen. Nicht selten gab er das Honorar aus, bevor er nur einen einzigen Pinselstrich getan hatte.

Sein **Schuldenberg wuchs ins Unermessliche**. Und die Auftraggeber hatten das Nachsehen. Sie wussten nicht, ob sie von dem als launisch, grob, falsch und habgierig geltenden Künstler – im Atelier malten seine Lehrlinge aus Jux Geldstücke auf den Fußboden, damit er sich nach ihnen bückte – überhaupt beliefert würden.

Als Rembrandt es auch noch ablehnte, den Repräsentationswünschen seiner Auftraggeber seine künstlerischen Intentionen unterzuordnen, gingen die Aufträge zurück (sein Werk »Nachtwache« wurde von den Auftraggebern abgelehnt). Nach dem Tod seiner Frau 1642 geriet Rembrandt in persönliche und finanzielle Schwierigkeiten. 1656 wurden sein Haus und Besitz versteigert. Sein Sohn Titus und Hendrickje Stoffels, mit der der Künstler in wilder Ehe zusammenlebte, betrieben ab 1660 einen Kunsthandel für Rembrandt, doch hatte der Künstler bis zu seinem Tod Schulden und geriet in zunehmende **künstlerische und gesellschaftliche Isolation**. Mit Geld umgehen konnte der Maler auch im Alter nicht. Einmal brach er sogar die Spardose seiner 15-jährigen Tochter auf, um das Notwendigste zum Essen kaufen zu können. Als Rembrandt starb, wurde er außerhalb der Westerkerk begraben; erst später wurde sein Grab in das Innere der Kirche überführt. Etliche von Rembrandts Gemälden, darunter die »Nachtwache«, sind im Rijksmuseum ausgestellt.

Das Genie mit dem Pinsel: Rembrandt van Rijn

1606 – 1669
Maler

Der berühmteste niederländische Maler zog 1632 von Leiden nach Amsterdam, wo er zum begehrtesten Porträtisten seiner Zeit aufstieg (►Baedeker Wissen S. 196, 226).

Mit Mathematik zur Erkenntnis: Baruch de Spinoza

1632 – 1677
Philosoph

Der Einfluss des Niederländers Baruch de Spinoza, in Amsterdam geboren, auf die Philosophie des Abendlandes – auch auf die deutschen Philosophen Johann Gottlieb Fichte und Georg Friedrich Hegel – war beträchtlich. Spinoza war Rationalist und leitete seine **metaphysischen Anschauungen mittels mathematischer Beweisführung** aus Definitionen und Axiomen ab. Dies stand im Gegensatz zu seiner biblisch-talmudischen Ausbildung in der jüdischen Gemeinde Amsterdams, die ihn 1656 mit dem Bannfluch belegte. 1673 lehnte er das Angebot einer Professur in Heidelberg ab. Sein bekanntestes Werk, die »Ethik, nach geometrischer Methode dargestellt«, entstand etwa 1662, erschien aber erst im Jahre 1677.

Ein Weltstar hinter der Kamera: Paul Verhoeven

(*1938)
Regisseur

Sharon Stone, Kevin Bacon, Sebastian Koch – viele bekannte Schauspieler holte der in Amsterdam geborene Regisseur und Filmproduzent vor seine Kamera. Zu seinen Erfolgen zählte der Erotikthriller »Basic Instinct« (1992). Hier wie in anderen Werken sind Sex und Gewalt bestimmende Themen. Trotz Kritik von Frauenverbänden räumte er einen Preis nach dem anderen ab. So erhielt er für »Türkische Früchte« (1973) eine **Oscar-Nominierung** und 2000 das Goldene Kalb für den besten niederländischen Film des Jahrhunderts.

Der Erfinder des Reiseführers: Karl Baedeker

1801 – 1859
Verleger

Als Buchhändler kam Karl Baedeker viel herum, und überall ärgerte er sich über die »Lohnbedienten«, die die Neuankömmlinge gegen Trinkgeld in den erstbesten Gasthof schleppten. Nur: Wie sollte man sonst wissen, wo man übernachten könnte und was es anzuschauen gäbe? In seiner Buchhandlung hatte er zwar Fahrpläne, Reiseberichte und gelehrte Abhandlungen über Kunstsammlungen. Aber wollte man das mit sich herumschleppen? Wie wäre es denn, wenn man all das zusammenfasste?

Gedacht, getan: Zwar hatte er sein erstes Reisebuch, die 1832 erschienene »Rheinreise«, noch nicht einmal selbst geschrieben. Aber er entwickelte es von Auflage zu Auflage weiter. Mit der Einteilung in »Allgemein Wissenswertes«, »Praktisches« und »Beschreibung der Merk-(Sehens-)würdigkeiten« fand er die klassische Gliederung des Reiseführers, die bis heute ihre Gültigkeit hat. Bald waren immer mehr Menschen unterwegs mit seinen **»Handbüchlein für Reisende, die sich selbst leicht und schnell zurechtfinden wollen«**. Die Reisenden hatten sich befreit, und sie verdanken es bis heute Karl Baedeker. Amsterdam beschreibt er erstmals in der 1. Auflage des 1839 erschienenen Bands »Holland«.

»

Vor einigen fünfzig Jahren war Amsterdam in Gefahr, von Holzwürmern zerstört zu werden. (...) Manche Pfähle, auf denen die Häuser ruhen, waren so durchfressen, dass sie einer Honigscheibe glichen. Die Bestürzung der Bewohner war allgemein. Zum Glück scheint der Wurm, der mit Schiffen wahrscheinlich aus tropischen Ländern herüber gekommen war, das nordische Klima nicht haben ertragen zu können.

«

Baedekers Holland, 1. Auflage 1839

E

ERLEBEN & GENIESSEN

Überraschend, stimulierend, bereichernd

Mit unseren Ideen erleben und genießen Sie Amsterdam.

Die beste Adresse, um außergewöhnliche Schnäppchen zu finden: der Albert-Cuyp-Markt

AUSGEHEN

Langeweile ist in Amsterdam ein Fremdwort – vor allem am Wochenende schläft die Grachtenstadt fast nie. Von der »borreluur« am späten Nachmittag bis in den frühen Morgen hinein läuft die Unterhaltungsmaschinerie auf Hochtouren. Lautstark und feuchtfröhlich geht es in Kneipen und Clubs zu, in Theatern, Musikclubs oder im ehrwürdigen Concertgebouw kommen Kulturfans auf ihre Kosten.

Nachtschwärmen auf Niederländisch

Viel mehr als nur Rotlicht

Viele denken beim Amsterdamer Nachtleben nur an das Rotlichtviertel, das sich im Viertel »De Wallen« südlich vom Hauptbahnhof erstreckt (►De Wallen, Das ist Amsterdam S. 22). Aber natürlich hat die Grachtenstadt viel mehr zu bieten als Sexclubs und Coffeeshops. Jenseits der »De Wallen« ist das Nachtleben vor allem gesellig und unkompliziert: An jeder Ecke gibt es eine nette Kneipe, in der man beim Bier mit den Einheimischen ins Gespräch kommen kann. Auch die hohe Kultur lockt, denn Amsterdam hat mehrere berühmte Orchester, Ballettkompanien und Konzertsäle zu bieten.

Hier kann der Abend beginnen: der Nieuwmarkt mit zahlreichen Bars, Terrassen- und Musikcafés, Wirtsstuben sowie asiatischen Imbissen.

Szene-Hotspots

Die wichtigsten Vergnügungszentren liegen rund um drei Plätze. Da ist zunächst der ▶Nieuwmarkt, umgeben von vielen Kneipen und Cafés, auf deren Terrassen man im Sommer auch abends noch einen Sonnenstrahl erhaschen kann. Rund um den ▶Rembrandtplein gibt es ebenfalls zahlreiche Kneipen, die allerdings größtenteils in touristischer Hand sind. Dafür finden sich dort auch bekannte Clubs sowie die Schwulenszene, die sich in der benachbarten Reguliersdwarsstraat angesiedelt hat.
Am breitesten gefächert ist das Ausgehangebot am ▶Leidseplein: Neben Restaurants, Bars und Kneipen gibt es dort auch mehrere Theater, Kinos sowie Clubs. Bis tief in die Nacht kann man auf einer der Caféterrassen sitzen und mit einem Bier in der Hand das Wuseln der Kino- und Theaterbesucher, der Radfahrer und Straßenbahnen beobachten.

Nicht nur zu später Stunde

Der Ausgehabend fängt in Amsterdam früh an. Gegen Ende der Woche füllen sich die Bars und »bruine cafés« (holzvertäfelte Traditionskneipen) in der Innenstadt schon ab 17 Uhr. Dann beginnt die »borreluur« – wörtlich übersetzt **»Schnapsstunde«** –, die heutzutage aber eher mit Bier begangen wird. Schicke Aperitifs sucht man außerhalb von Hotelbars vergeblich, und auch Longdrinks oder Cocktails gibt es nur in ausgewiesenen Cocktailbars. Denn eigentlich mögen die Amsterdamer es lieber unkompliziert und trinken einfach ein »biertje« oder ein Glas Rot- oder Weißwein. Im Sommer sind auch Rosé und »witbier«, eine niederländische Version von Weizenbier, sehr beliebt, und im Herbst gibt es in beinahe jedem Lokal dunkles »bokbier«.

Kulturgenuss

Kultur für alle: Konzert, Theater und mehr

Wer es klassischer mag, sollte das weltberühmte ▶**Concertgebouw** am Museumplein oder das **Muziektheater** am Waterlooplein ansteuern. Ersteres hat eine legendär gute Akustik und beherbergt ein vielgerühmtes Sinfonieorchester. Das Muziektheater in der **Stopera** bietet dagegen Opernaufführungen (meist modern inszeniert) und Tanzvorstellungen, etwa vom bekannten **Nederlands Dans Theater.** Daneben ist auch manch ein Amsterdamer Kino einen Besuch mehr als wert – vom historisch-prächtigen Tuschinski (▶S. 188, 208) bis hin zum futuristischen EYE Film Institute (▶S. 55, 207). Spielfilme werden prinzipiell in Originalversion mit niederländischen Untertiteln gezeigt. Theateraufführungen und Comedyshows sind hingegen für Besucher nur bedingt interessant, da sie beinahe ausschließlich auf Niederländisch stattfinden. Stattdessen kann man nach **Theater- und Kulturfestivals** Ausschau halten: Häufig sind im Rahmen solcher Sonderveranstaltungen auch deutsch- oder englischsprachige Ensembles zu Gast in Amsterdam.

AMSTERDAM
1 Café Amsterdam
2 Winkel 43
3 De Belhamel
4 Lastage
5 Mata Hari
6 Plantage
7 Oriental City
8 Choux
9 Bangkok
10 Greetje
11 éénvistwéévis
12 Haesje Claes
13 Kantjil en de Tijger
14 Café Luxembourg
15 Sampurna
16 Sichuan Food
17 Wilde Zwijnen
18 De Kas
19 The Seafood Bar
20 De Hallen
21 Vis aan de Schelde
22 Moksi
23 CousCousClub
24 Le Restaurant
1 Botel
2 The Exchange
3 The Dylan
4 Dikker en Thijs Fenice
5 American Hotel
6 Seven Bridges
7 Lloyd Hotel
8 Stayokay Vondelpark
9 Jan Luyken Hotel
10 Conscious Hotel Museum Square
11 Citizen M
12 College Hotel
13 Cocomama
14 Amstel Hotel
15 Bicycle Hotel
1 Papeneiland
2 Nol
3 'T Smalle
4 In de Wildeman
5 Skylounge im Doubletree by Hilton
6 Café de Jaren
7 Bar Mokum
8 Café Hoppe
9 Melkweg
10 Bar Weber
11 Paradiso
Frederik Hendrik-plantsoen
Lindengracht
JORDAAN
Westerstraat
Anjeliersstraat
Egelantiersstraat
Tulip Museum
Anne Frank Huis
Wester-kerk
Nassaukade
Marnixstraat
Prinsen-gracht
Keizers-gracht
Heren-gracht
Singel
Spuistraat
Beurs Berla
Nieuwe Kerk
Magna Plaza
Koninklijk Paleis
Madame Tussaud's
Raadhuisstraat
Rozengracht
Rozenstraat
Laurierstraat
Haarlem
Brilmuseum
Kalverstraat
Rokin
Amsterdam Museum
Woonboot Museum
Begijn-hof
Spui
Bijbels Museum
Univ. Bibl.
Huis Marseille
Het Grachtenhuis Museum
Singel-Nassaukade
Elandsgracht
Leidsegracht
Leidsestraat
Kattenkabinet
Vijzelstraat
Theater Bellevue
Stadsschouwburg
Pijpen-kabinet
Kerkstraat
Nieuwe Spiegelstraat
FOAM
Leidse-plein
1e Helmers-straat
Overtoom
Vondel-straat
Casino
Spiegelgr.
Nieuwe Looiersstraat
Vijzelgr.
Huygensstraat
Hooftstraat
Cornelisz
Pieter
Jan Luykenstraat
Rijks-museum
Stadhouderskade
House of Bols
Paulus Potterstraat
Van Gogh Museum
Museum-plein
Stedelijk Museum
Vondelpark
Van Eeghenstraat
Willems-parkweg
Hobbemakade
Ferdinand-Bolstraat
Heineken Experience
Quellijn-straat
Flughafen, Den Haag, Cobra Museum of Modern Art
Concertgebouw
World Trade Center
De Pijp
Kongress R.A.I.

300 m
©BAEDEKER
Afgesloten IJ
IJ-Tunnel
IJ-Haven
de Ruyterkade
Centraal Station
Double Tree Hotel
Oostelijke Handelskade
Piet Heinkade
Dijksgracht
Front
kade
Schreierstoren
St. Nikolaus
Oosterdokskade
Museum Ons' Lieve Heer op Solder
Oude Kerk
Zeedijk
Waals
Prins Hendrikkade
Oosterdok
NEMO
Eilandsgr.
De Appel arts centre
Montelbaanstoren
Marihuana
Waag
Nieuwmarkt
Scheepvaartmuseum
Katenburgerstraat
Arcam
Oude Schans
Trippenhuis
Oosterkerk
Grote Wittenburgerstraat
Zuiderkerk
Hoogte
Nieuwe Vaart
Rembrandthuis
Holland Experience
Valkenburgerstraat
Rapenburgerstraat
Mozes- en Aäronkerk
Waterlooplein
Entrepotdok
Plantage
Werft 't Kromhout
Kadijk
Stadhuis/ Muziektheater (Stopera)
Mr. Visserplein
Portugese Synagoge
Wertheimpark
Herengracht
Planetarium
Hortus Botanicus
Joods Historisch Museum
Hollandsche Schouwburg
Artis
Doklaan
Nationaal Holocaust Namenmonument
Plantage Middenlaan
Museum Willet-Holthuysen
Amstel
Hermitage
N. Keizersgracht
Plantage Muidergracht
Kerkstraat
Aquarium
Muider gracht
Sarphatistraat
Mauritskade
Collectie Six
Weesperstraat
Prinsengracht
Magere Brug
Nieuwe
Theater Carré
Tropenmuseum
Singelgracht
straat
Mauritskade
Oosterpark
Linnaeusstraat
Frederiksplein
Sarphatistraat
Rhijnspoorplein
Oosterparkstraat
Stadhouderskade
Amstel
Ruyschstraat
Blasiusstraat
Oosterparkstraat
Govert Flinckstraat
Hilversum, Amersfoort
Amsterdam Arena
Hilversum, Amersfoort
Vrolikstraat

Ohne Dresscode

Zwei Dinge haben alle **Ausgehmöglichkeiten** Amsterdams gemeinsam: ein **striktes Rauchverbot** sowie das Fehlen eines Dresscodes. Die Niederländer mögen keine formelle Kleidung und gehen sogar in Jeans in die Oper. Höchstens bei Galavorstellungen macht man sich einmal schick – sonst gilt, dass man trägt, was man mag. Auch Türsteher stellen nur bei wenigen sehr exklusiven Clubs ein Hindernis dar.

CAFÉS, KNEIPEN, BARS UND CLUBS ▸PLAN S. 204/205

CAFÉS UND KNEIPEN

6 CAFÉ DE JAREN

Schönes Café nahe Muntplein mit hohen Decken, Lesetischen und Bistrostühlen. Highlight ist die Terrasse an der Amstel, die sogar mit dem eigenen Boot angefahren werden kann.
Nieuwe Doelenstraat 20
https://cafedejaren.nl

8 CAFÉ HOPPE

Das 1670 eröffnete Café Hoppe gewinnt regelmäßig den Preis für die beste Bierkneipe Amsterdams. Am schönsten ist der alte Teil, wo man dicht gedrängt im Stehen trinkt – auf sandbestreutem Holzboden.
Spui 18 – 20 |
www.cafehoppe.com

2 NOL

Im Café Nol kann man noch echte Jordaan-Atmosphäre schnuppern. In der plüschigen, rot beleuchteten Eckkneipe schmettern die Stammgäste die Gassenhauer vom Band lauthals mit.
Westerstraat 109
http://cafenol-amsterdam.nl

1 PAPENEILAND

Im Jahr 1642 eröffnet, ist dies angeblich die älteste Kneipe Amsterdams. Im winzigen Schankraum drängen sich Einheimische und Touristen. Berühmt ist der hausgemachte Apfelkuchen.
Prinsengracht 2
www.papeneiland.nl

3 ‘T SMALLE

Im Sommer sitzt man an einem Tischchen an der Gracht oder einem Boot auf der Gracht, im Winter kuschelig im holzvertäfelten Interieur aus dem 18. Jahrhundert. Es gibt sieben Spezialbiere vom Fass, aber auch eine große Weinkarte.
Egelantiersgracht 12
www.t-smalle.nl

4 IN DE WILDEMAN

18 Biere vom Fass und 250 Flaschenbiere hält das Lokal bereit. Geselliges und bunt gemischtes Publikum.
Kolksteeg 3
www.indewildeman.nl

BARS

10 BAR WEBER

Bis spät in die Nacht drängen sich Schauspieler, Künstler und vor allem Studenten in der gemütlichen Bar um die Ecke vom Leidseplein. Viele Biersorten und auch ein paar Cocktails.
Marnixstraat 397
www.barweber.nl

5 SKYLOUNGE IM DOUBLETREE BY HILTON

Wegen der Atmosphäre und der Aussicht sollte man sich diese Bar nicht entgehen lassen. Von der Skylounge des Doubletree-Hotels bietet sich ein großartiger Blick über IJ, Hafen und Altstadt.
Oosterdoksstraat 4
www.skyloungeamsterdam.com

Klein, fein und mit einer fantastischen Atmosphäre: Bereits seit Hippiezeiten ist das Paradiso legendär.

7 BAR MOKUM

Cocktails, Mocktails und anderes, serviert nach dem Motto der Stadt: heldenhaft, mitfühlend, entschlossen. Gemixt aus Destillaten wie Damrak Gin und Bols Vodka. Schummrig, bodenständig und im Viertel De Pijp.
Ferdinand Bolstraat 11
www.barmokum.nl

CLUBS

9 MELKWEG

Der frühere Jugendclub ist schon lange zu einem der wichtigsten Veranstaltungsorte Amsterdams geworden, für Konzerte, Filmvorführungen, DJ-Sets, alternativen Rock, auch Hip-Hop und Reggae.
Lijnbaansgracht 234
www.melkweg.nl

11 PARADISO

Eine Legende: In den 1980er-Jahren war der Club in einer ehemaligen Kirche das Zentrum der Punkkultur. Nun finden dort v. a. Konzerte von Pop bis Alternative statt.
Weteringschans 6 – 8
www.paradiso.nl

KINO UND THEATER

KINOS

EYE FILM INSTITUTE

►S. 55

Im architektonisch beeindruckenden Gebäude laden vier Kinosäle und ein Ausstellungsbereich dazu ein, in die Welt des Kinos abzutauchen. Gezeigt werden anspruchsvolle Filme und Klassiker. Ein Museumsbereich präsentiert Perlen der umfangreichen filmhistori-

schen Sammlung wie eine Windmaschine oder eine Stummfilm-Orgel.
Uferpromenade 1 (Noord)
http://eyefilm.nl

THE MOVIES

Kleiner und intimer, aber auch älter als Tuschinski ist The Movies. 1912 eröffnet, hat das Programmkino vier Säle, ein Restaurant mit Bar und viel nostalgischen Charme zu bieten.
Haarlemmerdijk 161
www.themovies.nl

TUSCHINSKI ►S. 188

Das 1921 eröffnete Tuschinski ist ein herrlich düsterer Art-déco-Bau mit farbenprächtigem Interieur. Am schönsten sind das Foyer und der große Saal, in dem die königliche Familie eine eigene Loge hat. Gezeigt werden Hollywood-Blockbuster.
Reguliersbreestraat 26
http://www.pathe.nl/bioscoop/tuschinski

THEATER

INTERNATIONAAL THEATER AMSTERDAM (ITA)

Die meisten Produktionen des Stadttheaters am Leidseplein sind in niederländischer Sprache (teilweise mit englischen Untertiteln), aber wenn internationale Ensembles gastieren, gibt es auch mal eine englisch- oder deutschsprachige Aufführung. Im Foyer lockt ein großes Café.
Leidseplein 26
https://ita.nl

KONINKLIJK THEATER CARRÉ

Das Theater Carré sitzt in einem der schönsten Theatergebäude der Niederlande, das 1887 direkt an der Amstel erbaut wurde. Zum Programm gehören Musicals und Popkonzerte, gelegentlich auch Vorstellungen der Nederlandse Opera oder des Nationalballetts.
Amstel 125
www.carre.nl

VERANSTALTUNGSKALENDER

www.iamsterdam.com/de/veranstaltungskalender

LAST-MINUTE-TICKETS FÜR DENSELBEN TAG

www.lastminuteticketshop.nl

OPER UND KLASSISCHE MUSIK

CONCERTGEBOUW

Wenn es um die Akustik im ►Concertgebouw geht, bekommen Musikkenner feuchte Augen. Im großen und kleinen Saal sowie im Spiegelsaal werden klassische Konzerte und Kammermusik gespielt.
Concertgebouwplein 2 – 6
www.concertgebouw.nl

MUZIEKGEBOUW AAN ‘T IJ

Das Gebäude am Ufer des IJ hinter dem Hauptbahnhof beherbergt zwei Säle, die hauptsächlich für Neue Musik und Weltmusik genutzt werden, sowie den kleinen Jazzclub Bimhuis.
Piet Heinkade 1
www.muziekgebouw.nl

MUZIEKTHEATER

Das moderne Stopera-Gebäude am Waterlooplein ist die Heimat von Nederlandse Opera und Het Nationale Ballet. Die Architektur mag Geschmackssache sein, aber die meist zeitgenössisch inszenierten Aufführungen sind international berühmt.
Waterlooplein 22
www.het-muziektheater.nl

Ein Besuch im Concertgebouw, eine Kneipentour, eine Pause in einem Café an der Gracht oder einfach nur ein wenig Faulenzen und Quatschen …

PROBIEREN GEHT ÜBER STUDIEREN

Probierstuben gehören zu den stimmungsvollsten und typischsten Amsterdamer Lokalen. Meist klein, uralt und gemütlich, sind sie eine echte Entdeckung. Während man verschiedene Jenever- und Biersorten verkostet, kann man einiges über ihre Herstellung erfahren.

»Proeflokalen« sind die älteste Kneipengattung der Niederlande. Angesichts der Allgegenwärtigkeit von Trinklokalen in Amsterdam kann man es sich heute kaum noch vorstellen, aber bis ins 16. Jh. hinein existierten in den Niederlanden keine Kneipen oder Cafés. Bier oder Wein trank man zu Hause, und die kleinen Trinkstuben der Herbergen wurden von Reisenden, nicht aber von Einheimischen besucht. Wollten Amsterdamer Herren außer Haus etwas trinken (für Damen kam das ohnehin nicht infrage), so blieben nur die Probierstuben der Jenever- und Branntweindestillerien. Dort konnte man die alkoholischen Produkte des Hauses verkosten, ehe man sie erwarb. Und das tat man ausgiebig.

Mit reichlich Atmosphäre

Noch heute gibt es in Amsterdam einige Probierstuben, die in der Regel zu kleinen Destillerien oder seit Neuestem auch zu lokalen Bierbrauereien gehören. Viele der Etablissements sind uralt und haben entsprechend viel Atmosphäre. Man kann dort nicht nur ein Gläschen trinken, sondern sich – wenn man mag – auch über die angebotenen Getränke informieren. Der Barmann kennt sich aus und kann viel erzählen – über den Unterschied zwischen »jonge« und »oude Jenever«, die Zutaten, den Herstellungsprozess oder die perfekte Lagerung. Aber bitte nicht zu spät kommen, denn »proeflokalen« schließen meist gegen 21 Uhr.

Jenever ist nicht Jenever

Die Bezeichnung »jonge« und »oude Jenever« ist irreführend, handelt es sich doch keinesfalls um eine kürzer und eine länger gereifte Version des Wacholderschnapses. Vielmehr wurde der »jonge Jenever« erst in den 1940er-Jahren erfunden und hat eine andere Zusammensetzung: Statt auf dem stark malzigen Brennereiprodukt »moutwijn« basiert er hauptsächlich auf neutralem Alkohol. Dementsprechend hat er deutlich weniger Aroma. Jenever alten Stils kann dagegen, wenn er lange genug lagert, so weich und goldbraun wie Whisky werden und hat ein deutlich wahrnehmbares Wacholderaroma.

Süße und harte Sachen

Zu den bekanntesten Amsterdamer Likör-Herstellern gehört zweifellos Bols, 1575 von Lucas Bols gegründet. Heute vertreibt Bols seine Liköre, zu denen auch der Blue Curaçao gehört, in über 70 Ländern. Wenn man Hochprozentiges mag, sollte man sich aber v. a. die kleinen, unbekannteren Traditionsdestillerien wie De Ooievaar oder Wynand Fockink keinesfalls entgehen lassen.

Probierstuben

Eine kleine Auswahl an »proeflokalen«, die sich durch ihre Atmosphäre und das Angebot auszeichnen:

BROUWERIJ ‘T IJ

In einer Windmühle sitzt die Probierstube der Brouwerij ‚T IJ. Es gibt biologische, saisonale und »Gelegenheits«-Biere.

Funenkade 7

www.brouwerijhetij.nl

PROEFLOKAAL A. VAN WEES

In dieser recht großen Probierstube in einem ehemaligen Kutschhaus wird auch Essen serviert. Interessanter als die Gerichte sind jedoch die Jenever-Spezialitäten der Amsterdamer Destillerie Ooievaar.

Herengracht 319

www.proeflokaalvanwees.nl

DRIE FLESCHJES

Seit 1650 hat sich am Interieur der Probierstube hinter der Nieuwe Kerk kaum etwas verändert. Rund 50 Fässer mit Jenever lagern in dem kleinen Lokal.

Gravenstraat 18

www.dedriefleschjes.nl

WYNAND FOCKINK

Zwar kann man die 1679 gegründete Destillerie nur durch ein Fenster anschauen, aber im winzigen »proeflokaal« nebenan darf man alles verkosten, was produziert wird: verschiedene Jenever, aber auch altholländische Liköre mit klingenden Namen wie »Brautstränen« oder »Vollkommenes Glück«.

Pijlsteeg 31

www.wynand-fockink.nl

BROUWERIJ DE PRAEL

Mitten im Rotlichtviertel liegt die Brauerei De Prael, die in ihrer Probierstube elf verschiedene Biere plus saisonale Bockbierspezialitäten ausschenkt. Man bietet auch Führungen durch die Brauerei an.

Proflokaal: Oudezijds Armsteeg 26

Geschäft: Oudezijds Voorburgwal 30

http://deprael.nl

ESSEN UND TRINKEN

Den meisten Besuchern fällt zur niederländischen Küche nicht viel außer Käse ein. Als Gourmets sind die Niederländer auch nicht bekannt – umso überraschender, dass man in Amsterdam reichlich Gaumenkitzel erleben kann, wenn man die richtigen Adressen kennt.

Zwischen Hausmannskost und Weltküche

Stehkneipen und Gourmettempel

Restaurants sind in Amsterdam nicht schwer zu finden, es gibt sie an jeder Ecke: von neonbeleuchteten **Snackbars** über angesagte **Szenetempel** bis hin zu schummrigen »**eetcafés**«. Letztere sind eine echte Amsterdamer Institution: gemütliche Kneipen, in denen – ähnlich englischen Gastropubs – neben Getränken und Häppchen auch ganze Mahlzeiten serviert werden.

Restaurantknigge

In Kneipen wie in Gastrotempeln ist die Atmosphäre in der Regel angenehm ungezwungen. Als Gast sollte man sich in Amsterdam jedoch darauf einstellen, dass auch die Bedienung meist ein entspanntes Verhältnis zu ihrem Job hat: Korrektheit deutschen Stils ist selten, dafür ist man **herzlich und unkompliziert**. Im Restaurant, Café und Taxi kann man ein kleines **Trinkgeld** geben, sofern man mit dem Service zufrieden war. Wie in Deutschland gelten 5 – 10 % des Rechnungsbetrags als Richtwert, aber in der Praxis runden die Niederländer den Betrag häufig nur ein wenig auf.

Lokalkost neu interpretiert

Kartoffelbrei mit eingerührten Wurst- und Gemüsestücken: Lange galt der Klassiker der Hausmannskost, der »stamppot«, als Höhepunkt der niederländischen Küche. Und er kann wunderbar mun-

DAS ERSTE PLÄTZCHEN AM PLATZ

Erst leicht knusprig, dann auf der Zunge zergehend: Der weltbeste Schokoladenkeks stammt von Van Stapele und schmeckt unwiderstehlich – am besten dort, wo er gebacken wird: am Heisteeg 4.

den: Wie in vielen Ländern, ist auch in den Niederlanden eine Wiederentdeckung **lokaler Spezialitäten** im Gange, und es gibt zunehmend Restaurants, die eine verfeinerte **neuholländische Küche** pflegen. Dabei werden traditionelle Zutaten und Zubereitungsweisen modernisiert, sodass leichtere, elegantere Gerichte entstehen. An hervorragenden regionalen Produkten mangelt es nicht: Auf der Speisekarte stehen meist frischer Fisch, Miesmuscheln und einheimische Gemüsesorten wie Kapuzinererbsen oder Meeresspargel (»zeekraal«), aber auch lange gegarte Rindfleischtöpfe oder Lammfleisch von der Insel Texel. Eine niederländische Eigenheit ist die Vorliebe für Kombinationen aus herzhaft und süß, in der sich der **Einfluss aus den ehemaligen Kolonien** zeigt: Dann wird Leberpastete mit friesischem Zuckerbrot oder deftiger Limburger Käse mit Apfelsirup serviert. **Exotische Gewürze** (▶Baedeker Wissen S. 180) sind aus vielen Spezialitäten nicht wegzudenken. Das gilt besonders für Nelken in der Trockenwurst sowie für Ingwer und Zimt im Honigkuchen (»ontbijtkoek«).

Küchenfreuden aus aller Welt

Ohnehin spielen die Einflüsse der Kolonien in kulinarischer Hinsicht noch immer eine große Rolle. Saté (Hühnerspieße mit Erdnusssauce) und Nasi Goreng – beides aus Indonesien – gelten beinahe als niederländische Nationalgerichte. Und einige der besten indonesischen Restaurants außerhalb Asiens finden sich in Amsterdam. Die Menükarten der chinesischen Restaurants, die sich hauptsächlich in der Chinatown rund um den Zeedijk finden, klingen authentischer als anderswo in Europa. Und auch sonst ist die **Auswahl an internationalen Küchen** schier grenzenlos: Wer mag, kann in der Grachtenstadt surinamisch, peruanisch, tibetisch, südafrikanisch, japanisch und sogar nordkoreanisch essen. Allerdings meist erst abends, denn mittags isst man in den Niederlanden nicht warm, sondern nur eine Suppe oder ein Brötchen. Dafür findet das Abendessen traditionell schon gegen 18 Uhr statt, und um diese Zeit öffnen auch die meisten Restaurants. Gegen 22 Uhr schließt die Küche wieder.

Snack-Kultur à la Amsterdam: traditionell oder trendy

Wer zwischendurch Appetit hat, wird sich über leckeren holländischen Apfelkuchen (»appeltaart«, ▶Baedeker Wissen S. 217) oder aber über die ausgeprägte **Snackkultur** freuen, die vor allem mit Heißem und Fettigem aufwartet: Pommes mit Mayonnaise oder Erdnusssauce (aber niemals mit Ketchup!); Fleischkroketten oder Käsesoufflés, die man am Imbissstand kauft oder aus **»automatiek«** genannten Verkaufsautomaten zieht. Letztere findet man vor allem an Bahnhöfen und bei den zahlreichen Filialen der Fastfood-Kette Febo. Gourmet-Kroketten verkauft hingegen die Bäckerei Holtkamp. Wenn man sich nicht entscheiden kann, ob man nun Kroketten, Mezze, Antipasti, Austern oder Pies essen möchte, dann sollte man in **▶De Hallen** (S. 220) vorbeischauen, die sich in einer ehemaligen Straßenbahnremise niedergelassen haben. An einem der vielen Stände mit Gerichten aus aller Welt holt man sein Essen, setzt sich an einen Tisch in der großen Halle mit Glasdach und lässt es sich schmecken – niederländische Snackkultur sehr trendy und auf gehobenem Niveau.

Bier, Jenever & mehr

Mit der Esskultur hat sich in den letzten Jahrzehnten auch die Trinkkultur verändert. War Amsterdam früher eine echte Biertrinkerstadt, so ist **Wein** inzwischen mindestens ebenso gängig – wobei man sich die hochprozentigen **Lokalbiere** von der Brouwerij 't IJ oder De Prael nicht entgehen lassen sollte. Allgemein sind niederländische Biere süßlicher als deutsche und werden prinzipiell in kleinen Gläsern (»vaasje«) serviert. Große Gläser sind nur für Touristen! Zum Abschluss der Mahlzeit lockt der »oude jenever« genannte **Wacholderschnaps** (►Baedeker Wissen S. 210). Niederländer beenden ihr Mahl aber auch gerne mit einem »koffie verkeerd« (Kaffee verkehrt herum), also Milchkaffee.

AUSGESUCHTE RESTAURANTS ►PLAN S. 204/205

PREISKATEGORIEN

für ein Hauptgericht:
€€€€ über 25 €
€€€ 20 – 25 €
€€ 10 – 20 €
€ unter 10 €

HOLLÄNDISCHE KÜCHE

4 LASTAGE €€€€
Lastage ist der Name des alten Viertels zwischen Nieuwmarkt und Oosterdok, in dem früher Schiffsladungen gelöscht wurden. Nun sitzt in dieser Gegend das gleichnamige Restaurant, dessen Chefkoch Rogier van Dam selbst gemachte Würste und edle, französisch angehauchte Gerichte mit lokalen Zutaten zaubert. Seinen Kochstil beschreibt er als »französisch geschult, aber tief im holländischen Polderboden verwurzelt«.
Geldersekade 29
Tel. 020 7 37 08 11
www.restaurantlastage.nl

10 GREETJE €€€
Bei Greetje pflegt man die moderne holländische Küche auf gehobenem Niveau, die Atmosphäre ist dennoch locker und gesellig. Der Abstecher in die etwas versteckte Seitenstraße lohnt sich. Empfehlenswert ist auch die Vorspeisen-Etagere mit einer großen Auswahl kleiner Köstlichkeiten.
Peperstraat 23 – 25
Tel. 020 7 79 74 50
www.restaurantgreetje.nl

17 WILDE ZWIJNEN €€€
(Noch) ein echter Geheimtipp, für den man jedoch den Umweg in den Osten der Stadt in Kauf nehmen muss. Das angesagte Lokal lockt ein junges Publikum. Auf der Karte stehen fantasievolle Gerichte, zubereitet mit regio-

Zwischendurch gibt es immer auch entspannte Momente im »Greetje«.

nalen Produkten – vom IJsselmeer-Wels bis zur Brabanter Blutwurst.
Javaplein 23
Tel. 020 4 63 30 43
www.wildezwijnen.com

⓬ HAESJE CLAES €€
Rustikal holländisches Interieur und ebensolches Essen mitten im Zentrum. Gerichte wie Sauerkraut-»stamppot« mit Hackbällchen machen vor allem Fleischesser glücklich.
Suistraat 275
Tel. 020 6 24 99 98
www.haesjeclaes.nl

INTERNATIONALE KÜCHE

⓲ DE KAS €€€€
In der ehemaligen Amsterdamer Stadtgärtnerei werden heute erstklassige Gerichte serviert – drinnen im lichtdurchfluteten Gewächshaus oder draußen auf der großen Terrasse im Frankendael-Park. Die Zutaten stammen größtenteils aus dem eigenen Gewächshaus bzw. von den Äckern im Beemster Polder.
Kamerlingh Onneslaan 3
Tel. 020 4 62 45 62
www.restaurantdekas.nl

❻ PLANTAGE €€€
Im Sommer wird mittags draußen auf der Terrasse mit Blick auf die Volière des Artis-Zoos aufgetischt, im Winter drinnen in der lichtdurchfluteten Orangerie. Im Angebot sind wohlschmeckende internationale Gerichte wie Rotbarsch, Shakshouka oder Ravioli.
Plantage Kerklaan 36
www.caferestaurantdeplantage.nl

TYPISCHE GERICHTE

Herzhaft mit süßer Note:
Da läuft das Wasser im Mund zusammen: rosa schimmernder Matjes, der am besten gleich aus der Hand verzehrt wird. Und wenn auch Stamppot nicht allzu edel klingt – lecker ist er allemal. Auch Süßmäuler kommen in Amsterdam keinesfalls zu kurz.

Hollandse nieuwe (Matjeshering): Mit deutschem Matjeshering hat der niederländische »hollandse nieuwe« nicht viel gemein, denn er ist viel zarter und weniger salzig als sein Nachbar. Gegessen wird er traditionell als Snack am Straßenstand: am Schwanz packen, Kopf in den Nacken legen und abbeißen. Es ist aber auch erlaubt, ihn in Stückchen schneiden oder in ein Brötchen legen zu lassen. Auf der Karte holländischer Restaurants taucht er manchmal als Tartar zubereitet bei den Vorspeisen auf.

Stamppot: Vor allem, wenn heimische Blattgemüse wie Portulak, Endivien oder Rübstiele, weiße Bohnen oder auch eine Handvoll ausgelassener Speck zu den Stampfkartoffeln zugegeben werden, ist das Gericht eine leckere Sache. Zu Hause ist es mit einem Löffel Fleischsauce ein Hauptgericht, im Restaurant isst man es meist nur als Beilage.

Rijsttafel: Die »Reistafel« ist eine Erfindung niederländischer Kolonialherren in Indonesien, die ihren Gästen verschiedene Gerichte anbieten wollten. Bis zu vierzig Schüsselchen mit Fleisch-, Fisch- und Gemüsegerichten, Sambals, eingelegten Gemüsen und Nüssen werden auf den Tisch gestellt. Vorsicht: »pedis« bedeutet scharf!

Pannenkoeken: Pfannkuchen sind ein absoluter Klassiker der niederländischen Küche und sind schon auf einigen Gemälden aus dem Goldenen Zeitalter zu sehen. Die Niederländer stellen ihre pizzagroßen Eierkuchen mit einer Mischung aus Buchweizen- und Weizenmehl her und belegen sie gerne mit herzhaft-süßen Kombinationen, zum Beispiel Äpfeln oder kandiertem Ingwer und Speck. Zuletzt wird der Pfannkuchen mit Zuckerrübensirup übergossen. Poffertjes sind kleine Verwandte des Pfannkuchens, die es vor allem auf der Kirmes gibt, sie werden mit salziger Butter und Puderzucker gegessen.

Bitterballen: Zu Bier oder Genever dürfen in Holland diese knusprig frittierten Bällchen mit ihrer Fleischragoutfüllung nicht fehlen. Den Ursprung haben sie in der heimischen Resteverwertung: Fleisch vom Vortag wurde mit einer dicken Béchamelsauce verrührt, die Kugeln daraus in heißem Fett ausgebacken. Man tunkt sie vor dem Verzehr in scharfen Senf. Legendär sind die Kalbfleisch-»bitterballen« der Patisserie Holtkamp.

Appeltaart: Apfelkuchen ist aus keinem niederländischen Café mehr wegzudenken. Bereits im allerersten niederländischen Kochbuch aus dem Jahr 1514 findet sich ein Rezept für diese Spezialität. Der Kuchen besteht aus hochrandigem Mürbeteig, der mit einer Mischung aus Boskoop-Apfelstücken und Rosinen gefüllt und mit einem Teiggitter belegt wird. Er wird warm serviert, mit Schlagsahne oder seltener Vanilleeis.

8 CHOUX €€€

Rotes Haus, weiße Fliesen, grobe Holztische. Doch was auf den Tisch kommt, ist sehr fein. Das Choux (in der Nähe des Zentralbahnhofs am IJ) zählt zu den kreativsten Restaurants der Stadt. Hervorzuheben ist die umfangreiche Bio-Weinkarte.
De Ruyterkade 128
https://choux.nl

3 DE BELHAMEL €€€

Dieses Restaurant mit Art-déco-Einrichtung befindet sich in einem der schönsten Winkel des Grachtenrings. Im Sommer sind auch einige Tische direkt an der Gracht aufgestellt. Auf der Karte stehen französische Gerichte, aber auch Niederländisches wie Muscheln und Lammskeule.
Brouwersgracht 60
Tel. 020 6 22 10 95
www.belhamel.nl

1 CAFÉ AMSTERDAM €€

Großes, lebhaftes Restaurant im beeindruckenden einstigen Maschinenhaus der Wasserwerke. Unter der Decke hängen gusseiserne Haken und Ketten; auf der Karte stehen einfache, aber gut zubereitete Klassiker: Muscheln, Kroketten, Steaks, Pommes.
Watertorenplein 6
Tel. 020 6 82 26 66
www.cafeamsterdam.nl

FISCHRESTAURANTS

24 LE RESTAURANT €€€€

Ein französisches Restaurant in der Nähe des Albert Cuypmarkts, in dem man jeden Tag frisch auf den Tisch bringt, was der Markt an Fisch und Meeresfrüchten so zu bieten hat. Es gibt zwar lediglich ein Menü, aber Sonderwünsche werden dennoch berücksichtigt.
Frans Halsstraat 26
Tel. 020 3 79 22 07
www.lerestaurant.nl

21 VIS AAN DE SCHELDE €€€€

Im schicken Süden Amsterdams zaubert Chefkoch Arjan Wennekes Überraschungsmenüs, aber auch erstklassige À-la-carte-Gerichte rund um das Thema Fisch. Sie sind in zwei Kategorien unterteilt: »Vis & Signature« (Evergreens der Fischküche) und »Vis & Nu« (eigene Kreationen). Bitte unbedingt reservieren!
Scheldeplein 4
Tel. 020 6 75 15 83
www.visaandeschelde.nl

11 ÉÉNVISTWÉÉVIS €€

Besonders nettes Kiezrestaurant mit Wohnzimmeratmosphäre und hervorragender Fischküche im holländischen Stil: internationale Gerichte, lokale Zutaten ganz ohne Firlefanz. Bemerkenswert ist auch die Lage des Restaurants in der Nähe des Entrepotdok.
Schippersgracht 6
Tel. 020 6 23 28 94
www.eenvistweevis.nl

19 THE SEAFOOD BAR €

Vom Krabbenbrötchen bis zur Meeresfrüchteplatte: In dieser Fischbar gibt es nicht nur schnelle Häppchen, sondern auch komplette Menüs. Gut geeignet für ein Mittagessen während des Shoppings in der P.C. Hooftstraat oder nach einem Besuch des Stedelijk Museum.
Van Baerlestraat 5
Tel. 020 6 70 83 55
www.theseafoodbar.nl

ASIATISCHE KÜCHE

15 SAMPURNA €€€

Hier hat man auch mittags geöffnet: gemütlicher kleiner Indonesier am Blumenmarkt mit authentischer Reistafel. Aber Vorsicht ist geboten: Scharfe Gerichte sind hier wirklich scharf!
Singel 498
Tel. 020 6 25 32 64
www.sampurna.nl

13 KANTJIL EN DE TIJGER €€

Großer, lauter Indonesier mit meist jungem Publikum. Wer keine ganze Reistafel verputzen will, kann stattdessen Nasi Rames wählen: ein Teller, auf dem sich acht kleine Gerichte dekorativ und schmackhaft zueinandergesellen.
Spuistraat 291 – 293
Tel. 020 6 20 09 94
www.kantjil.nl

9 BANGKOK €€-€€€

Traditionsreiches, familiengeführtes Thai-Restaurant nahe Rembrandtplein, das für sein gebratenes Hähnchen mit Cashewnüssen bekannt ist. Die Gewürze werden frisch aus Thailand geliefert.
Reguliersdwarsstraat 117
www.restaurant-bangkok.nl

16 SICHUAN FOOD €€

Mitten im Ausgehrummel am Rembrandtplein gibt es hervorragende Szechuan-Küche mit einem Michelin-Stern. Vor allem die Pekingente ist unübertroffen. Sie wird traditionsgemäß in drei Gängen serviert, begleitet von hauchdünnen Pfannkuchen.
Reguliersdwarsstraat 35
Tel. 020 6 26 93 27
www.sichuanfood.nl

Spezialitäten aus den ehemaligen Kolonien wie Nasi goreng oder Saté gehören mittlerweile zu den beliebtesten Gerichten in den Niederlanden. Nicht umsonst zählen die indonesischen Restaurants in Amsterdam zu den besten Europas.

7 ORIENTAL CITY €
Dim Sum wird in China meist um die Mittagszeit oder auch nachmittags zum Tee gegessen – und genau deshalb sollte man ins Oriental City gehen, denn dann sitzen hier vor allem chinesische Familien in dem mehrgeschossigen Restaurant und lassen sich die herzhaften Häppchen schmecken. Die Gerichte kommen wundervoll ästhetisch angerichtet auf den Tisch. Wer sicher gehen will, dass er einen Platz bekommt, kann vorab reservieren.
Oudeziijds Voorburgwal 177 – 179
Tel. 020 6 26 83 52
www.oriental-city.com

SURINAMISCHE KÜCHE

22 MOKSI €
Die ehemalige niederländische Kolonie Surinam ist ein Vielvölkerstaat, und auch ihre Küche ist eine besonders vielfältige Mischung aus karibischen, chinesischen und indischen Einflüssen. Bei Moksi im Viertel De Pijp gibt es wunderbar würzige Gerichte und hervorragendes »roti« (indische Pfannkuchen) sowie leckeren »spekkoek« (indonesischer Baumkuchen).
Ferdinand Bolstraat 21
Tel. 020 6 76 82 64
www.moksi.nl

NORDAFRIKANISCHE KÜCHE

23 COUSCOUSCLUB €
Nach den Türken bilden Marokkaner in Amsterdam die zweitgrößte Einwanderergruppe. In diesem geselligen Restaurant im Wochenmarktviertel De Pijp gibt es Couscous in allen Varianten. Auf der Speisekarte de CousCousClub werden auch Veganer fündig.
Ceintuurbaan 346
Tel. 020 6 73 35 39
www.couscousclub.nl

EETCAFÉS

14 CAFÉ LUXEMBOURG €€
Das Grand Café am Spui hat ein elegantes Art-déco-Dekor und eine Terrasse am Platz, von der aus man wunderbar Leute beobachten kann. Auf dem Menü stehen Bistro-Klassiker wie Caesar Salad und großartige Kroketten von der Patisserie Holtkamp.
Spui 24
Tel. 020 6 20 62 64
www.luxembourg.nl

5 MATA HARI €
Mitten im Rotlichtviertel liegt das nette Café, das mit seinen Sofas und Stehlampen an ein großes Wohnzimmer erinnert. Auf der Karte stehen Ribeye-Steaks, Quiches und Pasta. Im Sommer sitzt man schön an der Gracht.
Oudezijds Achterburgwal 22
Tel. 020 2 05 09 19
www.matahari-amsterdam.nl

2 WINKEL 43 €
Am Samstag, wenn Markttag auf dem Noordermarkt und in der Lindengracht ist, bekommt man bei Winkel 43 meist keinen Fuß mehr in die Tür. Beliebt ist insbesondere die vorzügliche »appeltaart«. Abends wird ein wechselndes Menü angeboten und im Winter bekommt man hier auch traditionellen »stamppot« (►S. 216).
Noordermarkt 43
Tel. 020 6 23 02 23
www.winkel43.nl

20 DE HALLEN €
Kroketten, Mezze, Antipasti, Austern oder Pies – in der ehemaligen Straßenbahnremise gibt es alles. Wie ein asiatisches Food Center konzipiert. Lange Tische, junges Publikum. Sehr trendy!
Bellamyplein 51
www.foodhallen.nl

FEIERN

Was die Anzahl der gesetzlichen Feiertage betrifft, bilden die Niederlande mit nur sieben freien Tagen pro Jahr das Schlusslicht in der Europäischen Union. Doch dass die Niederländer gerne feiern, beweist die stadtweite Ausgelassenheit am Königstag. Etwas zivilisierter geht es bei den Musik- und Bühnenfestivals zu, die in den Sommermonaten stattfinden.

Ein Hoch auf den König!

Jedes Jahr Ende April flippt ganz Amsterdam aus, denn dann ist Koningsdag. Ursprünglich wurde dieser Tag am 30. April, dem Geburtstag von Königin Juliana, begangen. Ihre Tochter Beatrix wurde zwar am 31. Januar geboren, aber da es sich im Frühjahr angenehmer feiern lässt, behielt sie das Datum im April bei.
Da der **Geburtstag des jetzigen Königs** Willem-Alexander auf den 27. April fällt, wurde der Festtag mit seiner Thronbesteigung auf diesen Tag verlegt. Fällt der 27. April auf einen Sonntag, dann wird am 26. April gefeiert. Willem-Alexander selbst beehrt am Königstag jedes Jahr eine Stadt in einer anderen Provinz des Landes mit seinem Besuch. In Amsterdam hingegen taucht er eher selten auf (►S. 16).
Dort beginnt der Koningsdag mit dem »**vrijmarkt**«, bei dem sich die ganze Stadt in einen riesigen Flohmarkt verwandelt. Jeder darf seinen Ramsch und Tand direkt auf dem Gehsteig vor dem eigenen Haus verkaufen; dazwischen spielen **Bands** und werden Snacks und Getränke angeboten. Die Menschenmassen schieben sich durch die Straßen – zu Ehren des Königs komplett in **Orange** gewandet, der Farbe des Hauses Oranje. In der Innenstadt ist an dem Tag fast kein Durchkommen!

In Feierlaune rund ums Jahr

In den Sommermonaten findet eigentlich ständig irgendein kleines oder auch großes Festival statt. Vor allem Musik- und Theaterfreunde kommen dabei auf ihre Kosten. Vieles spielt sich rund um die Grachten ab. Im Winter erstrahlt beim **Amsterdam Light Festival** (►S. 125, 222) der historische Grachtengürtel in besonderem Lichterglanz.

Zuschauersport

Fußball über alles

Der **Amsterdamsche Football Club Ajax** ist mit Abstand der erfolgreichste Fußballverein in den Niederlanden. Heimat des Clubs ist die im Jahr 1996 eröffnete **Amsterdam-Arena** (Bijlmermeer). Fußballbegeisterte können an Führungen im Stadion teilnehmen (www.ajax.nl) oder das **Ajax Experience** nahe dem ►Rembrandtplein aufsuchen.

FEIERTAGE/EVENTS

GESETZLICHE FEIERTAGE

1. Januar: Neujahr
Ostern (Pasen)
27. April: Königstag (Koningsdag)
Pfingsten (Pinksteren)
Christi Himmelfahrt
25./26. Dezember: Weihnachten (Kerstmis)

FEIERTAGE UND FESTE IM DEZEMBER/JANUAR

AMSTERDAM LIGHT FESTIVAL
►S. 125
Sechs Wochen lang säumen leuchtende Skulpturen, Projektionen und Installationen von internationalen Lichtkünstlern die Grachten. Man kann sich die Kunstwerke während eines Spaziergangs ansehen oder – noch schöner – sich von einem Rundfahrtboot durch die Grachten schippern lassen.
www.amsterdamlightfestival.com

IM JANUAR/FEBRUAR

CHINESISCHES NEUJAHRSFEST
Auf dem Zeedijk und in den umliegenden Gassen der Chinatown gibt es Drachentänze, Feuerwerk und viele chinesische Spezialitäten. Kinder reichen kleine rote Taschen herum, in denen sie Glücksgeld fürs nächste Jahr sammeln.

IM MÄRZ/APRIL

KEUKENHOF
Ende März öffnet der ►Keukenhof in Lisse (25 km südwestlich von Amsterdam) seine Türen. Zwei Monate lang kann man die Narzissen- und Tulpenblüte im 32 Hektar großen ehemaligen Küchengarten der Jakobäa von Bayern bewundern.

KONINGSDAG
►S. 14

TULP FESTIVAL
Von Anfang April bis Mitte Mai zieren 500 000 Tulpen die Stadt. Sehenswert ist insbesondere der Museumplein mit bunten Tulpen im großen Wasserbecken.
www.tulpfestival.com

IM MAI/JUNI

DODENHERDENKING/ BEVRIJDINGSFESTIVAL
Am 5. Mai 1945 endete die deutsche Besatzung. Am 4. Mai wird deshalb um 20 Uhr auf dem Dam der Toten gedacht. Am Tag darauf findet das Befreiungsfestival mit Konzerten niederländischer Bands statt.

AMSTERDAM ART
Im Mai trifft sich die zeitgenössische Kunstszene in Amsterdam. Rund 30 Galerien und einige Museen öffnen ihre Türen für Ausstellungen (vor allem junger Künstler), Performances, Lesungen und Feste.
https://amsterdamart.com

HOLLAND FESTIVAL
Den ganzen Monat über dauert das Festival mit Musik, Theater und Tanz aus dem In- und Ausland. Zum Programm gehören experimentelle Performances und Weltpremieren. Veranstaltungsorte sind u. a. Stadsschouwburg, Theater Carré, Muziektheater (Stopera), ►Concertgebouw und Paradiso (►Ausgehen).
www.hollandfestival.nl

OPEN TUINEN DAGEN
Am dritten Wochenende im Juni öffnen rund 30 Grachtenhäuser die Türen zu ihren Gärten. Eine einzigartige

OBEN: Feuerwerk über dem Hauptbahnhof Amsterdam Centraal
UNTEN: Höhepunkt der Amsterdam Gay Pride ist der Umzug in bunt geschmückten Booten durch die Grachten der Stadt, die Canal Parade.

Gelegenheit, einen Blick in die verborgenen, grünen Oasen zu werfen.
www.opentuinendagen.nl

OPENLUCHTTHEATER

Das Festival im ▶Vondelpark begeistert von Juni bis September mit Open-Air-Veranstaltungen, mit Kabarett und Konzerten.
www.openluchttheater.nl

IM JULI

AMSTERDAM GAY PRIDE

Das Schwulenfestival findet in der letzten Juli- oder ersten Augustwoche statt und zieht rund 350 000 Besucher an. Höhepunkt ist die Canal Parade, eine laute und farbenfrohe Parade auf den Grachten am Samstag.
www.amsterdamgaypride.nl

IM AUGUST

DE PARADE

Theater- und Kleinkunstfestival, das im Sommer durch vier holländische Städte zieht. In Amsterdam ist es meist im August im Martin Luther King Park.
www.deparade.nl

GRACHTENFESTIVAL

Kultureller Höhepunkt mit etwa 60 klassischen Konzerten. Publikumsmagnet ist das kostenlose Prinsengrachtkonzert, das am letzten Freitag vor dem Hotel Pulitzer stattfindet.
www.grachtenfestival.nl

UITMARKT

Am letzten Augustwochenende wird der Beginn der neuen Kultursaison begangen. Unzählige kostenlose Konzerte gibt es auf 30 Bühnen.
www.amsterdamsuitburo.nl

IM SEPTEMBER

AMSTERDAM CITY SWIM

Ende August/Anfang September springen um 13 Uhr Tausende Schwimmer in das IJ, um eine zwei Kilometer lange Route entlang Nieuwe Herengracht, Amstel und Keizersgracht zu absolvieren.
www.amsterdamcityswim.nl

OPEN MONUMENTENDAG

Am zweiten Samstag im September sind viele historische Bauwerke geöffnet, die sonst nicht zugänglich sind – eine seltene Gelegenheit, die Interessierte sich möglichst nicht entgehen lassen sollten!
www.openmonumentendag.nl

IM OKTOBER

GRACHTENRACE

Hunderte Schaluppen liefern sich am zweiten Oktobersamstag ein Wettrennen quer durch die Stadt.
www.grachtenrace.com

IM NOVEMBER

MUSEUMNACHT AMSTERDAM

Die erste Samstagnacht im November lockt Kunstfreunde zu ganz besonderen Ausstellungen und Feiern in die Museen der Stadt.
http://museumnacht.amsterdam

INTOCHT SINTERKLAAS

Der Legende zufolge wohnt St. Nikolaus in Spanien. Jedes Jahr kommt er am zweiten Samstag per Schiff in Amsterdam an und zieht auf einem Schimmel durch die Stadt zum Dam, wo er vom Bürgermeister empfangen wird. Vor dem Schifffahrtsmuseum findet anlässlich der »intocht« (Einzug) ein großes Kinderfest statt.
www.sintinamsterdam.nl

IM DEZEMBER

PAKJESAVOND

Der Abend des 5. Dezember ist in den Niederlanden ein Fest, das im Familienkreis begangen wird – vergleichbar mit dem Heiligabend.

MUSEEN UND GALERIEN

Van Gogh Museum, Rijksmuseum, Stedelijk Museum: Das sind die »Big Three« der Amsterdamer Museumslandschaft. Daneben gibt es aber noch etwa 50 weitere Museen in der Grachtenstadt, die sich den unterschiedlichsten Themen widmen – das Spektrum reicht von Hauskatzen bis Haschisch.

Die »Big Three« der Amsterdamer Museen

Die drei wichtigsten Kulturtempel liegen alle am **Museumplein**. Das meistbesuchte Museum Amsterdams ist ohne Frage das ▸Rijksmuseum, Heimat der Meisterwerke des Goldenen Zeitalters, gefolgt vom ▸Van Gogh Museum. Direkt nebenan befinden sich das ▸Stedelijk Museum mit seiner vielgerühmten Sammlung moderner Kunst und das Moco mit zeitgenössischen Werken. Konkurrenz macht den drei Kunsthäusern ein Ableger der ▸Hermitage aus St. Petersburg, das Werke aus der umfangreichen Sammlung des Mutterhauses zeigt.

Mehr Publikumslieblinge

Neben den Kunsttempeln locken aber auch bedeutende historische Museen wie das ▸Anne Frank Huis, das ▸Scheepvaartmuseum oder das ▸Amsterdam Museum, in dem die Stadtgeschichte beleuchtet

Immer mal eine neue Perspektive: Blick vom Stedelijk Museum auf den Museumsplein

BAEDEKER WISSEN

REMBRANDT IN AMSTERDAM

Hollands berühmtester Maler zog 1632 von Leiden nach Amsterdam und kaufte sich 1639 ein Haus in der Jodenbreestraat, das heutige Rembrandthuis – ein guter Ausgangspunkt für einen Spaziergang auf den Spuren des Künstlers durch einige Museen mit seinen Werken bis zu seinem Grab in der Westerkerk.

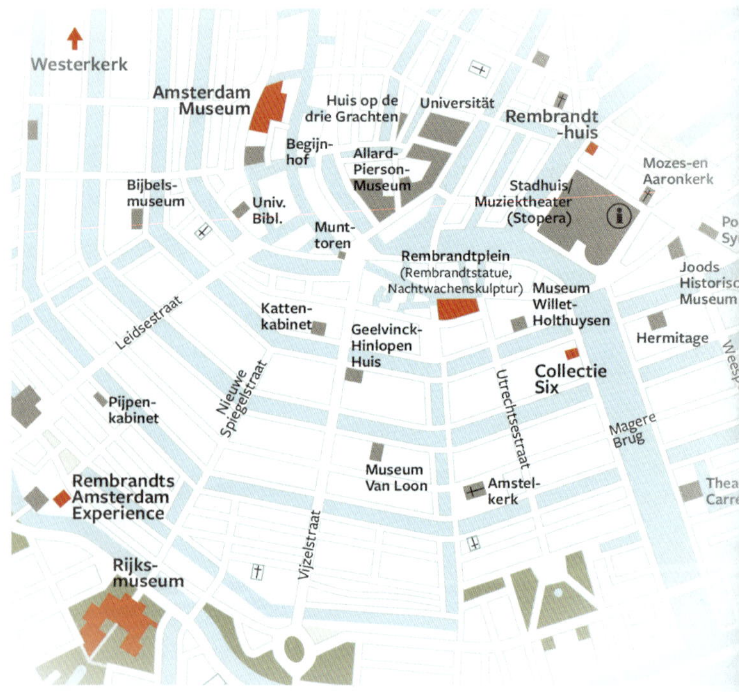

©BAEDEKER

▶ **Rembrandt in Amsterdamer Museen**

Rijksmuseum
»Tobias verdächtigt seine Frau des Diebstahls« 1626
»Selbstbildnis« 1628
»Jeremia trauert über die Zerstörung Jerusalems« 1630
»Stillleben mit zwei toten Pfauen« 1639
»Die Nachtwache« 1642
»Das Hundertguldenblatt« 1647–1649
»Selbstbildnis als Apostel Paulus« 1661
»Porträt der Vorsteher der Tuchmacherzunft« 1662
»Isaak und Rebekka« um 1666

Collectie Six
»Porträt des Jan Six« 165

Amsterdam Museum
»Anatomische Vorlesung des Dr. Deyman« 1656

(Rembrandts Amsterda Experience)
Digital

›brandts wichtigste Schüler und einige ihrer Werke

›rt Flinck (1615-1660)	Gerard Dou (1613-1675)	Ferdinand Bol (1616-1680)
›ıbrandt als Hirte« 1636	»Mädchen mit Öllampe« 1645	»Selbstporträt« 1669
k segnet Jakob« 1638	»Die Abendschule« 1660	
	»Der Einsiedler« 1664	

Nachtwache«

ielleicht berühmteste Gemälde Rembrandts trägt den vollständigen Titel »Der Schützen-arsch der Kompanie des Hauptmanns Frans Banning Cocq und seines Leutnants Willem van ›nburgh«. Es war eine Auftragsarbeit für den Festsaal der Schützengilde, wo es nach seiner ›ndung 1642 aufgehängt wurde. Rembrandt erhielt dafür ein Honorar von 1600 Gulden. ‹am es ins Amsterdamer Rathaus und wurde dabei, weil mit 4,02 x 5,10 m zu groß, ‚79 x 4,53 m zurechtgeschnitten.

onen

Frans Banning Cocq, Kapitän

Willem van Ruytenburgh

Jan Cornelisz, Standartenträger

Reijner Engelen, Wachtmeister

Rombout Kemp, Wachtmeister

Herman Wormskerck

7 Vermutlich Wallich Stellingwou, Pikenier

8 Vermutlich Jacob de Roy, Pikenier

9 Vermutlich Jacob Jorisz, Trommler

☐ Schützen

☐ Zusätzliche Personen

wird. In prachtvollen alten Grachtenhäusern kann man nachempfinden, wie die oberen Zehntausend im Goldenen Zeitalter lebten. Zeitgenössisches findet sich dagegen im Fotografiemuseum FOAM (▶S. 100, 230), im Kunstzentrum De Appel und im MOCO, dem Modern Contemporary Museum Amsterdam.
Wer Lust auf einen Bummel durch **Amsterdams Galerienlandschaft** hat, kann seine Route vorab online planen (www.amsterdamart.com).

Eine Nacht voller Überraschungen

Ein Höhepunkt ist die **Museumsnacht,** die jedes Jahr am ersten Samstag im November stattfindet (museumnacht.amsterdam). Dann haben schon mal Celloensembles im Rijksmuseum ihren Auftritt, oder man landet im EYE Film Instituut in der Zombie-Nacht.

Tickets, Vergünstigungen, Öffnungszeiten

Die Eintritte der Amsterdamer Museen sind gesalzen, und Studentenrabatte gibt es nicht. Schon wenn man mehr als zwei Museen besuchen will, lohnt sich die Anschaffung der **I amsterdam City Card** oder der Museumkaart. Die »I amsterdam City Card« ist ein Kultur- und Freizeitpass, der einen oder mehrere Tage lang gültig ist. Sie gewährt kostenlosen Zugang zu zahlreichen Museen, einer Grachtenfahrt und dem öffentlichen Nahverkehr und räumt außerdem Rabatte in manchen Restaurants und Attraktionen ein. Für 24 Stunden kostet sie 65 Euro. Man erhält sie beim I Amsterdam Visitor Centre (▶S. 262) oder online (www.iamsterdam.com. Die **Museumkaart** ist hingegen ein reiner Museumspass. Sie kostet 64,90 Euro und gewährt ein Jahr lang freien Eintritt in so gut wie alle niederländischen Museen. Erhältlich ist sie an allen Museumskassen oder auch online (www.museumkaart.nl).
Die meisten Museen sind Di. – Sa. 10. – 17. Uhr geöffnet. Nur die größten Museen haben auch montags und teilweise abends geöffnet. Am besten vor dem Besuch noch einmal die Öffnungszeiten checken.

AMSTERDAMS WICHTIGSTE MUSEEN

GESCHICHTE UND KULTURGESCHICHTE

AMSTERDAM DUNGEON

Für Freunde des Gruseligen: Schauspieler stellen historische Foltermethoden und die Schrecken der Pest dar.
Rokin 78 | www.the-dungeons.nl
Tram: 4, 14, 24 | tgl. 11 – 15.30 Uhr | Eintritt: 25 €, online 22 €

AMSTERDAM MUSEUM

▶Amsterdam Museum

ANNE FRANK HUIS

▶Anne Frank Huis

HET GRACHTENHUIS MUSEUM

Die Geschichte des Grachtenrings, aber auch Wissenswertes über die Architektur und die besondere

Jede Menge Durchblick im Brillenmuseum: Skurriles Sammelsurium mit einem großartigen Abriss über die Geschichte der Sehhilfe in den letzten 700 Jahren.

Gestaltung von Grachtenhäusern (►Baedeker Wissen S. 80) sind in diesem Museum versammelt.
Herengracht 386 | www.het-grachtenhuis.nl | Tram: 1, 12 | Di. – So. 11 – 17 Uhr | Eintritt: 15 €

JOODS HISTORISCH MUSEUM

►Joods Historisch Museum

SCHEEPVAARTMUSEUM

►Scheepvaartmuseum

TROPENMUSEUM

►Tropenmuseum

KUNST UND ARCHITEKTUR

DE APPEL

Kunstzentrum mit wechselnden Ausstellungen zeitgenössischer Künstler.
Schipluidenlaan 12 | www.deappel.nl | Tram: 1, 17, Metro: 50
Mi. –So. 11 – 18 Uhr | Eintritt: 7 €

ARCAM

Kleines Architekturzentrum mit Wechselausstellungen zum Amsterdamer Baugeschehen.
Prins Hendrikkade 600 | arcam.nl
Bus: 22, 48 | Di –So. 13 – 17 Uhr | Eintritt frei

COBRA MUSEUM OF MODERN ART

Nicht nur Werke der Gruppe CoBrA gibt es in Amstelveen vor den Toren von Amsterdam zu sehen; angegliedert ist die CoBrA-Sammlung.
Sandbergplein 1 – 3, Amstelveen, www.cobra-museum.nl
Tram: 5 | Di. – So. 10 – 17 Uhr
Eintritt: 15 €

FOAM

Fotografie vom Bildjournalismus bis zur Fotokunst – ganz international.
Keizersgracht 609
www.foam.nl | Tram: 24 (Muntplein) | tgl. 10 – 18, Do./Fr. bis 21 Uhr | Eintritt: 12,50 €

HERMITAGE

►Hermitage

HUIS MARSEILLE

Das Fotografiemuseum befindet sich in einem schönen Grachtenhaus. Schwerpunkt der Sammlung ist zeitgenössische Fotografie, v. a. aus den Niederlanden, Südafrika und Japan.
Keizersgracht 401
www.huismarseille.nl
Tram: 2, 11, 12
tgl. 10 – 17 Uhr | Eintritt: 9 €

MOCO

Das Moco (Modern Contemporary), ansässig in einer alten Villa am Museumplein, zeigt bedeutende Werke zeitgenössischer Künstler, wie z. B. des Streetart-Künstlers Banksy.
Honthorststraat 20
www.mocomuseum.com
Tram: 2, 5, 12 | tgl. 9 – 17 Uhr
Eintritt: 15,50 €

NXT MUSEUM

Das Museum für Medienkunst präsentiert großformatige, digitale Kunstinstallationen.
Asterweg 22 | nxtmuseum.com
Fähre: 6 (Distelweg) |
tgl. 10 – 17 Uhr | Eintritt: 20,50 €

REMBRANDTHUIS

►Rembrandthuis

REMBRANDTS AMSTERDAM EXPERIENCE

25-minütiges digitales Erlebnis mit Spezialeffekten über Rembrandt Leben im Amsterdam des 17. Jh.s
tgl. 10 – 17 Uhr | Weteringschans 2
Tram: 2, 5, 12, 19
rembrandtsamsterdam.com
Eintritt: 12,50 €

RIJKSMUSEUM

►Rijksmuseum

STEDELIJK MUSEUM

►Stedelijk Museum

OBEN: Schon von Weitem springt einem der Nachbau des Ostindienseglers »Amsterdam« vor dem Scheepvaartmuseum ins Auge. Seine Sammlung gilt als eine der bedeutendsten weltweit, erzählt sie doch von der großen Vergangenheit der Niederlande als Seefahrernation.

UNTEN: Keine Angst vor dem großen Auftritt: eine kleine Betrachterin vor dem Porträt der Augusta Preitinger (1910) von Kees van Dongen (Van Gogh Museum)

STRAAT
Mauergroße Graffiti- und Streetartwerke sind in einer Halle in Amsterdam-Noord zu bestaunen.
NDSM-Werft | Fähren: 4, 5, 7
https://straatmuseum.com
Mi. – So. 10 – 18 Uhr
Eintritt: 17,50 €

VAN GOGH MUSEUM
►Van Gogh Museum

WEITERE MUSEEN

EYE FILM INSTITUUT ► S. 55
Der Museumsbereich des Filminstituts präsentiert Perlen aus der umfangreichen filmhistorischen Sammlung wie eine Windmaschine oder eine Stummfilm-Orgel.
Uferpromenade 1 (Noord)
http://eyefilm.nl

HASH MARIHUANA & HEMP MUSEUM
Im Hanfmuseum und der zugehörigen, ca. 50 m entfernt gelegenen Hemp Gallery werden die 8000-jährige Geschichte der Pflanze und ihre Verwendungsmöglichkeiten (Papier, Textilien etc.) beschrieben, auch Rauchmethoden, Herstellung und Zubehör.
Oudezijds Achterburgwal 148
www.hashmuseum.com | Metro: Nieuwmarkt | tgl. 11 – 22 Uhr
Eintritt: 9 €

HEINEKEN EXPERIENCE
►Heineken Experience

MICROPIA
►Artis

MADAME TUSSAUD'S
Ein Selfie mit Lady Gaga, Beyoncé, Justin Bieber oder Ronaldinho: Im Wachsfigurenkabinett zumindest mit dem wächsernen Abbild möglich.
Dam 20 | www.madametussauds.com | tgl. 10 – 16 Uhr
Eintritt: 24,50 €, online 21,50 €

MUSEUM HET SCHIP
Museumswohnung und Informationszentrum in einem expressionistischen Wohnblock aus den 1920er-Jahren.
Oostzaanstraat 450
www.hetschip.nl, Bus: 22 (Spaarndammerstraat)
Di. – So. 11 – 17 Uhr
Eintritt: 15 €

MUSEUM VAN LOON
►Keizersgracht

MUSEUM ONS' LIEVE HEER OP SOLDER
►Museum Ons' Lieve Heer op Solder

NEMO
►Nemo

PROSTITUTIONSMUSEUM RED LIGHT SECRETS
Einblick in die Welt der Sexarbeiterinnen und in eines ihrer »Arbeitszimmer«.
Oudezijds Achterburgwal 60
www.redlightsecrets.com
tgl. 12 – 20 Uhr | Eintritt: 13 €

TULIP MUSEUM (TULPENMUSEUM)
Ein Spaziergang durch die Geschichte der Tulpenzwiebel
Prinsengracht 116
www.amsterdamtulipmuseum.com
Straßenbahn: 13, 17
tgl. 10 – 18 Uhr
Eintritt: Erw. 5 €, Familie 10 €

WOONBOOT MUSEUM
►Prinsengracht

ZAANSE SCHANS
Ein Stück »Bilderbuch-Holland« findet man in dem Museumsdorf mit Mühlen und Handwerksbetrieben, etwa 15 km nordwestl. von Amsterdam.
www.zaanseschans.nl
Bus 391 ab Centraal Station
tgl. 9 – 18 Uhr

SHOPPEN

Amsterdam ist ein Einkaufsparadies. In der kompakten Altstadt findet sich alles, was das Herz begehrt, und das in fußläufigem Abstand zueinander: von internationalen Modeketten über kleine Schuhgeschäfte bis hin zu Trödelläden. Dazwischen wimmelt es von netten Cafés und Restaurants.

Einkaufsparadiese

Die Amsterdamer »winkels«

Die Shoppingszene der Stadt ist vor allem von kleinen, individuellen Läden geprägt, die sich in den engen Gässchen verstecken. Große internationale Warenhausketten klagen häufig darüber, dass sich im Zentrum von Amsterdam keine Ladenflächen von ausreichender Größe finden lassen. Aber für die unabhängigen Läden (Niederländisch: »winkels«) ist das natürlich ein Segen – mindestens ebenso wie für die vielen Besucher, die die Straßen auf der Suche nach lokalem Flair durchstreifen.

Malls & mehr

Die bekanntesten Shoppingstraßen in Amsterdam sind ►**Kalverstraat, Leidsestraat** und **Nieuwendijk**. Dort findet man die großen internationalen Modeketten und viele Schuhgeschäfte. An den Wochenenden wälzen sich oft Massen von Teenagern und Touristen durch die engen Straßen. Ruhiger und vor allem viel exklusiver geht es in der **P. C. Hooftstraat** zu, wo man internationale Luxuslabels findet. Wer dagegen lieber durch kleine Modeläden, charmante Buchhandlungen, Delikatessläden oder Raritäten- und Trödlergeschäfte zieht, kommt im **Jordaan voll** auf seine Kosten. Hier und auch in den schmalen Straßen und engen Gassen zwischen den Grachten, die als **Negen Straatjes** (»neun Sträßchen«) bekannt sind, liegen viele kleine Läden und Cafés, in denen man Mode von jungen niederländischen Designern, aber auch seltene Bücher oder Käsespezialitäten findet. Ähnliches gilt für die Utrechtsestraat und auch für den Haarlemmerdijk, wo sich angesagte Szeneläden noch neben Eisenwarenhandlungen und türkischen Lebensmittelläden finden lassen. Wertvolle alte Stücke gibt es dagegen vor allem in der **Spiegelgracht** in der Nähe des ►Rijksmuseums: Dort konzentrieren sich Amsterdams Kunsthandlungen und bessere Antiquitätengeschäfte.

Shoppen bei Regen

Wenn es zu sehr regnet, um gemütlich durch die Gassen zu schlendern, lockt das Einkaufszentrum **Magna Plaza,** das im ehemaligen Hauptpostamt hinter dem ►Dam untergebracht ist. Der Shoppingtempel beeindruckt mit seinem üppigen historischen Interieur.

REPLAY

Nicht weit entfernt vom Magna Plaza steht mit dem **Bijenkorf** das größte Edelwarenhaus Amsterdams. Wenn es jedoch günstiger sein soll, bietet sich ein Gang zu **HEMA** an. Diese allgegenwärtige niederländische Kette verkauft bezahlbare Haushaltswaren, Kosmetik, Kleidung und Lebensmittel – alles aus eigener Produktion und oft mit erstaunlich schönem, schlichtem und gelegentlich auch humorvollem Design.

Öffnungszeiten

Diese Regelung ist wirklich etwas gewöhnungsbedürftig: Während der Woche schließen die Geschäfte bereits um 18 Uhr; lediglich am verkaufsoffenen Donnerstag bleiben die meisten bis 21 Uhr offen. Sonntags sind die Läden in der Innenstadt von 12 – 17 Uhr geöffnet, dafür wiederum montags am Vormittag, manche auch ganztags, geschlossen.

Märkte für jeden Geschmack

Zwischen Blumen und Trödel

Auf keinen Fall entgehen lassen sollte man sich die unzähligen Märkte. Zu den bekanntesten gehört, neben dem etwas überbewerteten **Blumenmarkt am Singel,** der **Albert Cuypmarkt,** auf dem von Montag bis Freitag Lebensmittel aus aller Herren Länder angeboten werden. Ebenfalls multikulturell und dazu auch noch preisgünstig ist der **Dappermarkt** im Osten der Stadt, der von Montag bis Samstag bereits seit über 100 Jahren abgehalten wird und schon mehrmals zum besten Markt der Niederlande gekürt wurde. Ein **Ökomarkt** mit Regionalprodukten findet samstags am Noordermarkt statt, und montags kann man auf dem Amstelveld Kräuter und Gartenpflanzen erstehen. Der beliebteste **Flohmarkt** wird von Montag bis Samstag auf dem Waterlooplein abgehalten, und einmal im Monat gibt es einen großen Trödelmarkt auf der NDSM-Werft in Amsterdam-Noord.

Souvenirs, Souvenirs

Von Käse bis zu Gewürzen

Zu den typischen Mitbringseln gehören neben klassischen **Blumenzwiebeln** auch **Käse** und **Delfter Blau** (bei dem man jedoch aufpassen muss, dass es nicht aus China stammt). Man bekommt in Amsterdam aber auch sehr guten Jenever oder hausgemachte Pralinen sowie **Tabakwaren** aus den ehemaligen Kolonien – zum Beispiel Zigarren aus Sumatra-Tabak. Wer gerne kocht, kann sich mit **asiatischen Gewürzen** eindecken, die in den Niederlanden gut

Die Krone im Mittelpunkt: Stilvoll lässt es sich im Magna Plaza shoppen, Amsterdams großem Einkaufszentrum.

und auch günstig sind. Mode- und Designfans mögen die Marke Pom Amsterdam (www.pom-amsterdam.de) sowie die Amsterdam-Souvenirs der Israelin Kesem Yahav (Kesemy Design, Korte Koningsstraat 21). Ihre Teller, Vasen und Anhänger zieren Pflanzen aus dem Amsterdamse Bos und Grachtenmotive.

SHOPPING-ADRESSEN

MÄRKTE

ALBERT CUYPMARKT ►S. 123

Auf diesem Lebensmittel- und Haushaltswarenmarkt unter freiem Himmel gibt es einerseits überquellende Fischstände, aber auch Schnittblumen, Käse, saure Gurken, frische »stroopwafels« (Sirupwaffeln), Gewürze, Kosmetik und Kleidung. Vor allem an Freitagen und Samstagen ist richtig viel los; montags ist es eher ruhig.
Albert Cuypstraat
www.albertcuyp.nl
Marktzeit: Mo. – Sa. 9 – 17 Uhr

BAUERNMARKT

Auf dem Bauernmarkt ist alles öko und vieles stammt aus der Region. Man findet leckere Mitbringsel wie Texeler Schafskäse oder getrocknete Lammwürste. An der Lindengracht um die Ecke wird zur gleichen Zeit ein regulärer Wochenmarkt abgehalten.
Noordermarkt
Marktzeit: Sa. 9 – 16 Uhr

DAPPERMARKT

Bereits seit über 100 Jahren verwandelt sich die Dapperstraat in einen riesigen Marktplatz – mit inzwischen über 250 Marktständen. Der schon mehrmals zum schönsten Markt der Niederlande gewählte Dappermarkt bezeichnet sich selbst als »Weltmarkt« – und tatsächlich: von griechischen Oliven über holländische Blumen bis zu Uhren aus China bekommt man einfach alles in der Dapperstraat.
www.dappermarkt.nl
Marktzeit: Mo. – Sa. 9 – 17 Uhr

FLOHMARKT IJ-HALLEN

Zum gigantischen Flohmarkt in den nicht minder gigantischen IJ-Hallen (der größte Europas!) gelangt man am besten mit der Gratis-Fähre vom Hauptbahnhof. Nach 20 Minuten ist die NDSM-Werft erreicht, dann einfach dem unvermeidlichen Menschenstrom folgen. 750 Stände mit allen erdenklichen Gebrauchtwaren warten vor und in der alten Werfthalle.
T.T. Neveritaweg 15
www.ijhallen.nl
Marktzeit: einmal im Monat, 9 – 16.30 Uhr
Eintritt: 5 €

WATERLOOPLEINMARKT ►S. 91/92

Allzu viele Gebrauchtwaren gibt es auf diesem Markt mit etwa 300 Ständen mittlerweile nicht mehr, dafür Fahrradzubehör, Musikinstrumente, Kunsthandwerk, DVDs und vieles mehr.
Waterlooplein
www.waterloopleinmarkt.nl/
Marktzeit: Mo. – Sa. 9.30 – 18 Uhr

WARENHÄUSER

DE BIJENKORF

Im Jahr 1870 eröffnet, ist der »Bienenkorb« das vermutlich traditionsreichste Warenhaus in den Niederlanden. Im Erdgeschoss befinden sich Shops von Luxuslabels; in den anderen Geschossen des Bijenkorf gibt es neben ausgewählten internationalen und niederländischen Markenprodukten aller Art auch noch ein gutes Selbstbedienungsrestaurant.
Dam 1
www.bijenkorf.nl

HEMA

Vom Babystrampler über Buntstifte und Zahnbürsten bis zum Fahrradzubehör – bei Hema gibt es (fast) alles zum fairen Preis und in zeitgemäßem Design.
Nieuwendijk 174 – 176
www.hema.nl

TABAKWAREN

HAJENIUS

Dieser Tabakwarenladen mit seinem üppigem Belle-Époque-Interieur und dem begehbarem Humidor und der Raucherlounge ist wirklich sehenswert, sogar für Nichtraucher. Zum Verkauf kommen eine beeindruckende Auswahl an niederländischen und internationalen Zigarren und Pfeifen.
Rokin 96
www.hajenius.nl

DELIKATESSEN

FRANK'S SMOKE HOUSE

Frank hat sich aufs Räuchern spezialisiert: Lachs, Heilbutt, Makrele, Hering und Aal, aber auch Fleischsorten werden vor Ort über Bitternussholz geräuchert. Der liegt in der Nähe des ►Schifffahrtsmuseums.
Oostenburgervoorstraat 1
www.smokehouse.nl

JACOB HOOY

im Jahr 1743 eröffnete Jacob van Hooy eine Kräuterhandlung direkt am Nieuwmarkt. Noch immer versprüht der alte Laden ein wenig den Duft nach der großen Zeit der Ostindienfahrer (►Baedeker Wissen S. 180), selbst wenn man hier inzwischen neben Tees und Kräutern natürlich auch einfache Drogerieprodukte verkauft.
Kloveniersburgwal 12
www.jacob-hooy.nl

KAASKAMER

Bis unter die Decke stapeln sich die Käseräder und anderen Delikatessen in dem kleinen Laden. Neben internationalen gibt es natürlich vor allem holländische Spezialitäten, von Ziegengouda über friesischen Bauernkäse bis hin zu Schafskäse mit Bockshornklee.
Runstraat 7
www.kaaskamer.nl

PATISSERIE HOLTKAMP

Von Kuchen über Cup Cakes und Cookies bis zu Bonbons breitet sich die ganze Palette der süßen Delikatessen im Shop aus.
Vijzelgracht 15
www.patisserieholtkamp.nl

PUCCINI BOMBONI

Ein Paradies für Schokofans: Alle Pralinen und Schokoladenspezialitäten sind handgemacht. In den Rezepturen klingt die koloniale Vergangenheit an: Pralinen Walnuss, Muskatnuss, Zitronengras oder Pfeffer.
Staalstraat 17 und Singel 184
www.puccinibomboni.com

VOLKSKRUIDENTUIN

Schon der Duft verrät, worum es in diesem Laden geht: Gewürze, Gewürze und nochmals Gewürze. Daneben sind Reis, Trockenfrüchte und Tees im Angebot.
Kinkerstraat 142

Ob Stuhl, Lampe, Textilien oder Keramik – ausgefallene Designideen findet man im Frozen Fountain an der Prinsengracht.

ANTIQUITÄTEN

ANTIEKCENTRUM AMSTERDAM

Ein wahres Paradies für Liebhaber von Antiquitäten. Auf ausufernden 1750 qm bieten 55 Händler ihre Schätze zum Verkauf an, von Kunstwerken über Vintage bis hin zu Kuriositäten.
Elandsgracht 109
www.antiekcentrumamsterdam.nl

PRINSHEERLIJK ANTIEK

Im Jahr 1989 gründeten Mirjam Slisser und Harald van de Goot diesen Antiquitätenladen direkt an der Prinsengracht. Neben Gemälden und Skulpturen gehören auch Möbel, Schmuck und Kleidung zum riesigen Angebot.
Prinsengracht 579
www.prinsheerlijkantiek.nl

WOHNDESIGN

DROOG DESIGN

In den späten 1990er-Jahren schüttelten die jungen Niederländer von Droog Design die internationale Designszene mit ihren originellen, subversiven Entwürfen gehörig durch. Inzwischen ist Droog zu einem kleinen Designimperium angewachsen und betreibt in der Staalstraat einen Laden mit Galerie und Café.
Staalstraat 7b | www.droog.com

FROZEN FOUNTAIN

Neues niederländisches Produkt- und Möbeldesign aller Art findet man bei Frozen Fountain. Oft Unikate, das meiste ist nicht billig, aber es gibt auch das eine oder andere Mitbringsel.
Prinsengracht 645
www.frozenfountain.nl

MOOOI

In einer alten Schule im ▶Jordaan befindet sich das Reich des niederländischen Stardesigners Marcel Wanders. Die Firma Moooi, deren Art Director er ist, vertreibt neobarock angehauchte, humorvolle Möbel und Produkte.
Westerstraat 187
www.moooi.nl

MODE

KING LOUIE STORE

Angefangen haben Ann und George mit dem Verkauf von Secondhandkleidung auf dem Noordermarkt. Inzwischen gehören ihnen eine Boutique in den Negen Straatjes und sogar eine eigene Kleidermarke: King Louie. Die farbenfrohen geblümten Blusen, getigerten Mäntel und gepunkteten Kleider passen hervorragend ins fröhliche Straßenbild von Amsterdam.
Hartenstraat 10
www.kinglouie.nl

FRED DE LA BRETONIÈRE

»Meine Schuhe und Taschen entwerfe ich, damit man sich besser fühlt«, sagt der Amsterdamer Designer Fred de la Bretonière über seine Produkte wie die in Holland ausgesprochen beliebten »Shabbies Amsterdam«. Und erfreulicherweise sind die Slippers, Stiefel und Boots leger, bequem und auch noch bezahlbar.
Leidsestraat 39
www.shabbiesamsterdam.com

MR MARVIS

Weil sie keine passenden Shorts finden konnten, beschlossen Steven Vrendenbarg und David Sipkens, ihre eigenen Hosen zu produzieren. In ihrem Flagstore in Amsterdam werden die in Portugal gefertigen Hosen in allen Längen und Farben verkauft.
P.C. Hooftstraat 21
www.mrmarvis.de

SCOTCH & SODA

Das Amsterdamer Label hat interessante Mode für Damen, Herren und Kinder. Die Designer holen sich Inspirationen aus der ganzen Welt und verarbeiten sie zu hipper Kleidung. Neben folkloristischen Motiven und Leopardenlook finden sich auch blau-weiße Matrosen-Ringelshirts.
Berenstraat 15
Wolvenstraat 14 (Kinder)
www.scotch-soda.com

TENUE DE NÎMES

Angeblich hat Tenue de Nîmes für jeden – egal, ob groß oder klein, dick oder dünn – genau das richtige Paar Jeans auf Lager. Entsprechend ist die Auswahl riesig, der Schwerpunkt liegt allerdings eindeutig auf den exklusiveren Labels wie Acne und Nudie.
Elandsgracht 60 und Haarlemmerstraat 9
www.tenuedenimes.com

UNITED NUDE

Rem D. Koolhaas ist ein Neffe des berühmten gleichnamigen Architekten und hat sich auf Schuhdesign spezialisiert. Die Kreationen seines Labels zeichnen sich durch ausgefallene Absatzformen und Materialien aus. Wer sich hier eindeckt, befindet sich in guter Gesellschaft: Leute wie Lady Gaga kaufen hier ein.
Molsteeg 10
www.unitednude.com

LOCALS

Da Suzanne Hof der Meinung ist, in Amsterdam seien viele außergewöhnliche Designer-Talente ansässig, verkauft sie in ihrem Shop deren Produkte wie Kissen mit Grachtenhäusern, Schals von Pom Amsterdam und Schmuck ihres eigenen Labels Sugarz Jewelry.
Spuistraat 272
localsamsterdam.com

STADTBESICHTIGUNG

Man kann sich Amsterdam natürlich wunderbar auf eigene Faust ansehen, denn das überschaubare Stadtzentrum lässt sich gut zu Fuß erkunden. Eine Grachtenrundfahrt sollte man trotzdem nicht verpassen, und auch geführte Radtouren oder Spaziergänge bieten oft einen spannenden Einblick in Geschichte und Gegenwart der Stadt.

Amsterdam vom Wasser aus erleben

Auch wenn man bereits eine Runde durch den Grachtenring (►Baedeker Wissen S. 186) spaziert ist: Vom Wasser aus betrachtet sieht die Stadt noch einmal ganz anders aus. Da wird auf einmal deutlich, wie wichtig die Grachten für die Stadtentwicklung waren, welchen Einfluss sie auf die Architektur hatten und wie lebendig sie heute noch sind. An einer Grachtenrundfahrt führt also kein Weg vorbei.

Mehr als 65 **Passagierboote mit Glasdach** fahren in Amsterdam durch den Grachtenbezirk zur Amstel und zum alten Hafen. Ein Erlebnis ist auch eine Abendrundfahrt mit Kerzenlicht, Wein und Häppchen, die viele Anbieter im Programm haben.
Die meisten Rundfahrten beginnen im Hafenbecken vor dem Hauptbahnhof (►Centraal Station) oder am Damrak; auch am Rokin und

Rundfahrten durch die Grachten sind die beste Art, Amsterdam kennenzulernen.

an der Stadhouderskade vor dem ▶Rijksmuseum gibt es Anleger. In den Sommermonaten finden die Rundfahrten mindestens stündlich statt, während der Wintermonate sind die Abstände größer. Die Fahrten dauern in der Regel eine Stunde; in vier Sprachen wird auf die Sehenswürdigkeiten hingewiesen.
Tickets kann man vor Fahrtantritt an der Kasse oder online kaufen.

Stadtrundfahrten mal anders

Darüber hinaus gibt es eine Menge anderer Arten, sich die Stadt anzusehen – von Rundfahrten im **Fahrradtaxi** bis hin zu **Segway-Rollern**. Weniger empfehlenswert sind Busrundfahrten, da Busse auf den Hauptstraßen bleiben müssen und man die interessanteren schmalen Sträßchen und Grachten im Zentrum nicht zu sehen bekommt.

Stilecht mit dem »fiets« durch Amsterdam

Absolut stilecht ist es, mit dem **»fiets«** durch Amsterdam zu strampeln. **Fahrradverleihe** gibt es viele, und beinahe alle bieten auch geführte Touren und teils auch Ausflüge ins Umland an.
Doch bitte beachten: Der holländische **Fahrstil** ist kreativ-chaotisch; daran muss man sich erst einmal gewöhnen. An roten Ampeln bleibt man nur ungern stehen, Einbahnstraßen fährt man prinzipiell auch in die Gegenrichtung, Handzeichen kennt man nicht und wer einen Helm trägt, muss ein Deutscher sein. Kinder stehen auf dem Gepäckträger, die Freundin sitzt auf der Querstange und der Hund bellt aus dem Fahrradkorb. Als fahrradfahrender Tourist oder auch nur straßenüberquerender Fußgänger kommt man da leicht ins Schwitzen. Doch keine Angst. Wer sich flott in den Zug der endlosen Radfahrer einreiht, fällt auch nicht weiter auf.

ANBIETER

GRACHTENRUNDFAHRTEN

HOP-ON-HOP-OFF-BOOT

Mit dem Hop-on-hop-off-Boot kann man den ganzen Tag durch die Amsterdamer Grachten fahren und an beliebig vielen Haltestellen ein- und aussteigen. An der Strecke liegen beispielsweise das Rijksmuseum oder das Anne-Frank-Haus.
www.stromma.nl
Kosten: 32,50 € / 24 Std.

LOVERS CANAL CRUISES

Die Rundfahrt führt durch die Amsterdamer Haupt-Grachten.
Prins Hendrikkade 25 (vor dem Van Gogh Café)
www.lovers.nl
Kosten: 16 €

REEDERIJ P. KOOIJ

Mit schönen, klassischen Booten und vergleichsweise günstigen Preisen gehört Kooij zu den bekanntesten Reedereien in den Amsterdamer Grachten. Da die Boote schmal sind, können sie auch die kleineren Grachten befahren.
Rokin gegenüber Hausnummer 125
www.rederijkooij.nl
Kosten: 13 €

AMSTERDAM LIGHT FESTIVAL

Das Lichterfest in Dezember und Januar lässt sich am besten mit einem Grachtenboot besichtigen, denn die Kunstinstallationen sind am oder auch mitten im Wasser. Besonders faszinierend ist es, durch ein Licht-Kunstwerk hindurchzufahren.
www.stromma.nl
Kosten: 26,50 €

GEFÜHRTE SPAZIERGÄNGE

AMSTERDAMLIEBE

Eine ganze Truppe deutschsprachiger Stadtführer und Stadtführerinnen zeigt ihre Lieblingsstadt – und hat dabei viele Insider-Tipps auf Lager. Es werden auch Themenführungen, beispielsweise durchs Rotlichtviertel oder auf den Spuren Anne Franks, angeboten.
www.amsterdamliebe.de
Tel. 062 2 29 58 67

FAHRRADTOUREN

Beinahe jeder Fahrradverleih in Amsterdam bietet auch geführte Radtouren an.

YELLOW BIKE

Nieuwezijds Kolk 29
Tel. 020 6 20 69 40
www.yellowbike.nl
Kosten: kurze Tour 26 €, längere Tour 31 € (ab 8 Pers.)

Noch eine Art, Amsterdam auf eine entspannte Art und Weise für sich zu entdecken: ganz stilecht auf zwei Rädern.

MACBIKE
Macbike ist an mehreren Stationen in der Stadt vertreten. Im Angebot sind verschiedene Thementouren wie Hafenarchitektur, Food & Drinks etc.
Centraal Station Oost, Leidseplein, Waterlooplein und Marnixstraat
Tel. 020 6 20 09 85
www.macbike.nl
Kosten: 20 €

MIT DER FAHRRAD-RIKSCHA

FIETSTAXI AMSTERDAM
Fahrradtaxis kann man auf der Straße anhalten oder im Voraus online reservieren. Sagen Sie dem Fahrer einfach, wohin Sie gebracht werden möchten, und los geht's. Auf Wunsch kutschiert man Sie mit der Rikscha auch einfach entlang der berühmtesten Sehenswürdigkeiten – ganz ohne Hop on hop off.
www.fietstaxi-amsterdam.nl
Kosten: 45 € (ca. 1 Std., max. 2 Personen)

MIT DER PFERDEKUTSCHE

Die Gespanne warten vor dem Königlichen Palast auf dem ▶Dam auf Kundschaft und fahren dann durch den Grachtenring. Wer Spaß an einer solchen nostalgischen Tour hat, für den ist es eine unterhaltsame und lohnende Fahrt durch die Stadt.
Kosten: 45 € (20 Min., max. 4 Personen)

MIT DEM SEGWAY

SEGWAY CITYTOURS
Eine Segwaytour ist nicht billig, aber bequem, wenn man sich mit den Gefährten vorwärts zu bewegen weiß. Nach einer etwa 10-minütigen Einführung führt der Weg mit englischsprachiger Führung einmal quer durch die Stadt.
Tel. 020 8 08 07 91
www.segwaycitytoursamsterdam.com/de
Kosten: 59 € (1,5 Std., mind. 2 Personen)

ÜBERNACHTEN

An Hotels mangelt es in Amsterdam wahrlich nicht: Beinahe 55 000 Betten zählt die Stadt. Im riesigen Angebot finden sich manche Perlen, das charmante Grachtenhaus wie das ungewöhnliche Designhotel. Wer es ganz ortstypisch mag, übernachtet auf einem Hausboot.

Feine Adressen

Am oberen Ende der Amsterdamer Preisskala liegen **5-Sterne-Hotels,** die meist mit viel Stil und Geschichte aufwarten. Da locken ehemalige Patrizierhäuser mit Kaminzimmern, schweren Holzbalkendecken und lauschigen Innenhöfen ebenso wie mondäne Grand Hotels, in denen bereits Gustav Mahler oder Audrey Hepburn logierten. Sage und schreibe 25 dieser Edelherbergen gibt es in der Stadt. Aber auch in der **mittleren Preisklasse** finden sich besondere Hotels in geschichtsträchtigen Gebäuden sowie manch eine **Kuriosität** – wie ein Hotelboot, das bei der alten NDSM-Werft liegt, oder ein kleines Designhotel, das ganz auf Modeliebhaber abgestimmt ist.

Günstig mit Stil

Am unteren Ende der Preisskala wartet Amsterdam mit zahlreichen **Hostels** und einer Handvoll stadtnaher **Campingplätze** auf. Wenn es eine persönlichere Atmosphäre sein soll, kann man in einem der vielen **Bed & Breakfasts** übernachten, die häufig sehr charmant sind und als Zusatzservice Fahrräder verleihen. Auch auf einigen **Hausbooten** (▶Baedeker Wissen S. 248) werden Zimmer vermietet – die Übernachtung ist das ultimative Amsterdam-Erlebnis.

Die **Sterne-Kategorisierung** in den Niederlanden ähnelt der deutschen, nur sind in den unteren Kategorien keine Mindestgrößen für die Zimmer vorgeschrieben. In manch einem alten Grachtenhaus sind die Zimmer daher klein und die Treppen obendrein unglaublich steil. Dafür haben solche Häuser oft viel Charme und eine **hervorragende Lage** mitten in der historischen Altstadt zu bieten.

Die richtige Lage für jeden Urlaubstyp

Die meisten Hotels finden sich im **Zentrum, im Grachtenring und im Museumsviertel**. Im Rotlichtviertel zwischen Warmoesstraat und Geldersekade liegen vor allem laute und billige Herbergen, die nur wählen sollte, wer zum Feiern nach Amsterdam kommt. Ruhigere, günstige Optionen gibt es in Wohnvierteln wie De Pijp und Oud-West, die ans Zentrum grenzen. Sie sind keine schlechte Wahl, denn von dort erreicht man die Innenstadt innerhalb von maximal zehn Minuten mit der Straßenbahn.

Wer mit dem Auto anreist, sollte auf **Parkmöglichkeiten beim Hotel** achten, denn Parkhäuser und kostenpflichtige Parkplätze auf der Straße sind in Amsterdam eine kostspielige und nervenaufreibende Angelegenheit. Gratis parken kann man nur bei Hotels außerhalb des Autobahnrings – wenn man dafür eine wenig zentrale Lage in Kauf nimmt.

Leider keine Schnäppchen

Trotz des großen Angebots sind Amsterdamer Hotels alles andere als günstig und zwischen Frühjahr und Herbst chronisch ausgebucht. Es empfiehlt sich daher, niemals ohne Reservierung anzureisen. So erspart man sich eine längere Sucherei.

EMPFOHLENE HOTELS

RESERVIERUNGEN

I AMSTERDAM VISITOR CENTRE
www.iamsterdam.com/en/plan-your-trip/where-to-stay

HILFREICHE INTERNETADRESSEN

www.holland.com/de
www.hotels.nl
www.bedandbreakfast.nl
www.booking.com

▶Plan S. 204/205

Wunderbar am Fluss Amstel gelegen, mit Blick auf die Magere Brug: das Hotel Amstel (beflaggt im Hintergrund)

PREISKATEGORIEN

Hotelpreise pro DZ/Nacht:
€€€€ über 200 €
€€€ 160 – 200 €
€€ 120 – 160 €
€ unter 120 €

LUXUS PUR

14 AMSTEL HOTEL €€€€

Mondän ist gar kein Ausdruck: 1867 direkt am Ufer der Amstel errichtet, ist das Amstel Hotel die berühmteste Herberge der Grachtenstadt. Ob die Rolling Stones, Angelina Jolie oder Königin Margarethe von Dänemark: Sie alle logieren im Amstel Hotel, wenn sie in Amsterdam sind. Die Lobby beeindruckt mit viel weißem Marmor und riesigen Kristalllüstern. Die Zimmer sind elegant, und das Amstel Restaurant serviert internationale Gerichte mit niederländischem Twist.
Professor Tulpplein 1
Tel. 020 6 22 60 60
www.amstelhotel.com

3 THE DYLAN €€€€

Das Hotel Dylan versteckt sich in einem prächtigen Haus aus dem 17. Jahrhundert hinter einem kleinen Vorhof an der Keizersgracht. Die britische Lifestyle-Designerin Anoushka Hempel hat dem Bau ihren Stempel aufgedrückt: Gäste können aus stimmungsvollen Zimmern mit so schönen Themen wie »Kimono«, »Serendipity« oder »Amber« auswählen. Das Hotelrestaurant Vinkeles hat einen Michelin-Stern. Eher ungewöhnlich für ein Luxushotel: Es werden hier auch Fahrräder vermietet.
Keizersgracht 384
Tel. 020 5 30 20 10
www.dylanamsterdam.com

MIT GESCHICHTE

5 AMERICAN HOTEL €€€

Das um 1900 erbaute, denkmalgeschützte Hotel ist einer der schönsten Jugendstilbauten Amsterdams. Im Inneren befinden sich 175 Zimmer mit allem, was das 4-Sterne-Herz begehrt. Zwar liegt das Hotel direkt am trubeligen Leidseplein, aber dank Doppelglasfenstern ist davon in den Zimmern nichts zu merken. Zum Hotel gehört die legendäre Bar Café Americain.

Leidsekade 97
Tel. 020 5 56 30 00
www.hardrockhotels.com/amsterdam-american

IN MUSEUMSNÄHE

12 COLLEGE HOTEL €€€

Dieses Boutiquehotel liegt etwas abseits der Touristenströme, aber nahe dem Museumplein. Es ist in einem Schulgebäude aus dem 19. Jahrhundert eingerichtet und passend dazu besteht die Belegschaft aus Hotelschülern, die für die Gäste ihr Bestes geben. Im Winter lockt die düsterstimmungsvolle Bar und im Sommer sitzt man im lauschigen Buchsbaumgärtchen.

Roelof Hartstraat 1
Tel. 020 5 71 15 11
www.thecollegehotel.com

9 JAN LUYKEN HOTEL €€

Drei Herrenhäuser aus dem 19. Jh. in einer ruhigen Straße nahe dem Museumplein bilden das charmante Hotel Jan Luyken. Die Zimmer sind in warmen Beigetönen eingerichtet, und es gibt sogar ein kleines Spa.

Jan Luykenstraat 58
Tel. 020 8 51 70 90
www.janluykenhotelamsterdam.com

10 CONSCIOUS HOTEL MUSEUM SQUARE €€

Als »Ökodesignhotel« bezeichnet sich das Conscious Hotel. Südlich vom Museumplein gelegen, bietet es 36 moderne Zimmer, die mit nachhaltigen Materialien ausgestattet sind und nur mit Ökoputzmitteln gereinigt werden. Auch zum Frühstück gibt es Fairtrade- und Bioprodukte. Es gibt noch drei weitere Conscious-Hotels in Amsterdam.

De Lairessestraat 7
Tel. 020 67 19 95 96
www.conscioushotels.com

MIT DESIGN-ANSPRUCH

7 LLOYD HOTEL €€/€€€€

Das Lloyd Hotel steht in Amsterdams Östlichem Hafenviertel, das in den letzten Jahren in ein begehrtes Wohnviertel transformiert wurde. Ursprünglich als Emigrantenherberge erbaut, ist es nun ein Designhotel mit Zimmern unterschiedlichen Standards – alle von jungen Künstlern und Architekten eingerichtet. Die günstigsten Zimmer sind nicht unbedingt empfehlenswert, aber die höherpreisigen Zimmer sind ein Erlebnis für Kunstfreunde.

Oostelijke Handelskade 34
Tel. 020 5 61 36 07
www.lloydhotel.com

2 THE EXCHANGE €€/€€€€

The Exchange ist ein Konzepthotel für Modefans: Jedes Zimmer wurde von einem anderen Modedesigner eingerichtet. Wie im Lloyd Hotel, das unter gleicher Leitung steht, gehören die Zimmer unterschiedlichen Preisklassen an. Die Lage am Damrak könnte kaum zentraler sein. Zum Hotel gehört außerdem eine Bar.

Damrak 50
Tel. 020 5 23 00 80
www.hoteltheexchange.com

Hier schwingt überall Tradition mit: American Hotel.

ÜBERNACHTEN AUF DEN GRACHTEN

Schwimmende Bungalows, umgebaute Lastkähne und Segelschiffe, schnittige Designboote, halb abgewrackte Rostschüsseln – in den Amsterdamer Kanälen treibt so einiges, und meist ist es bewohnt. Wohnen auf dem Wasser ist angesagt. In den letzten Jahren werden immer mehr Boote zu treibenden Bed & Breakfasts umgerüstet.

Derzeit soll es etwa 2500 Hausboote im Amsterdamer Stadtgebiet geben, davon allein 800 im Altstadtkern. Besonders viele finden sich auf der Brouwersgracht und im nördlichen Teil der Prinsengracht; andere Kanalabschnitte, wie der Goldene Bogen der Herengracht, werden dagegen bewusst wohnbootfrei gehalten.

Voll im Trend

Früher war das Wohnen auf ausgedienten Schiffen in Amsterdam ausdrücklich verboten. Seinen Anfang nahm der Trend erst in der Nachkriegszeit, als viele Reeder ihre in die Jahre gekommenen Binnenschiffe gegen neue austauschten, wodurch die alten Lastkähne zu günstigen Preisen auf den Markt kamen. Manch ein Amsterdamer erkannte, dass die oft über 25 Meter langen Schiffe viele Quadratmeter für wenig Geld und obendrein einen attraktiven Logenplatz auf dem Wasser boten. In den sechziger Jahren kamen auch Studenten auf den Geschmack, und die Anzahl der Hausboote nahm derart zu, dass die Stadt die Gefährte 1973 als »akzeptale Wohnform« anerkennen musste. Heute sind so gut wie alle Hausboote in Amsterdam an Kanalisation, Strom und Wasser angeschlossen, und auch Kabelfernsehen und Telefon gehören zum Standard. Immer mehr Wohnboote verfügen außerdem über eine Fernwärme- oder Dieselheizung statt des früher üblichen Allesbrenners.

Hausbootarten

In Amsterdam unterscheidet man zwei Arten von Hausbooten: Wasserbungalows, die aus einer Betonwanne mit Hausaufbau bestehen, und Wohnschiffe, also zur Wohnung umgebaute Boote. Letztere dürfen nicht nur auf den Grachten, sondern auch im offenen Fahrwasser liegen, müssen aber noch fahrtüchtig sein und eine kleine Ladefläche haben. Das Teuerste an so einem Hausboot ist übrigens nicht das Boot selber, sondern der Liegeplatz. Zwar verlangt die Stadt nur eine geringe Liegegebühr, aber da keine neuen Plätze mehr vergeben werden, muss man für die bestehenden bei Übernahme saftige Ablösesummen zahlen.

Ohne festen Boden

Das alles braucht Besucher jedoch nicht zu kümmern. Sie haben die freie Wahl, ob sie ein ganzes Boot mieten, ein Zimmer auf einem Hotelboot nehmen oder in einem Gästezimmer auf einem bewohnten Hausboot logieren möchten. Die Bandbreite ist groß, von umgebauten Küsten- und Frachtschiffen bis hin zu treibenden Bungalows mit allem erdenklichen Luxus. Allein 30 Bed & Breakfasts auf Booten gibt es in Amsterdam – Tendenz steigend. Der Großteil der Boote mit Übernachtungsmöglichkeiten liegt auf den Grachten der Altstadt, auf der Amstel oder in den zentrumsnahen Hafengebieten des IJ-Ufers. In letzter Zeit kommen aber auch immer mehr in neuen Stadtvierteln wie dem Östlichen Hafengebiet (▶S. 118) oder auf den Inseln des künstlichen Archipels IJburg im Osten der Stadt hinzu.

Kleines Glück

Eins haben alle Hausboote gemeinsam: eine unvergleichliche Atmosphäre. Abends wird man sanft in den Schlaf geschaukelt, morgens wird man von den Rufen der vorbeischwimmenden Rallen geweckt. Im Sommer kann man obendrein mit einem Gläschen Wein auf Deck sitzen, den Blick über die umliegenden Grachtenhäuser schweifen und sich von den Passanten beneiden lassen. Dafür nimmt man auch mal in Kauf, wenn das Badezimmer etwas eng ist oder ein paar Spinnenetze vor den Bullaugen hängen. Schließlich sind Hausboote nicht nur ortstypisch und stimmungsvoll, sondern meist auch noch viel geräumiger als ein reguläres Hotelzimmer.

Anbieter

Zimmer auf Hausbooten findet man u.a. auf www.bookahouseboat.com/de. Auch bei airbnb.com finden sich viele Hausboote, aber hier ist Vorsicht geboten: Nicht alle werden legal vermietet!

Wohnen mit ein paar Kielbreit Wasser unter Bett und Tisch

MIT GRACHTENBLICK

4 DIKKER EN THIJS FENICE HOTEL €€€

An der Schnittstelle zwischen ruhigem Grachtenring und lebhaftem Shoppingbezirk steht das Eckhaus des Hotel Dikker en Thijs, das einst eine Feinkosthandlung beherbergte. Es bildet eine Ausnahme in Amsterdam: Die klassisch eingerichteten Zimmer sind großzügig bemessen und haben beinahe alle Aussicht auf die Gracht.
Prinsengracht 444
Tel. 020 6 20 12 12
www.dtfh.nl

6 SEVEN BRIDGES €€

Das kleine, ruhige Hotel befindet sich in einem schönen Grachtenhaus an der Kreuzung von Keizers- und Reguliersgracht, wo man sieben Brücken auf einen Blick sehen kann. Die Zimmer sind mit Antiquitäten eingerichtet. Lobby oder Frühstücksraum gibt es nicht, denn das Frühstück wird im Zimmer serviert.
Reguliersgracht 31
Tel. 020 6 23 13 29
www.sevenbridgeshotel.nl

FÜRS SCHMALE BUDGET

1 BOTEL €

Schon die Anreise ist ein Erlebnis, denn man erreicht das Botel per Fähre vom Hauptbahnhof aus. Das Hotelschiff liegt bei der ehemaligen NDSM-Werft, wo sich die kreative Szene Amsterdams tummelt, aber auch noch immer viel Hafenatmosphäre herrscht. Die Zimmer sind, wie bei Schiffskabinen zu erwarten, eher klein und zweckmäßig.
NDSM-Pier 3
Tel. 020 6 26 42 47
www.botel.nl

15 BICYCLE HOTEL €

Gratis-Internet und natürlich Fahrradvermietung zeichnen das Bicycle Hotel aus, das über 16 einfache Zimmer verfügt. Ein weiteres Plus für die Lage im lebhaften Viertel De Pijp, unweit des Albert Cuypmarkts, mit vielen angesagten Cafés und Restaurants in der Nähe.
Van Ostadestraat 123
Tel. 020 6 79 34 52
www.bicyclehotel.com

11 CITIZEN M €

Im Budget-Designhotel sind die Zimmer nicht groß, haben aber ein riesiges Bett und einen ebensolchen LCD-Fernseher sowie eine Regendusche. Im Foyer gibt es eine Selbstbedienungsbar und einladende Sitzecken. Für den moderaten Preis lohnt es sich, die etwas zentrumsferne Lage im Süden der Stadt in Kauf zu nehmen. Zentraler liegt das Amstel Amsterdam Hotel derselben Kette.
Prinses Irenestraat 30
Tel. 020 8 11 70 90
www.citizenm.com

HOSTELS

HOSTELLE €

Ein Hostel nur für Frauen, recht weit außerhalb des Zentrums. Die Zimmer, thematisch gestaltet, sind exklusiv eingerichtet. Es gibt 2-, 4-, 6- oder 8-Bett-Zimmer.
Bijlmerplein 395
Tel. 020 3 37 57 07
www.hostelle.com

13 COCOMAMA €

Zwei junge Amsterdamerinnen erfanden das »Boutique Hostel« Cocomama. Komfort, Sauberkeit und Professionalität eines Hotels treffen auf Gemeinschaftsküche und gesellige Atmosphäre, wie man sie nur in Hostels findet. Es gibt gemütliche 2- bis 6-Bett-Zimmer.
Westeinde 18
Tel. 020 6 27 24 54
www.cocomama.nl

8 STAYOKAY VONDELPARK €

Das Stayokay am Vondelpark ist ein Klassiker unter den niederländischen Jugendherbergen. Unschlagbar ist die zentrale Lage direkt am Park, nahe dem Leidseplein. Es gibt nicht nur Schlafsäle, sondern auch 2-, 4- und 6-Bett-Zimmer.

Zandpad 5
Tel. 020 5 89 89 96
www.stayokay.nl

CAMPINGPLÄTZE

CAMPING ZEEBURG €

Auf einer kleinen Insel im IJmeer östlich von Amsterdam liegt der Campingplatz. Das Stadtzentrum erreicht man per Straßenbahn in 20 Minuten. Neben Stellplätzen gibt es hier auch Ökohütten, die ein Grasdach tragen, und es sind sogar bunte kleine Zirkuswagen zu mieten.

Zuider IJdijk 20
Tel. 020 6 94 44 30
www.campingzeeburg.nl

CAMPING VLIEGENBOS €

Der Campingplatz Vliegenbos liegt in einem Wäldchen in Amsterdam-Noord, und obwohl das Zentrum mit dem Bus nur 10 Minuten entfernt ist, fühlt man sich dort wie in einer anderen Welt. Der Campingplatz ist über die Gemeinde Amsterdam buchbar.

Meeuwenlaan 138
Tel. 020 6 36 88 55
www.amsterdam.nl/vliegenbos/deutsch/

P

PRAKTISCHE INFOS

Wichtig, hilfreich präzise

Unsere Praktischen Infos helfen in allen Situationen in Amsterdam weiter.

KURZ & BÜNDIG

ELEKTRIZITÄT
230 Volt

NOTRUFE

ALLGEMEINER NOTRUF
Notarzt, Feuerwehr, Polizei
rund um die Uhr
Tel. 112 (landesweit)

TOURIST MEDICAL CENTER
ärztliche Hilfe speziell für Touristen
rund um die Uhr
Tel. 020 2 35 78 24
www.touristmedicalcenter.nl

PANNENHILFE
ANWB Wegenwacht
Tel. 088 2 69 28 88
www.anwb.nl

ADAC-NOTRUF IM AUSLAND
Tel. 00 49 89 22 22 22

ACE-NOTRUF IM AUSLAND
Tel. 00 49 71 15 30 34 35 36

DRK-FLUGDIENST
Tel. 00 49 211 91 74 99 39
www.drkflugdienst.de

DRF LUFTRETTUNG
Tel. 00 49 711 7 00 70
www.drf-luftrettung.de

ÖFFNUNGSZEITEN
Apotheken:
Mo. – Sa. 8.30 – 17.30 Uhr
Banken: Mo. – Fr. 9 – 16 Uhr

WAS KOSTET WIE VIEL?
3-Gänge-Menü: ab 38 €
Einfache Mahlzeit: ab 17 €
Espresso: ab 2,30 €
Bus- oder Trambahnticket: 3,20 €
Doppelzimmer: ab 160 €

ZEIT

MITTELEUROPÄISCHE ZEIT

SOMMERZEIT
Ende März – Ende Okt.

ANREISE · REISEVORBEREITUNG

Mit dem Auto

Aus Deutschland, Österreich und der Schweiz

Amsterdam ist keine autofreundliche Stadt. Wer ein Hotel in der Innenstadt gebucht hat, wird nur schwer einen **Parkplatz** finden bzw. wird diesen teuer bezahlen müssen. Mit bis zu 60 € am Tag gehören Amsterdamer Parkgaragen zu den teuersten Europas. Das Stadtzentrum ist sowieso nur zu Fuß, per Fahrrad, per Grachtenboot, per Straßenbahn oder Metro entspannt zu erkunden. Wer dennoch nicht auf sein Auto verzichten möchte – über das europäische

Autobahnnetz ist Amsterdam aus Deutschland, Österreich oder der Schweiz gut zu erreichen. In Amsterdam selbst ist es ratsam, das Fahrzeug an einem P+R-Platz zu parken (siehe Verkehr).

Mit dem Bus

Kurzfahrten und Fernbusse

Amsterdam ist ein beliebtes Ziel für Busreisen. Je nach Entfernung vom Heimatort bieten Veranstalter Kurzfahrten (z. B. über das Wochenende) oder längere Reisearrangements an. Mit den Fernbussen von Eurolines (Ankunft und Abfahrt am Bahnhof Amsterdam-Sloterdijk, Weiterfahrt ins Zentrum per Zug, Fahrzeit: ca. 5 Min., Tel. 06196 2078-501, www.eurolines.de) oder mit Flixbus (Ankunft und Abfahrt am Bahnhof Amsterdam-Sloterdijk, Weiterfahrt ins Zentrum per Zug oder per Bus, Fahrzeit: ca. 5 Min., www.flixbus.de) bestehen von zahlreichen deutschen Großstädten aus regelmäßige Verbindungen nach Amsterdam.

Mit der Bahn

Fernverbindungen

Es gibt täglich mehrere **Direktverbindungen** mit der Deutschen Bahn nach Amsterdam ab Düsseldorf, Köln, Hannover und Berlin. Die Hauptverbindungslinien führen von Norddeutschland über Hengelo, von Süddeutschland aus über Köln, Arnhem und Utrecht nach Amsterdam. Informationen über Bahnreisen und Fahrpreise nach und in den Niederlanden, auch etwa zum **Europa-Spezial-Tarif** der DB, sind im Internet (www.bahn.de) verfügbar.

Mit dem Flugzeug

Luftfahrtdrehkreuz

Amsterdams **Flughafen Schiphol** (ca. 15 km südwestlich des Stadtgebiets, www.schiphol.nl) ist mit allen anderen großen europäischen Flughäfen verbunden. Von vielen Flughäfen in Deutschland sowie aus Wien, Genf und Zürich gibt es zahlreiche Linienflugverbindungen in die niederländische Metropole.

Fahrt in die City

Vom Flughafen in die Stadt nimmt man am besten den alle paar Minuten verkehrenden Zug. Ankunft und Abfahrt in der City: Centraal Station (Hauptbahnhof), Fahrzeit: ca. 15 Min. (4,70 € einfache Fahrt). Der **Schiphol Hotel-Shuttle** fährt alle 30 Min. ab Flughafen fast alle größeren Amsterdamer Hotels an.
Abfahrt: an der Haltestelle A9 – A13 (vor der Ankunftshalle). Tickets: am Connexxion-Schalter in der Haupthalle (viele Hotels bieten einen Gratis-Service an).

Ein- und Ausreisebestimmungen

Reisedokumente Reisende aus Deutschland, Österreich und der Schweiz benötigen für die Einreise einen gültigen Personalausweis bzw. Reisepass, auch Kinder benötigen ein gültiges Ausweisdokument. Der nationale Führerschein und Kraftfahrzeugschein werden anerkannt und sind mitzuführen.

Die Mitnahme der **Grünen Versicherungskarte** ist zu empfehlen. Wer keine besitzt, kann bei den GWK-Agenturen an den größeren Grenzübergängen eine befristete Versicherung abschließen (für mindestens 15 Tage). Ausländische Kraftfahrzeuge müssen das ovale Nationalitätskennzeichen tragen, sofern sie kein Euro-Kennzeichen haben.

Mitnahme von Haustieren Wer seinen Hund oder seine Katze mitnehmen möchte, braucht einen EU-Heimtierausweis. Darin wird bestätigt, dass das Tier gegen Tollwut geimpft ist.

Ein **Musterausweis** und weitere, genaue Informationen finden sich im Internet (http://ec.europa.eu).

Zollbestimmungen

EU-Binnenmarkt Innerhalb der Europäischen Union ist der Warenverkehr für private Zwecke weitgehend zollfrei. Es gelten lediglich noch gewisse obere Richtmengen: 800 Zigaretten, 400 Zigarillos, 200 Zigarren, 1 kg Rauchtabak; 10 l Spirituosen, 20 l Zwischenerzeugnisse, 90 l Wein (davon max. 60 l Schaumwein) und 110 l Bier.

Bei Stichprobenkontrollen ist glaubhaft zu machen, dass die Waren tatsächlich nur für den eigenen privaten Verbrauch bestimmt sind.

Einreise aus Nicht-EU-Ländern Für Reisende aus Nicht-EU-Ländern (u. a. Schweizer Staatsbürger) liegen die **Freimengengrenzen** für Personen über 17 Jahren bei 200 Zigaretten oder 100 Zigarillos oder 50 Zigarren oder 250 g Rauchtabak, ferner bei 2 l Wein und 2 l Schaumwein oder 1 l Spirituosen mit mehr als 22 Vol.-% Alkoholgehalt, 500 g Kaffee oder 200 g Kaffeeauszüge, 100 g Tee oder 40 g Tee-Extrakt, 50 g Parfüm oder 0,25 l Eau de Toilette. Zollfrei sind außerdem Geschenke bis zu einem Wert von 430 € (300 € bei Einreise auf dem Landweg).

Wiedereinreise in die Schweiz Folgende Freimengengrenzen gelten: 250 g Kaffee, 100 g Tee, 200 Zigaretten oder 50 Zigarren oder 250 g Tabak, 2 l Wein oder andere Getränke bis 22 Vol.-% Alkoholgehalt sowie 1 l Spirituosen mit mehr als 22 Vol.-% Alkoholgehalt. Souvenirs sind bis zu einem Wert von 300 sfr zollfrei.

AUSKUNFT

INTERNET

WWW.IAMSTERDAM.COM

Website der Gemeinde und des Tourismusbüros: umfassende Infos zu Veranstaltungen und Verkehrsmitteln sowie Restaurantempfehlungen.

WWW.TIMEOUT.COM/AMSTERDAM

Englischsprachiger Reiseführer mit vielen nützlichen Informationen zu Museen, Restaurants, Festivals etc.

WWW.SPOTTEDBYLOCALS.COM/AMSTERDAM

Tipps von Einheimischen zum Ausgehen und Shoppen in Amsterdam

WWW.AMSTERDAM-BLOG.DE

Deutschsprachige Website einer Reisebuchautorin, die seit 18 Jahren in den Niederlanden lebt.

KONSULATE/BOTSCHAFTEN

GENERALKONSULAT DER BUNDESREPUBLIK DEUTSCHLAND

Honthorststraat 36 – 38
1071 Amsterdam
Tel. 020 5 74 77 00
Tel. Mo. – Do. 8.30 – 12,
13.30 – 15.30, Fr. 8.30 – 13 Uhr
www.niederlande.diplo.de

ÖSTERREICHISCHE BOTSCHAFT

Van Alkemadelaan 342
2597 AS Den Haag
Tel. 070 3 24 54 70
www.aussenministerium.at/denhaag

SCHWEIZER BOTSCHAFT

Lange Voorhout 42
2154 EE Den Haag
Tel. 070 3 64 28 31
www.eda.admin.ch/denhaag

BOTSCHAFT DES KÖNIGREICHS DER NIEDERLANDE IN DEUTSCHLAND

Klosterstraße 50
10179 Berlin
Tel. 030 20 95 60
www.niederlandeweltweit.nl

IN ÖSTERREICH

Opernring 5 (7. Stock)
1010 Wien
Tel. 01 589 39

IN DER SCHWEIZ

Seftigenstrasse 7
3007 Bern
Tel. 031 350 87 00

TOURISMUSBÜRO

NIEDERLÄNDISCHES BÜRO FÜR TOURISMUS UND CONVENTION (NBTC)

Das Büro ist eine Repräsentanz, gibt aber keine telefonischen Auskünfte. Wer sich über das Reiseziel Amsterdam bzw. Niederland informieren möchte, kann das auf der unten angegebenen Homepage tun.
Postfach 27 05 80
D-50511 Köln
www.holland.com

TOURISMUSBÜROS VOR ORT

I AMSTERDAM STORE

De Ruijterkade 28 b-d
(im Hauptbahnhof)
Mo. – Fr. 10 – 19,
Sa./So. 9 – 18 Uhr

DROGEN

Coffeeshops und mehr

Die Niederlande sind weltweit das einzige Land, in dem der öffentliche Verkauf von bis zu 5 g Cannabis toleriert wird. Der Handel ist zwar illegal, bleibt aber ohne Strafverfolgung. Mit dieser **Drogenpolitik** will man eine Trennung der Märkte für weiche und harte Drogen bewirken. In Amsterdam gibt es unzählige Coffeeshops (▶ Das ist Amsterdam S. 22), in denen man Haschisch und Marihuana kaufen und konsumieren kann. Die meisten von ihnen haben keine Lizenz zum Alkoholausschank; neben Shakes und Säften verkaufen sie oft Tees und Spacecakes (Vorsicht: Deren Wirkung ist nur sehr schwer einzuschätzen!).

Bei harten Drogen sieht die Sache hingegen anders aus: Handel und Konsum sind in den Niederlanden verboten. Jeder, der mit harten Drogen angetroffen wird, wird strafrechtlich verfolgt. Auch **das Ausführen von Drogen wird hart bestraft**. Die Junkies der Stadt halten sich hauptsächlich im Prostituiertenviertel zwischen ▶Dam, der ▶Centraal Station und dem ▶Nieuwmarkt auf. Trotz der Gesetze, auf deren Einhaltung die Polizei strikt achtet, stranden in Amsterdam jährlich viele Drogenabhängige – vor allem aus Deutschland. Sie stellen für die Stadt ein ernsthaftes Problem dar.

ETIKETTE

Toleranz, Statusdenken und der Umgang miteinander

Die Niederländer gelten als sehr tolerant, über kleine Verrücktheiten oder **unkonventionelles Auftreten** wundert man sich kaum. Die persönliche Freiheit zählt viel, so toleriert man auch die Schrullen der anderen. Kein Wunder, dass deutsche Statussymbole eher als Angeberei ausgelegt werden: Ob Fahrrad oder Limousine, Markenprodukt oder Imitat, Titel oder nicht – das ist den Niederländern relativ egal.

Pünktlichkeit wird auch in den Niederlanden großgeschrieben. Unpünktlichkeit wird als unhöflich empfunden, deshalb treffen Niederländer möglichst keine Terminzusagen, die sie eventuell nicht einhalten können. Überhaupt gilt das Gesagte: Es zählt hier weniger die rhetorische Gewandtheit als die Qualität der Argumente.

Oranje, Oranje

Ein Traum in **Orange** – das ist Amsterdam am **Koningsdag** oder an anderen nationalen Feiertagen. Die Niederländer bekennen sich gern mit freudigem Ernst zu Oranje – zu ihrem Land, ihrem König und ihrer sympathischen Demokratie.

Deutsche und Niederländer – kein einfaches Verhältnis

Mancher Niederländer hat auch heute noch – historisch bedingt durch die Besatzung im Zweiten Weltkrieg – Probleme mit Deutschen, die als unfreundlich und unsensibel gelten. Deutsche **Sensibilität** gegenüber Niederländern sollte bei der Sprache beginnen: Niederländisch ist kein deutscher Dialekt, sondern eine eigene Sprache, wenn auch eng verwandt mit dem Deutschen. Das heißt aber nicht, dass alle Niederländer Deutsch verstehen. Meist ist es angebrachter, sich zunächst auf Englisch zu verständigen.

Vor allem beim **Fußball** entladen sich die Emotionen: Mit allen Mitteln werden Vorurteile tradiert und die alte Fußballfeindschaft am Leben erhalten. Ein Meilenstein dieser Gegnerschaft war das Endspiel der Weltmeisterschaft 1974, als Deutschland – unverdient aus niederländischer Sicht – den Titel holte. 1988 revanchierten sich die Niederländer bei der Europameisterschaft mit dem Gewinn der Europameisterschaft in Deutschland. Doch schon bei der WM 1990 kam es mit der Spuckattacke von »Lama« Rijkaard gegen Völler zu einer erneuten Eskalation. Länderspiele zwischen beiden Nationen sind und bleiben hochgradig emotions- und spannungsgeladen.

Auch beschränkt sich die Wirtschaft der Niederlande nicht auf den landläufig bekannten Käse oder die vermeintlich bleichen Treibhaustomaten. Gerade im Wirtschaftszentrum Amsterdam stoßen derlei Vorurteile auf ablehnendes Unverständnis.

Multikulti

Zuwanderer aus den ehemaligen Kolonien und Arbeitsmigranten machen Amsterdam zu einer Multikulti-Metropole. Doch was in der kulturellen und kulinarischen Szene der Innenstadt als Bereicherung empfunden wird, stellt in der Satellitenstadt Bijlmermeer ein massives Sozialproblem dar. Dieses Ausländerghetto zeigt, dass auch der tolerante niederländische Staat noch kein Allheilmittel gegen mangelnde Integration, **Ausländerfeindlichkeit** und Gewalt gefunden hat. In den letzten Jahren macht der Rechtspopulist Geert Wilders in den Niederlanden von sich reden. Seine Partei PVV hat jedoch bislang keinen einzigen der 45 Sitze im Amsterdamer Gemeinderat ergattern können.

Das horizontale Gewerbe

Schönheiten mit Reizwäsche in von Schwarzlicht erleuchteten Schaufenstern ziehen in manchen Straßen der Metropole nach wie vor Touristen magisch an. In einer alten Handels- und Hafenstadt wie Amsterdam hat aber auch dieses Gewerbe nicht nur Tradition, sondern auch Regeln. **Prostitution** (▶Das ist Amsterdam S. 22) ist schon lange legalisiert, die Damen haben sich gewerkschaftlich organisiert und ein eigener Sicherheitsdienst überwacht die Ordnung im Vergnügungsviertel. Den lernen fröhlich lärmende Touristengruppen kennen, falls sie versuchen sollten, sich vor einer dieser Amsterdamer »Sehenswürdigkeiten« abzulichten. Das nämlich geht entschieden gegen die Berufsehre der Damen.

GELD

Banken und Geldautomaten Auch die Niederlande gehören zur Eurozone. Für Schweizer gilt der folgende Umrechnungskurs: 1 CHF = 0,96 Euro, 1 Euro = 1,04 CHF. Fast überall in Amsterdam werden die gängigen **Kreditkarten** (Eurocard/Mastercard, American Express, Visa und Diners) als Zahlungsmittel akzeptiert. An fast allen Geldautomaten (»pinautomaat«) kann man mit der Maestrokarte oder der Kreditkarte in Verbindung mit der Geheimnummer problemlos rund um die Uhr Bargeld abheben. Die Banken sind in der Regel Mo. – Fr. von 9 – 16 Uhr geöffnet; einige Banken im Stadtzentrum haben verlängerte Öffnungszeiten, z. T. Do. bis 21 Uhr sowie Samstagvormittag.

Auf- und Abrunden Eine niederländische Eigenart ist das Auf- und Abrunden: In allen Läden werden die Endpreise an der Kasse auf 5 Cent gerundet. Man sollte sich deshalb nicht wundern, wenn der Preis auf dem Kassenzettel nicht genau mit dem von der Kassiererin genannten übereinstimmt! Demzufolge werden keine Ein- und Zwei-Cent-Münzen ausbezahlt – sie sind schlichtweg aus dem Bargeldverkehr verschwunden.

Bargeldos zahlen In einigen Geschäften und im öffentlichen Nahverkehr wird kein Bargeld mehr angenommen. Gezahlt wird mit der Maestrokarte oder mit dem Smartphone. Für die Nutzung von Bussen, Trams und Bahnen empfiehlt sich der Erwerb einer digitalen OV-chipkaart als Zahlungsmittel (www.ov-chipkaart.nl/was-ist-die-ov-chipkaart.htm).

GESUNDHEIT

Apotheken Apotheken, erkennbar am grünen Kreuz, sind Mo. – Sa. von 8.30 bis 17.30 Uhr geöffnet. Welche Apotheken geöffnet sind, ist hier zu finden: www.apotheek.nl/zoeken?q=Amsterdam. Gut zu wissen: Die Sint Lucas Andreas Apotheek, Jan Tooropstraat 164, im Stadtteil Slotermeer ist täglich rund um die Uhr geöffnet.

Krankenversicherungsschutz Die gesetzlichen Krankenkassen müssen auch dann die Kosten für ärztliche Leistungen erstatten, wenn sie im **EU-Ausland** erbracht wurden. Die gesetzlichen Krankenkassen übernehmen jedoch nur den im Heimatland üblichen Kassensatz. Mit der Europäischen Versicherungskarte des Versicherers kann man einen Vertragsarzt oder ein Vertragskrankenhaus aufsuchen.

Wer vermeiden möchte, dass er die **Arztkosten** vor Ort erst einmal selbst auslegen muss, kann sich vor der Reise von seiner Krankenkasse einen Anspruchsausweis ausstellen lassen. Er berechtigt zur kostenlosen Inanspruchnahme eines praktischen Arztes. Dieser entscheidet in den Niederlanden, ob die Behandlung von einem Facharzt fortgesetzt wird. Bei notwendiger Konsultierung eines Facharztes ist eine geringe Eigenbeteiligung zu leisten, auch bei zahnärztlichen Leistungen fällt in der Regel eine Selbstbeteiligung an.
Die Kosten für einen **Rücktransport** übernehmen die gesetzlichen Krankenversicherungen generell nicht; vielfach empfiehlt sich daher der Abschluss einer privaten Auslandskrankenversicherung.

LESETIPPS

Geschichte, Gesellschaft und mehr

Christoph Driessen: Rembrandt und die Frauen, Pustet 2011. Saskia, Geertje und Hendrickje – hinter jedem großen Mann stehen starke Frauen. Wenn die Liebesbeziehungen auch noch kompliziert sind, kann man sich auf eine interessante Lektüre freuen.

Anne Frank: Tagebuch. Fischer 2013. (▶Baedeker Wissen S. 58f.)

Ulrike Grafberger: Holland für die Hosentasche. Fischer 2016. Warum wirft König Willem-Alexander mit Kloschüsseln? Wie wurde Königin Máxima zur Ehestifterin? Warum gehen die Holländer Ostern Möbel kaufen? Die Autorin beschreibt auf humorvolle Weise die Eigenarten des Nachbarlandes.

Belletristik

Jessica Durlacher: Der Sohn. Diogenes 2012. Der Holocaust bildet die Folie für den Roman über die Familie Silverstein.

Guinevere Glasfurd: Worte in meiner Hand. List 2015. Amsterdam in den 1630er-Jahren: Die junge Magd Helena Jans van der Storm wird zur Lebensgefährtin von René Descartes und bald mit Standesunterschieden konfrontiert. Eine feinfühlige Liebesgeschichte.

Margriet de Moor: Der Maler und das Mädchen. Carl Hanser 2011. In dem Roman, der im Amsterdam des 17. Jh.s angesiedelt ist, spielen die Malerei, die Liebe und der Tod die Hauptrollen.

Cees Nooteboom: Die Rituale. Suhrkamp 2017. Mit »Rituale« war Cees Nooteboom nicht nur in den Niederlanden unglaublich erfolgreich, der Roman brachte dem großen Schriftsteller auch den internationalen Durchbruch. Nach einem misslungenen Selbstmord sieht der Protagonist die Menschen seiner Stadt Amsterdam mit vollkommen anderen Augen.

Joost Zwagerman: Duell. Weidle 2016. Ein junger Amsterdamer Museumsdirektor möchte sich mit einer Ausstellung international in Szene setzen. Mit viel Hintergrundwissen erzählt der Autor vom Scheitern seines Protagonisten und Missständen in der Kunstwelt.

Filme

Das Mädchen mit dem Perlenohrring (USA 2003), Regie: Peter Webber, u. a. mit Scarlett Johansson, Colin Firth und Tom Wilkinson. Die Story spürt Jan Vermeers Mädchen mit dem Perlenohrring nach – welche junge Frau hatte der Maler vor Augen?

Tulpenfieber (USA/GB 2017), Regie: Justin Chadwick, u. a. mit Alicia Vikander und Christoph Waltz. In diesem Historienfilm geht es um Ehebruch und Börsencrash im Goldenen Zeitalter. Ein Porträt der damaligen Zeit in traumhaften Bildern (▶Das ist Amsterdam S. 10).

PREISE UND VERGÜNSTIGUNGEN

Allgemein

Das **Preisniveau** ist im Allgemeinen mit dem deutschen vergleichbar. Restaurants, Hotels, Taxis sind jedoch in den Niederlanden teurer.

Freizeitpass

Die **I amsterdam City Card** ist ein lohnender Kultur- und Freizeitpass, der es einem ermöglicht, verbilligt oder auch gratis Museen zu besuchen, Grachtenfahrten zu unternehmen, öffentliche Verkehrsmittel zu benutzen und ausgewählte Restaurants zu besuchen. Sie ist für einen, zwei oder drei Tage erhältlich. Man erhält sie bei den VVV-Geschäftsstellen oder online über www.iamsterdam.com/de. Allerdings ist sie mit 65 € für 24 Stunden auch nicht ganz günstig.

Günstig ins Museum

Interessant ist auch die **Museumskaart**, die ein Jahr lang zu mehr als 400 Museen landesweit freien Eintritt gewährt. Sie kostet ca. 65 € und kann in jedem Museum erworben werden.
Für einen Kurzbesuch bietet sich der Kauf einer **Tageskarte** (dagkaart) für den öffentlichen Nahverkehr an. Sie berechtigt zu Fahrten auf allen Straßenbahn-, Bus- und Metrolinien im Netz (1 Tag / 24 Std.: 8,50 €). Sie ist auch beim Fahrer erhältlich.

REISEZEIT

Amsterdam ist zwar zu allen Jahreszeiten einen Besuch wert, besonders empfiehlt sich jedoch das Frühjahr, wenn Parks und Blumenfelder in Blüte stehen. Der Herbst zeigt Stadt und Land in den Lichtverhältnissen, die die klassischen holländischen Maler zu ihren Bildern angeregt haben. In der kalten Jahreszeit ist es nur alle paar Jahre so kalt, dass die Grachten zufrieren. Dann werden sogar Schlittschuhrennen veranstaltet.

SICHERHEIT

Vorsicht, Taschendiebe!

Zwar ist die **Kriminalitätsrate** in Amsterdam für niederländische Verhältnisse hoch, aber Angst um Leib und Leben braucht man auf den Straßen im Zentrum nicht zu haben. Da sie rund um die Uhr belebt sind, kommt es nur selten zu unangenehmen Situationen. Einzig im Rotlichtviertel sollte man ein wenig Vorsicht walten lassen.
Ein Problem in Amsterdam sind hingegen Eigentumsdelikte, vor allem Taschendiebstahl. Gerade am Bahnhof, in Einkaufsstraßen, auf Märkten, in Zügen und in Straßenbahnen sollte man auf der Hut sein.

SPRACHE

SPRACHFÜHRER NIEDERLÄNDISCH

AUSSPRACHE

ei in Leidsestraat	**wie »ei« in weinen**
eu in Keukenhof	**wie »ö« in lösen**
g in Begijnhof	**wie »ch« in lachen (aber ng in Singel wie »ng« in singen)**
ie in Muziektheater	**wie »ie« in Bier**
ieu in Nieuwmarkt	**wie »ju« in Jupiter**
ij in Rijksmuseum	**wie »ei« in weinen**
n am Wortende	**wird meist nicht ausgesprochen**
oe in Bloemenmarkt	**wie »u« in Blumen**
ou in Oudewater	**wie »au« in Haus**
sch in Schiphol	**etwa wie »s'ch« in Häuschen**

sj in meisje (dt. Mädchen)	**wie »sch« in Schule**
ui in Trippenhuis	**etwa wie »öi«**
u in Universiteit	**wie ü in »üben«**
v in Vondelpark	**fast wie »f« in fahren**
z in Zuiderkerk	**wie »s« in Häuser (stimmhaft)**

AUF EINEN BLICK

Ja. / Nee.	**Ja. / Nein.**
Misschien.	**Vielleicht.**
(Sie) Alstublieft. (Du) Alsjeblieft.	**Bitte.**
Dank u wel!	**Vielen Dank!**
Graag gedaan!	**Gern geschehen.**
Sorry!	**Entschuldigung!**
Wat zegt u?	**Ich verstehe Sie / dich nicht?**
Ik begrijp u / je niet?	**Wie bitte?**
Ik spreek alleen maar 'n beetje ...	**Ich spreche nur wenig ...**
Kunt u mij alstublieft helpen?	**Können Sie mir bitte helfen?**
Ik wil ... / Ik zou graag ...	**Ich möchte ...**
Dat vind ik (niet) leuk.	**Das gefällt mir (nicht).**
Hoe duur is het? / Hoeveel kost het?	**Wie viel kostet es?**
Hoe laat is het?	**Wie spät ist es?**

KENNENLERNEN

Goedemorgen!	**Guten Morgen!**
Dag! / Goedendag! Goedemiddag!	**Guten Tag!**
Goedenavond!	**Guten Abend!**
Hallo! Dag!	**Hallo! Grüß dich!**
Mijn naam is ...	**Mein Name ist ...**
Hoe heet u?	**Wie ist Ihr Name, bitte?**
Hoe gaat het met u / jou?	**Wie geht es Ihnen / dir?**
Dank u wel. En met u / jou?	**Danke. Und Ihnen / dir?**
Tot ziens!	**Auf Wiedersehen!**

UNTERWEGS

links / rechts	**links / rechts**
rechtdoor	**geradeaus**
dichtbij / ver	**nah / weit**
Waar is ...?	**Wo ist bitte...?**
... het centraal station	**... der Hauptbahnhof**
... de metro	**... die U-Bahn**
Hoe ver is dat?	**Wie weit ist das?**
Ik wil graag ... huren.	**Ich möchte ... mieten.**
... een wagen	**... einen Wagen**
... een fiets	**... ein Fahrrad**

PANNE

Ik heb pech.	**Ich habe eine Panne.**
Wilt u mij alstublieft de	**Würden Sie mir bitte einen**

takeldienst sturen?	**Abschleppwagen schicken?**
Waar is hier in de buurt een garage?	**Wo ist hier in der Nähe eine Werkstatt?**

TANKSTELLE

Waar is het dichtstbijzijnde pompstation?	**Wo ist bitte die nächste Tankstelle?**
Ik wil graag ... liter ...	**Ich möchte ... Liter ...**
... super / diesel	**... Super / Diesel**
... loodvrij	**... bleifrei**
Vol, alstublieft.	**Voll tanken, bitte.**

UNFALL

Help!	**Hilfe!**
Belt u direct ...	**Rufen Sie bitte schnell ...**
... een ambulance	**... einen Krankenwagen**
... de politie.	**... die Polizei.**
Het was mijn / uw schuld.	**Es war meine / Ihre Schuld**
Geeft u mij alstublieft uw naam en uw adres.	**Geben Sie mir bitte Ihren Namen und Ihre Anschrift.**

ESSEN / UNTERHALTUNG

Waar is hier ...	**Wo gibt es hier ...**
een goed restaurant?	**... ein gutes Restaurant?**
Is er hier een gezellig kroegje?	**Gibt es hier eine gemütliche Kneipe?**
Wilt u (voor ons) voor vanavond een tafel voor 4 personen reserveren?	**Können Sie uns für heute Abend ... einen Tisch für 4 Personen reservieren?**
Proost!	**Auf Ihr Wohl!**
De rekening, alstublieft.	**Die Rechnung, bitte.**

EINKAUFEN

Waar vind ik ...?	**Wo finde ich ... ?**
... een apotheek	**... eine Apotheke**
... een warenhuis	**... ein Kaufhaus**
... een supermarkt	**... ein Lebensmittelgeschäft**
... een markt	**... einen Markt**
Mag ik pinnen?	**Kann ich mit Karte bezahlen?**
mobiel	**Handy**
oplader	**Ladegerät**
geheugenkaart	**Speicherkarte**

ÜBERNACHTUNG

Kunt u mij ... aanbevelen?	**Können Sie mir bitte ... empfehlen?**
... een goed hotel / ... een pension	**... ein gutes Hotel /... eine Pension**
Heeft u nog een kamer vrij?	**Haben Sie noch ein Zimmer frei?**
een eenpersoonskamer	**ein Einzelzimmer**

een tweepersoonskamer	**ein Doppelzimmer**
met douche / bad	**mit Dusche / Bad**
voor één nacht / ... één week	**für eine Nacht / ... eine Woche**
Hoeveel kost een kamer met ...	**Was kostet ein Zimmer mit ...**
... ontbijt?	**... Frühstück?**
Wi-Fi	**WLAN**
inlogcode	**Login-Code**
stopcontact	**Steckdose**

ARZT

Kunt u mij een goede doktor/ arts aanbevelen?	**Können Sie mir einen guten Arzt empfehlen?**
Ik heb hier pijn.	**Ich habe hier Schmerzen.**

BANK

Waar is hier alstublieft....	**Wo ist hier bitte ...**
... een bank?	**... eine Bank?**
... een pinautomaat?	**... eine Geldautomat?**

ZAHLEN

0	**nul**	7	**zeven**
1	**één**	8	**acht**
2	**twee**	9	**negen**
3	**drie**	10	**tien**
4	**vier**	11	**elf**
5	**vijf**	12	**twaalf**
6	**zes**	13	**dertien**
14	**veertien**	60	**zestig**
15	**vijftien**	70	**zeventig**
16	**zestien**	80	**tachtig**
17	**zeventien**	90	**negentig**
18	**achttien**	100	**honderd**
19	**negentien**	200	**tweehonderd**
20	**twintig**	1000	**duizend**
21	**één-en-twintig**	10 000	**tienduizend**
30	**dertig**	1/2	**een half**
40	**veertig**	1/4	**een vierde, een kwart**
50	**vijftig**		

ONTBIJT	FRÜHSTÜCK
zwarte koffie	**schwarzer Kaffee**
koffie met melk	**Kaffee mit Milch**
thee met melk / citroen	**Tee mit Milch / Zitrone**
chocolademelk	**Schokolade**
vruchtensap	**Fruchtsaft**
zachtgekookt ei	**weich gekochtes Ei**
roerei	**Rühreier**
brood / broodje / toast	**Brot / Brötchen / Toast**

ham	**Schinken**
honing	**Honig**
jam	**Marmelade**

VOORGERECHTEN	VORSPEISEN
ardenner ham met meloen	**Ardenner Schinken mit Melone**
bokking	**Geräucherter Hering**
garnalen	**Krabben**
mosselen	**Muscheln**
oesters	**Austern**
paling	**Aal**

SOEPEN	SUPPEN
bouillon	**Fleischbrühe**
groentesoep	**Gemüsesuppe**
kippensoep	**Hühnersuppe**
heldere ossenstaartsoep	**klare Ochsenschwanzsuppe**
tomatensoep	**Tomatensuppe**
uiensoep	**Zwiebelsuppe**

VLEESGERECHTEN	FLEISCHGERICHTE
biefstuk	**Beefsteak**
blinde vinken	**Kalbfleischrouladen**
kalfszwezerik	**Kalbsbries**
lever	**Leber**
ossentong	**Ochsenzunge**
varkenshaasje	**Schweinelende**

VIS EN SCHAALDIEREN	FISCH UND SCHALENTIERE
forel	**Forelle**
garnalen	**Krabben**
haring	**Hering**
inktvis	**Tintenfisch**
kabeljauw	**Kabeljau**
kreeft	**Krebs**
makreel	**Makrele**
mosselen	**Muscheln**
gabakken paling	**Gebackener Aal**
rivierkreeft	**Flusskrebs**
schelvis	**Schellfisch**
schol	**Scholle**
stokvis	**Stockfisch**
tarbot	**Steinbutt**
tonijn	**Thunfisch**
zalm	**Lachs**
zeekreft	**Hummer**
zeetong	**Seezunge**

GEVOGELTE EN WILD	GEFLÜGEL UND WILD
eend	**Ente**
gans	**Gans**
kalkoen	**Truthahn**
kip	**Huhn**
konijn	**Kaninchen**

BIJGERECHTEN	BEILAGEN
aardappelen	**Kartoffeln**
gebakken / gekookte aardappelen	**Brat- / Salzkartoffeln**
gemengde sla	**Gemischter Salat**
friet / patat	**Pommes frites**
rijst	**Reis**

GROENTEN	GEMÜSE
asperges	**Spargel**
andijvie	**Endivie**
bonen	**Bohnen**
doperwten	**junge Erbsen**
koolraap	**Kohlrabi**
prei	**Porree**
spruitjes	**Rosenkohl**
witlof	**Chicorée**
kleine gerechten	**Kleine Gerichte**
loempia	**Lumpia, Frühlingsrolle**
omelet	**Omelett**
pasteitje	**Pastete, gefüllt mit Fleisch oder auch mit Gemüse**
salade	**Bunter Salat**
uitsmijter	**Strammer Max**

STAMPPOT	EINTOPFGERICHTE
boerenkool met worst	**Grünkohl mit Wurst**
erwtensoep met worst	**Erbsensuppe mit Wurst**
hutspot	**Möhren, Kartoffeln und Lende**
jachtschotel	**Wildklein mit Äpfeln und Kartoffelpüree**
twaalfuurtje	**kleine Lunchmahlzeit**

NAGERECHTEN	NACHSPEISEN
ijs	**Eis**
ijskoffie	**Eiskaffee**
ijstaart	**Eistorte**
roomijs	**Sahneeis**
slagroom	**Schlagsahne**
citroenmousse	**Zitronenmousse**
compote	**Kompott**
flensjes	**Crêpes**

fruitsalade	**Obstsalat**
gember met room	**Ingwer mit Sahne**
pannenkoek	**Pfannkuchen**
poffertjes	**kleinste Pfannkuchen**

ALCOHOLISCHE DRANKEN	ALKOHOLISCHE GETRÄNKE
bier	**Bier**
flessenbier/tapbier	**Flaschenbier/Fassbier**
bittertje	**Genever mit Angostura**
brandewijn	**Weinbrand, Cognac**
jenever	**Genever**
champagne	**Sekt**
likeur	**Likör**
wijn	**Wein**
droge wijn	**trockener Wein**
zoete wijn	**lieblicher Wein**
rode/witte wijn	**Rot-/Weißwein**
een glasje ...	**ein Glas ...**
een (halve) fles ...	**eine (halbe) Flasche...**

FRISDRANKEN	ALKOHOLFREIE GETRÄNKE
cacao	**Kakao**
chocolademelk	**Schokolade**
koffie (met melk)	**Kaffee (mit Milch)**
koffie zonder cafeïne	**koffeinfreier Kaffee**
thee	**Tee**
theezakje	**Teebeutel**
limonade	**Limonade**
melk	**Milch**
karnemelk	**Buttermilch**
spa rood	**Mineralwasser mit Kohlensäure**
spa blauw	**Mineralwasser ohne Kohlensäure**
appelsap	**Apfelsaft**
sinaasappelsap	**Orangensaft**
tomatensap	**Tomatensaft**
vruchtensap	**Fruchtsaft**

TELEKOMMUNIKATION · POST

Mobilfunk

Mobiltelefone (»mobieltjes«) wählen sich automatisch über Roaming in das entsprechende Partnernetz ein. Seit Juni 2017 entfällt die **Roaming-Gebühr** innerhalb der EU.

WLAN In fast jedem Hotel und Restaurant kann man sich gratis über WLAN (im Niederländischen Wi-Fi) ins Internet einloggen. Ein Zugangscode ist manchmal notwendig.

Post und Briefmarken Postämter gibt es in Amsterdam immer weniger. Im Amsterdamer Zentralbahnhof (De Ruijterkade 26 B) befindet sich ein Service Point der Post, der täglich von 7 bis 21 Uhr geöffnet ist. Alle Poststellen der Niederlande sind online aufgelistet unter: www.postnl.nl.
Briefkästen sind in den Niederlanden rot. Auslandspost gehört in den Einwurf, der mit »overige postcodes« beschriftet ist. Postkarten und Briefe (bis 20 g), die innerhalb der EU verschickt werden, müssen mit einer »Europa 1«-**Briefmarke** frankiert werden, die 1,55 € kostet. Man erhält sie im Postamt, den meisten Zeitschriftenläden und auch im Eingangsbereich größerer Supermärkte.

VERKEHR

Mit dem Auto

Wichtige Verkehrsregeln In den Niederlanden gelten folgende **Geschwindigkeitsbegrenzungen:** Innerhalb geschlossener Ortschaften 50 km/h, außerhalb geschlossener Ortschaften 80 km/h, auf Autobahnen tagsüber 100 km/h und nach 19 Uhr meist 120 km/h und teils 130 km/h (mit Anhänger 80 km/h). In verkehrsberuhigten Zonen (wird durch das Symbol »weißes Haus auf blauem Grund« angezeigt) soll Schritttempo gefahren werden. Rechtsverkehr hat in Amsterdam in aller Regel Vorfahrt. Das gilt auch für kleinste Seitenstraßen.
Die **Alkoholgrenze** liegt bei 0,5 Promille. Generell besteht in den Niederlanden **Anschnallpflicht.**

Parken Das Parken auf der Straße ist in der Innenstadt kostenpflichtig. Im Zentrum kostet es bis zu 7,50 € pro Stunde – zwischen 9 und 24 Uhr und auch am Wochenende. Bitte beachten: An den Parkautomaten auf der Straße kann nicht mehr mit Bargeld bezahlt werden. Es werden nur noch EC- bzw. Kreditkarten akzeptiert. Stellt man sein Auto im Parkverbot ab oder überschreitet die Parkzeit, gibt es dafür einen saftigen Strafzettel.

Park & Ride Eine günstige Alternative zum teuren Parken in der Innenstadt ist Park & Ride. Rund um Amsterdam gibt es entlang der Autobahnen A10 und A2 mehrere **bewachte Parkplätze** (z. B. beim Fußballstadion ArenA und beim Bahnhof Sloterdijk). Im Tagespreis von ca. 8 € sind auch die Gebühren für die Hin- und Rückfahrt zum Stadtzentrum mit der Metro oder Straßenbahn eingeschlossen.

Pannenhilfe

Bei einer Autopanne kann man die **»Wegenwacht«** (Straßenwacht) des ANWB (landesweit) rufen (▶Notrufe). Sie hilft kostenlos, wenn der Wagenbesitzer den »internationalen Kreditbrief« seines Automobilclubs vorweisen kann. Wer nicht Mitglied bei einem der AIT (Alliance Internationale de Tourisme) angeschlossenen Automobilclub ist, kann Hilfe in Anspruch nehmen, indem er eine zeitweilige Mitgliedschaft im ANWB für einen Monat erwirbt.

Taxis

Taxis (zu erkennen am blauen Nummernschild und Taxi-Schild auf dem Dach) sind in Amsterdam eine kostspielige Angelegenheit. Schon für kurze Strecken wird man schnell 15 bis 20 € los; eine Taxifahrt vom Zentrum zum Flughafen Schiphol kostet ungefähr 40 €. Auf der Straße lassen Taxis sich nur selten anhalten, aber es gibt in der Innenstadt zahlreiche **Taxistände**. Weitere Infos unter www.iamsterdam.com/en/plan-your-trip/getting-around/taxis.

Auf den Grachten

Grachtenrundfahrten

Neben den Rundfahrtbooten gibt es in Amsterdam noch einige andere Verkehrsmittel auf dem Wasser. Beispielsweise das **Hop On Hop Off Boat** (www.stromma.com/de-nl/amsterdam/sightseeing/rundfahrten/hop-on-hop-off-boat), das an zehn Haltestellen – darunter Centraal Station, Waterlooplein, Anne Frank Huis, Rijksmuseum sowie Nemo – anlegt. Man kann eine Tageskarte (32,50 €) erwerben.

Wassertaxis

Wassertaxis sind in Amsterdam aufgrund der bestehenden Geschwindigkeitsbeschränkungen auf den Grachten weniger Verkehrsmittel als vielmehr **Freizeitfahrzeug**. Für Besucher mit viel Zeit sind sie dennoch eine interessante Alternative (Tel. 020 4 22 92 22). Online sind sie für bis zu 12 Personen buchbar über die Website www.bookawatertaxi.com.

Mit dem Mietfahrrad

Fahrräder im Verkehr

Amsterdam ist ein Paradies für Radfahrer. Es gibt mindestens ebenso viele Radfahrer wie Automobilisten. Die Niederländer behandeln Radfahrer sehr rücksichtsvoll. Gewöhnlich wird ein wesentlich größerer Sicherheitsabstand eingehalten als in Deutschland. Radfahrer dürfen auch entgegen der Richtung von Einbahnstraßen und zu zweit nebeneinanderfahren.

Miet- stationen und Preise

Es gibt eine große Anzahl an Fahrradvermietungen in Amsterdam: Zu den bekanntesten gehören MacBike (www.macbike.nl/de) und Yellow Bike (www.yellowbike.nl/du). Die **Fahrradmiet**e beträgt rund 10 – 12 € pro Tag. Dafür bekommt man ein einfaches Hollandrad mit Rücktrittbremse, ohne Gangschaltung. Kindersitz, Korb und andere Utensilien sind gegen Aufpreis erhältlich. Helme sind in der Grachtenstadt so gut wie unbekannt. Aufpassen sollte man, wenn man das Fahrrad abstellt, denn es gibt viele Fahrraddiebe.

Mit öffentlichen Verkehrsmitteln

Angebot

Die meisten Besucher bewegen sich mit öffentlichen Verkehrsmitteln durch Amsterdam. Es gibt **Straßenbahnen, Busse, Metros** sowie gratis zugängliche **Fähren**, die nach Amsterdam-Noord pendeln. Betrieben werden sie von der GVB, den Städtischen Verkehrsbetrieben (www.gvb.nl). Der im Zentrum von Amsterdam gelegene **Hauptbahnhof** (►Centraal Station) ist der **Knotenpunkt** für den Nah- und Fernverkehr.

Fahrkarten kaufen

Als Fahrscheine dienen **GVB-Karten**, die man bei den GVB-Büros (z. B. am Hauptbahnhof, im Sommer: Mo. – Fr. 7 – 21, Sa., So. 8 – 21 Uhr, www.gvb.nl), an Automaten in Metrostationen, in Zeitschriftenläden, an manchen Hotelrezeptionen oder direkt beim Schaffner bekommt. **Einzeltickets** sind eine Stunde lang gültig; günstiger sind **Tages- und Mehrtageskarten**: Eine Tageskarte kostet 8,50 €, für zwei Tage zahlt man 14,50 €, für drei Tage 20 € (weitere Mehrtageskarten: www.gvb.nl/bezoek-amsterdam/tourist-guide/willkommen-amsterdam).

Fahrkarten entwerten

Für alle OV-Chipkarten gilt, dass man beim Einsteigen ein- und beim Aussteigen auschecken muss, auch wenn man nur umsteigen will. Dafür hält man die Karte vor ein kleines **Lesegerät** an der Tür, bis es piept. Vergisst man das, wird die Karte ungültig.

Fähren

Die kostenlosen Fähren legen hinter dem Hauptbahnhof rund um die Uhr – etwa alle 10 Min. – nach Amsterdam-Noord ab.

REGISTER

A

B

C

D

E

F

G

H

N

O

P

R

S

BILDNACHWEIS

akg 58, 59, 194 ob.re.
Borowski 167
DBA/Kiedrowski 105, 123, 130 unt., 185, 209 unt., 211, 219, 223, 234, 246
DBA/Thomas Linkel 3, 4, 5 ob., 24, 28, 55, 66, 68, 71 ob., 73, 88, 91, 93, 96, 99, 100, 111, 115 unt., 126/127, 128, 130 ob., 136/137, 150, 159, 161, 165, 174, 188, 191 (2x), 202, 207, 209 (re. + li. Ob.), 215, 225, 238, 240
dpa-Fotoreport 16/17
dpa_report 194 li., 194 re.unt.
fotolia/alexkazachok 31
Eijnden, Janus van den 125
fotolia/Altair de Bruin 217 re.unt.
fotolia/Charlottelake 216 re.ob.
fotolia/M. Stumpf 123 unt.
fotolia/Printemps 217 li.
fotolia/Rob Bouwen 217 re.ob.
fotolia/travelwitness 48/49
fotolia/yamix 216 li.
getty/A. Cooper/Corbis 10/11
getty/Allard Schlager 13 re.
getty/lonely planet images 20
getty/Aurora/Kevin Steele 22/23
huber images/Luigi Vaccarella 152
huber images/ Massimo Ripani 79
huber images/ Maurizio Rellini 5 unt., 102, 115 ob.
huber images/Sally Crane 45
Istock/alexnika 13 li.
istock/Audrey Krav 169
istock/Beeldbewerking 132
istock/burcintuncer 63
istock/ Creative-Family 223
istock/ double_p 17
istock/H.E. Aardema 85
istock/Inna Felker 25
istock/orpheus 26 26/27
istock/timurka 76
laif 2
laif/Andreas Hub 216 re.unt.
laif/Dubbelman 163
laif/hemis/Ludovic Maisant 83
laif/hemis/Rene Mattes 52, 71 unt.
laif/Hollandse Hoogte 231 unt.
laif/Miguel Gonzalez 9, 29, 117, 162, 201
laif/Neil Emmerson/robertharding 253
laif/REA/Jean Pierre Jans 86
laif/S. Swart/Hollandse Hoogte 119
look/Michael Zegers 177 unt.
mauritius Images/Ernst Wrba 229
mauritius images/frans lemmens/alamy 106
mauritius images/ ib/Hans Zaglitsch 245
mauritius images/ib/Martin Moxter 249
mauritius images/Michael Harris/alamy 109
mauritius images/Rene Mattes 157
mauritius images/thisiscg/Stockimo/alamy 56
picture alliance 177 ob., 182, 197
Rijksmuseum 138, 140, 143, 146, 149
RVD – Mischa Schoemaker 14/15
Szerelmy 123 re., 231 ob., 242
Tijhuis, Peter (El Anatsui, In the World But Don't Know the World, 2009, Stedelijk Museum Amsterdam and Kunstmuseum Bern) 154

Titelbild: Marco Wong/Getty Images

VERZEICHNIS DER KARTEN UND GRAFIKEN

IMPRESSUM

Ausstattung:
120 Abbildungen, 18 Karten und Grafiken, eine große Reisekarte

Text:
Ulrike Grafberger mit Beiträgen von Anneke Bokern, Birgit Borowski, Achim Bourmer, Reinhard Strüber und Beate Szerelmy

Bearbeitung:
Baedeker-Redaktion (Elke Homburg, Dr. Eva Missler)

Kartografie:
Franz Huber, München, MAIRDUMONT Ostfildern (Reisekarte)

3D-Illustrationen:
jangled nerves, Stuttgart

Infografiken:
Golden Section Graphics GmbH, Berlin

Gestalterisches Konzept:
RUPA GbR, München

19. Auflage 2022

Trotz aller Sorgfalt von Redaktion und Autoren zeigt die Erfahrung, dass Fehler und Änderungen nach Drucklegung nicht ausgeschlossen werden können. Infolge der Corona-Pandemie kann es darüber hinaus zu kurzfristigen Geschäftsschließungen und anderen Änderungen vor Ort gekommen sein. Dafür kann der Verlag leider keine Haftung übernehmen. Jede Karte wird stets nach neuesten Unterlagen und unter Berücksichtigung der aktuellen politischen De-facto-Administrationen (oder Zugehörigkeiten) überarbeitet. Dies kann dazu führen, dass die Angaben von der völkerrechtlichen Lage abweichen. Irrtümer können trotzdem nie ganz ausgeschlossen werden. Kritik, Berichtigungen und Verbesserungsvorschläge sind jederzeit willkommen. Schreiben Sie uns, mailen Sie oder rufen Sie an:

Baedeker-Redaktion
Postfach 3151, D-73751 Ostfildern
Tel. 0711 4502-262, www.baedeker.com
baedeker@mairdumont.com

Printed in China

BAEDEKER VERLAGSPROGRAMM

Viele Baedeker-Titel sind als E-Book erhältlich.

A
Ägypten
Algarve
Allgäu
Amsterdam
Andalusien
Australien

B
Bali
Baltikum
Barcelona

Belgien
Berlin · Potsdam
Bodensee
Böhmen
Bretagne
Brüssel
Budapest
Burgund

C
China

D
Dänemark
Deutsche
Nordseeküste
Deutschland
Dresden
Dubai · VAE

E
Elba
Elsass · Vogesen
England

F
Finnland
Florenz
Florida
Frankreich
Fuerteventura

G
Gardasee

Golf von Neapel
Gomera
Gran Canaria
Griechenland

H
Hamburg
Harz
Hongkong · Macao

I
Indien
Irland
Island
Israel · Palästina
Istanbul
Istrien · Kvarner Bucht
Italien

J
Japan

K
Kalifornien
Kanada · Osten
Kanada · Westen

Kanalinseln
Kapstadt · Garden Route
Kopenhagen
Korfu · Ionische Inseln
Korsika
Kreta
Kroatische Adriaküste · Dalmatien
Kuba

L
La Palma
Lanzarote
Lissabon
London

M
Madeira
Madrid
Mallorca
Malta · Gozo · Comino
Marrokko
Mecklenburg-Vorpommern
Menorca
Mexiko
München

N
Namibia
Neuseeland
New York
Niederlande

Norwegen

O
Oberbayern
Österreich

P
Paris
Polen
Polnische Ostseeküste · Danzing · Masuren
Portugal
Prag
Provence · Côte d'Azur

R
Rhodos
Rom
Rügen · Hiddensee
Rumänien

S
Sachsen
Salzburger Land
Sankt Petersburg
Sardinien
Schottland
Schwarzwald
Schweden
Schweiz
Sizilien
Skandinavien
Slowenien
Spanien
Sri Lanka
Südafrika
Südengland
Südschweden · Stockholm
Südtirol
Sylt

T
Teneriffa
Thailand
Thüringen
Toskana

U
USA · Nordosten
USA · Südwesten

Usedom

V
Venedig
Vietnam

W
Wien

Z
Zypern

Meine persönlichen Notizen

Meine persönlichen Notizen

Meine persönlichen Notizen

Meine persönlichen Notizen

Meine persönlichen Notizen

Meine persönlichen Notizen

Meine persönlichen Notizen

Meine persönlichen Notizen

19 Station Sloterdijk
50 Isolatorweg
Kingsfordweg
Sloterdijk
Haarlemmerweg
Wiltzanghlaan
5 Westergasfabriek
Van Hallstraat
Van Limburg Stirumstr.
De Wittenkade
3 Zoutkeetsgracht
Haarlemmerplein
Nieuwe Willemsstr.
Centraal Station
2 4 11 12
13 14 17 24 26
51 53 54
Burg. Eliasstraat
Burg. Fockstraat
Plein '40-'45
Lodewijk van Deysselstraat
Burg. van Leeuwenlaan
Dr. H. Colijnstraat
Lambertus Zijlplein
De Vlugtlaan
Bos en Lommerplein
Erasmusgracht
Jan van Galenstr.
Slotermeerlaan
Jan van Galenstraat
13 Geuzenveld
Burg. Röellstraat
Burg. Rendorpstraat
Sloterpark
7 Slotermeer
Sloterpark
De Rijpstr.
Bos en Lommerweg
Karel Dormannstr.
Jan v Galenstr.
Willem de Zwijgerlaan
Fred. Hendrikplantsoen
Hugo de Grootpl.
Nassaukade
Marnixstr./ Rozengracht
Marnixplein
Bloemgracht
Nieuwezijds Kolk
Westermarkt
Dam
Jan Tooropstr.
Jan Voermanstr.
Adm. Helfrichstr.
Mercatorplein
Marco Polostraat
Adm. de Ruijterweg
De Clercqstraat/ Bilderdijkstr.
Jan Evertsenstr.
Postjesweg
Rembrandtpark
Van Kingsbergenstr.
Elandsgracht
Dam
Nieuwmarkt
Spui
Rokin
Ten Katestr.
Kinkerstr./ Bilderdijkstr.
Koningsplein
Keizersgracht
Prinsengracht
Rembrandtplein
Keizersgracht
Prinsengracht
Hoofdweg/ Postjesweg
J.P. Heijestr.
Leidseplein
Muntplein
Spiegelgracht
Rijksmuseum
Frederiksplein
Weesperplein
Baden Powellweg
Hoekenes
Osdorpplein
Ruimzicht
7 Osdorp Dijkgraafplein
Meer en Vaart
Derkinderenstraat
Postjesweg
Corantijnstr.
Hoofdweg
Overtoom/ 1e Const. Huygensstr.
Vondelpark
Van Baerlestr.
Vijnzelgracht
Museumplein
Museumplein
Louis Davidstr.
Station Lelylaan
11 Surinamplein
J.P. Heijestr.
Marie Heinekenplein
Osdorp De Aker
Hoekenes
Baden Powellweg
Johan Huizingalaan
Westlandgracht
Hoofddorpplein
Delflandlaan
Rhijnvis Feithstr.
Overtoomse Sluis
Cornelis Schuytstr.
Valeriusplein
Sarphatipark
Van Woustr. / Ceintuurbaan
De Pijp
Roelof Hartplein
Cornelis Troostplein
2e v.d. Helststr.
Amsteldijk
Lutmastraat
Amstelkade
Matterhorn
Pilatus
Inaristr.
Ecuplein
Heemstedestraat
Heemstedestr.
Amstelveenseweg/ Zeilstr.
Gerrit v.d. Veenstr.
Scheldestr.
Maasstr.
Waalstr.
Victorieplein
Amsteldijk
Olympiaweg
Olympiaplein
Minervaplein
2 Nieuw Sloten
Johan Huizingalaan
Olympisch Stadion
Stadionweg/ Beethovenstr.
Dintelstr.
Waalstr.
Maasstr.
Europaplein
Prinses Irenestr.
Beatrixpark
Oudenaarde-plantsoen
Kasterleepark
Laan Van Vlaanderen
Louwesweg
IJsbaapad
52 Station Zuid
4 Station RAI
Amstelveenseweg
De Boelelaan / VU
24 VU Medisch Centrum
A.J. Ernststraat
Van Boshuizenstraat
Uilenstede
Kronenburg
Zonnestein
Onderuit
Oranjebaan
5 Amstelveen Stadshart
Schiphol
Amstelveen Centrum
Ouderkerkerlaan
Sportlaan
Marne
Gondel
Meent
Brink
Poortwachter
Spinnerij
Sacharovlaan
51 Westwijk
Leg

BAEDEKER

A

AMSTERDAM

»

Verlass‘ den Bahnhof,
sieh‘ wie die Stadt
vor deinem Auge
sich entrollt
gleich einem Fächer,
Blatt für Blatt
aus Perlengrau,
aus Gold

«

Jan Campert: Het Lied van Amsterdam

baedeker.com

Die Top-Sehenswürdigkeiten von Amsterdam

ANNE FRANK HUIS

Mit der Enge im Hinterhaus, in dem sich Anne Frank und ihre Familie versteckten, den Hoffnungen und dem Verrat setzt sich das Museum, das sich im Haus befindet, auseinander. Anne Frank schilderte dies alles in ihrem Tagebuch. **S. 57**

BEGIJNHOF

Die Beginenhöfe waren einst Orte des Rückzugs, an dem vor allem Frauen in einer Art klösterlicher Gemeinschaft wohnten. Noch heute kann man hier eine besondere Stille, eine Atmosphäre von Ruhe und Frieden spüren.
S. 26, 64

HERENGRACHT

Hier lebten im Goldenen Zeitalter die wohlhabendsten Kaufleute, die die prachtvollsten Patrizierhäuser bauen ließen, vor allem am Gouden Bocht. Bewundern Sie sie bei einer Grachtenfahrt oder einem Spaziergang. An jedem Gebäude gibt es besondere Details zu entdecken. **S. 78**

JORDAAN

Idyllische Straßen, reizende schmale Kanäle mit hübschen Brücken und begrünte Innenhöfe (»**hofjes**«.), die im 17. Jahrhundert von reichen Bürgern für Alte und Verarmte angelegt wurden. **S. 93**

KEIZERSGRACHT

Nicht ganz so nobel wie die Herengracht, doch auch die mittlere der drei Hauptgrachten ist etwas Besonderes. Ihren Namen erhielt sie zu Ehren Kaiser Maximilians I. **S. 97**